JORNALISMO POLÍTICO

**ROBERTO SEABRA &
VIVALDO DE SOUSA (ORG.)**

JORNALISMO POLÍTICO
Teoria, História e Técnicas

Álvaro Pereira

Cremilda Medina

Eliane Cantanhêde

Helena Chagas

Jorge Duarte

Juliano Basile

Luiz Martins

Mauro Santayana

Roberto Seabra

Rudolfo Lago

Tereza Cruvinel

Vivaldo de Sousa

Wladimir Gramacho

EDITORA RECORD
RIO DE JANEIRO • SÃO PAULO

2006

CIP-Brasil. Catalogação-na-fonte
Sindicato Nacional dos Editores de Livros, RJ.

J71 Jornalismo político: teoria, história e técnicas / Roberto
Seabra e Vivaldo de Sousa (orgs.). – Rio de Janeiro: Record,
2006.

Inclui bibliografia
ISBN 85-01-07576-0

1. Jornalismo – Aspectos políticos. 2. Imprensa e política.
3. Jornalismo – Técnica. I. Seabra, Roberto. II. Sousa, Vivaldo
de.

06-1536
CDD – 070.44932
CDU – 070.48:32

Copyright © Roberto Seabra e Vivaldo de Sousa, 2006

Direitos exclusivos desta edição reservados pela
EDITORA RECORD LTDA.
Rua Argentina 171 – Rio de Janeiro, RJ – 20921-380 – Tel.: 2585-2000

Impresso no Brasil

ISBN 85-01-07576-0

PEDIDOS PELO REEMBOLSO POSTAL
Caixa Postal 23.052
Rio de Janeiro, RJ – 20922-970

EDITORA AFILIADA

Sumário

Apresentação 7
ROBERTO SEABRA E VIVALDO DE SOUSA

Parte 1 TEORIA

Lugar do jornalista: no centro das tensões 23
CREMILDA MEDINA

A ética, dentro e fora das redações 37
MAURO SANTAYANA

Jornalismo e interesse público 45
LUIZ MARTINS DA SILVA

Parte 2 HISTÓRIA

Jornalismo político contemporâneo 87
ÁLVARO PEREIRA

Jornalismo político: história e processo 109
ROBERTO SEABRA

Prática e conhecimento 141
RUDOLFO LAGO

Parte 3 TÉCNICAS

Decifra-me ou te devoro: a entrevista política   157
HELENA CHAGAS

O jornalismo e a "fonte" — Muito trabalho, bastante credibilidade e uma pitada de bom senso   181
ELIANE CANTANHÊDE

Precisão e correção no jornalismo político   193
VIVALDO DE SOUSA

Colunismo: análise, opinião e ética   211
TEREZA CRUVINEL

Jornalistas e juízes: em busca do cidadão   235
JULIANO BASILE

Jornalismo investigativo   251
WLADIMIR GRAMACHO

Pequeno guia de relacionamento com a imprensa para fontes da área pública   271
JORGE DUARTE

Apresentação

ROBERTO SEABRA E VIVALDO DE SOUSA

Ao se deparar com um grande jornal diário ou uma revista semanal de informação, o leitor atual encontra uma variedade de notícias e de temas que abrangem desde a chamada *hard news* (política, economia, cidade) até os assuntos comportamentais, passando, obrigatoriamente, pelos esportes, artes e espetáculos, meio ambiente, informática etc. Ou seja, praticamente tudo o que diz respeito à civilização humana neste início de século aparece de uma forma ou de outra nas páginas da imprensa, no noticiário televisivo e radiofônico e nos sites da internet. É a sociedade informacional, segundo o que foi definido pelos estudiosos da Comunicação — entre eles Manuel Castells.

Mas é importante notar, até para entendermos por que chegamos a este estágio atual, que nem sempre foi assim. Se formos recuar no tempo, veremos que a imprensa (aqui entendida como sinônimo de jornalismo) vem estendendo aos poucos sua abrangência e seu interesse. Há cinqüenta anos, por exemplo, não tínhamos cadernos ou editorias de economia ou de meio ambiente, não obstante já ocorressem fatos econômicos ou ambientais. A cobertura esportiva, por sua vez, é mais antiga, data dos anos 1920 do século passado. Um pouco antes, surgem as primeiras

Jornalismo político

reportagens sobre o dia-a-dia nas cidades. Se formos recuar ainda mais, veremos que o jornalismo, nos seus primórdios, atinha-se a um só tema: o fato político.

É interessante notar que, no Brasil, a imprensa surge no início do século XIX, justamente quando o país ensaia os primeiros passos rumo à separação de Portugal. O jornalismo político, portanto, tema deste livro, confunde-se com a história do jornalismo brasileiro.

Só esta singularidade já justificaria uma abordagem específica sobre o surgimento, o desenvolvimento e o estágio atual do jornalismo político no Brasil, quase dois séculos depois da publicação dos primeiros textos impressos.

Mas também é importante notar que é crescente a inclusão de disciplinas sobre jornalismo político ou de conteúdos relativos ao tema nos currículos dos cursos de Comunicação. Além dessa preocupação com quem ainda está na universidade, as entidades de classe e universidades começaram a oferecer, nos últimos anos, cursos de especialização na área de cobertura política. Tanto a primeira quanto a segunda iniciativa visam melhorar a qualificação dos profissionais que atuam na área.

Esse interesse, porém, não foi acompanhado pela produção de uma bibliografia que trate das diferentes nuances da cobertura política, que aborde os conteúdos históricos e éticos da especialização. A cobertura envolve o conhecimento não só de teoria política, o que permite um acompanhamento mais crítico, mas também do funcionamento dos partidos políticos, do Executivo, do Legislativo, do Judiciário e do seu relacionamento com a sociedade civil.

O interesse pelo jornalismo político reflete também a consolidação da democracia no Brasil, após o período de ditadura militar. A realização de eleições a cada dois anos também torna mais

Apresentação

presente a vida política do país no cotidiano das pessoas. Com um maior acompanhamento da política, a fiscalização dos políticos e a cobrança por atitudes mais éticas nas três esferas de poder (Executivo, Legislativo e Judiciário) se amplia.

É nesse cenário que professores, estudantes, jornalistas e pesquisadores da área de Comunicação vêm promovendo um rico debate sobre os rumos do jornalismo político no Brasil, o que aponta para a necessidade de literatura específica que permita uma discussão mais abrangente e menos calcada no senso comum dos profissionais envolvidos.

Uma análise dos principais veículos de comunicação deixa claro que o espaço dedicado ao noticiário político, mesmo que não seja o mais lido, ou mais ouvido, ainda é considerado um dos mais nobres para as empresas jornalísticas.

O livro *Jornalismo político — teoria, história e técnicas* pretende contribuir para o debate, o ensino e a profissionalização neste campo jornalístico.

Reflexões sobre o jornalismo

A professora Cremilda Medina, jornalista e pesquisadora da Universidade de São Paulo (USP), abre o capítulo reflexivo analisando a figura do repórter. "Mediador social por excelência, sem sua presença escavadora e relacionadora, o jornalismo não se mostra capaz de ombrear com as demais instituições democráticas", diz. A pesquisadora lembra que os adjetivos apostos ao jornalismo — político, econômico, cultural, ambientalista, científico, esportivo etc. — não comportam mais o que se pretende explicar. "A ação jornalística, diga-se reportagem, constitui o significado substantivo da narrativa da contemporaneidade. Os referidos

Jornalismo político

adjetivos representam a divisão de trabalho na era industrial. Os tempos pós-industriais questionam essa fragmentação, embora as editorias e as mídias especializadas permaneçam e permanecerão em sua cristalização."

Cremilda Medina lembra um episódio ocorrido na "ditadura mais recente", que mostra a possibilidade de atuação política mesmo não estando "dentro" do jornalismo político. Em maio de 1977, o ministro da Justiça, Armando Falcão, baixou uma portaria que implantava a censura nos Correios. "Quase dois séculos depois da abertura dos portos, fechavam-se aqueles por onde passavam não mercadorias, mas a produção cultural." E graças ao Quarto Poder, não exercido em páginas de jornalismo político, mas em trabalho de reportagem assinado pela jornalista na editoria de artes do jornal em que trabalhava, não foi longe a implantação de centros de "triagem" no setor de impressos dos Correios.

Em seguida, Mauro Santayana faz algumas reflexões sobre a ética jornalística, resultado de uma experiência de mais de 50 anos, dentro e fora das redações. E lembra que o jornalista não tem uma ética particular, mas é aconselhável que discipline sua atividade de maneira a obedecer à ética como valor universal, e exercer o seu ofício conforme as suas condições peculiares.

Partindo de questões aparentemente menores, tais como as intrigas nas redações, e chegando a temas mais candentes, como o mito da imparcialidade jornalística, Santayana aborda o comportamento ético do repórter no dia-a-dia da cobertura, a relação com as fontes e com a sociedade, e pontifica: "O fundamento do exercício profissional dos jornalistas, mais do que técnico, é ético." E mais: "A deontologia do jornalista é aferida em todos os seus atos sociais, porque não há jornalistas de horário definido, nem eles usam luvas para redigir. Em todas as horas do dia, o jornalista é jornalista. E sua consciência moral se faz na dialética do cotidiano."

Luiz Martins da Silva, jornalista e pesquisador da Universidade de Brasília (UnB), propõe uma complementaridade entre duas modalidades (ou dois gêneros) de jornalismo. De um lado, o "jornalismo investigativo"; de outro, o "jornalismo institucional". Ao primeiro interessa denunciar e, ao segundo, anunciar. Mas os dois são faces da mesma moeda, cujo lastro é dado pelo interesse público.

Luiz Martins também discorre sobre a profissionalização dos comunicadores que trabalham nas instituições: "Seria a Comunicação Pública uma especialização?, e o Jornalismo Público?" Aborda também a comunicação realizada pelas numerosas organizações não-governamentais. E no final devolve a bola ao cidadão, destinatário das informações. "Ele julgará se o produto recebido (gratuitamente ou pago) terá interesse e utilidade. O que importa é se a informação atendeu-lhe em seu *direito de saber*, em sua *necessidade de saber* e no seu *desejo de saber*."

História e experiência de vida

No segundo bloco de ensaios, o jornalista Álvaro Pereira descreve sua experiência de quem já viveu dois papéis no jornalismo político: o de prestigiado repórter e o de deputado federal. E ao abordar mais de trinta anos de profissão e militância, analisa também os principais momentos políticos do país, do último decênio do regime militar ao processo de redemocratização. "Lembro-me que foi um tempo de muito trabalho. O jornalismo era visto como uma missão, um sacerdócio, e nos colocávamos pretensiosamente como arautos de um novo tempo que se anunciava."

Ele descreve a experiência de migrar do jornalismo escrito para a TV, e passa dicas valiosas de como escrever bem para os dois tipos de veículos. "O segredo está em escrever como se fala", ensinava uma diretora de redação.

O jornalista relembra também os encantos e desencantos com a política. "Os dois anos que passei ali (no Congresso Nacional) podem ser comparados a um curso de pós-graduação em Ciência Política. Aprendi muito, nesse período, como ser humano e como jornalista. Vivi uma experiência inédita, singular, que poucos colegas tiveram o privilégio de viver." Ao relatar as duas experiências, Álvaro Pereira faz um retrospecto do jornalismo político contemporâneo.

Em ensaio sobre os quase duzentos anos de imprensa política no país (1808-2005), Roberto Seabra escreve sobre a importância — especialmente para quem exerce a profissão jornalística — de se conhecer os fatos e personagens históricos. E relaciona as duas histórias: a da política brasileira e a do jornalismo político brasileiro, para mostrar como as duas realidades caminharam ou desandaram juntas.

Do processo de independência às eleições de 2002, o texto tenta mostrar que existe uma relação dialética entre a história e a cobertura jornalística dos fatos políticos. E questiona os rumos do jornalismo neste início do século XXI, quando as novas tecnologias geraram um processo acelerado de obtenção de informações, o que em geral resultou no aumento quantitativo da oferta de noticiário, sem garantias de qualidade deste material ofertado. "Uma cobertura mais extensiva, mais abrangente, mas não imune ao erro", observou.

Rudolfo Lago, por sua vez, analisa os acontecimentos históricos mais recentes, mas desta vez para discutir as implicações entre apuração e análise jornalística. Ele explica: "Não será possível ao repórter chegar, digamos, ao Congresso, ouvir os personagens envolvidos em uma determinada votação ou disputa e voltar à redação e escrever um texto com base unicamente naquilo que apurou com essas entrevistas. Resultará um texto ingênuo. E que provavelmente desinformará mais do que informará ao leitor."

Seu artigo aborda conflitos políticos recentes como, por exemplo, a briga entre Antônio Carlos Magalhães e Jader Barbalho, para refletir sobre a importância que tem para o repórter conhecer todas implicações políticas de uma disputa. "Os padrões em política dependem de seus personagens", lembra Rudolfo Lago. E dependem também de se conhecer bem a história política do país. "O que somos é resultado do que fomos. Nossa sociedade dividida, o imenso abismo que existe entre as classes mais baixas e as mais altas, nosso patrimonialismo, o fisiologismo e o clientelismo das nossas elites políticas são frutos da formação da nossa sociedade", lembra, para em seguida analisar a crise atual vivida pelo governo do PT.

Técnicas de apuração

Elemento fundamental do trabalho jornalístico, a entrevista é essencial para o bom trabalho de apuração. "Entrevistar é decifrar. Um fato, uma situação, uma pessoa. É descobrir, descortinar, trazer à luz o desconhecido, o inesperado, às vezes o intuído mas nunca revelado", explica Helena Chagas no ensaio dedicado à entrevista no jornalismo político. "No dia-a-dia da cobertura política, tentamos ir sempre além do chamado declaratório, buscar os fatos cotejando verdades diversas para enfim chegar à informação de interesse público", afirma ela, antecipando o que será citado novamente no ensaio de Vivaldo de Sousa sobre a im-

Jornalismo político

portância da precisão e da correção no jornalismo político, mas que é uma exigência em qualquer área de atuação jornalística.

"No jornalismo político, o papel do entrevistador é tornar claro, expor, abrir ao público idéias, informações, fatos e intenções que, muitas vezes, um agente político prefere omitir. E fazer isso sem se deixar devorar por essas ilusões e aparências", avalia Helena Chagas. Trabalho este que pode ser desenvolvido em uma entrevista coletiva, exclusiva ou mesmo em um encontro que não estava previsto inicialmente. A boa entrevista é matéria-prima não só para o repórter, mas também para o colunista político. E obtê-la não é uma tarefa fácil. Não há receitas prontas para que ela seja bem-feita. Mesmo assim, alguns procedimentos podem ser adotados. Helena Chagas cita vários.

No seu ensaio, Vivaldo de Sousa fala de questões que, embora sejam básicas, podem comprometer a credibilidade da informação. Cita, por exemplo, a importância de publicar corretamente o nome dos entrevistados ou de conhecer as regras básicas de funcionamento do Congresso Nacional ou da legislação eleitoral. Ressalta, ainda, que a leitura dos jornais deve ser uma atividade corriqueira dos jornalistas, assim como a constante preocupação em buscar provas nas reportagens que envolvam denúncias contra políticos. Trata ainda de temas que serão retomados por outros autores, como o uso do *off* e a preocupação em buscar a informação que está por trás do declaratório.

A proximidade com as fontes é fundamental para o bom trabalho do jornalista que acompanha os assuntos políticos, afirma Eliane Cantanhêde. Ela ressalta, porém, que: "Jornalistas devem estar próximos o suficiente das fontes para ter informação e longe também o suficiente para não haver promiscuidade. Pelo simples motivo de que os interesses são muito diferentes e, em geral, conflitantes." Nesse relacionamento, diz ela, os jor-

Apresentação

nalistas acabam obtendo muitas informações em *off*. Informações relevantes para os leitores. Assim como os autores de outros ensaios, ela afirma que é preciso muito cuidado com essas informações. A partir disso define o que qualifica de grandes armadilhas do *off*.

O objetivo do jornalista no relacionamento com as fontes é buscar informação de qualidade, apesar de algumas pessoas desconfiarem do princípio que orienta toda e qualquer apuração jornalística: a busca da verdade. Eliane Cantanhêde conta o seguinte diálogo que teve com João Pedro Stédile, líder do MST (Movimento dos Trabalhadores Rurais Sem Terra), ao ser apresentada a ele:

— Ah! Então, você é a Eliane Cantanhêde, daquelas jornalistas famosas de Brasília que ficam jantando todos os dias com os políticos, com o poder?

— Essa mesmo. Sou dessas que deixam de jantar com o marido, de ver as filhas, de ler um bom livro ou de ver um bom filme, para agüentar aqueles políticos chatos e escrever colunas bem informadas. Que, aliás, você lê no dia seguinte, para poder traçar sua estratégia e suas táticas — respondeu ela, obtendo, segundo seu relato, a concordância de Stédile.

Liderança mais conhecida do MST, Stédile pode ser identificado como um dos símbolos do Brasil democrático que emergiu após o fim do regime militar. Um Brasil que foi às ruas pedir Diretas Já no começo de 1984. Um Brasil que se emocionou com a morte de Tancredo Neves após vitória no Colégio Eleitoral. Um Brasil que escolheu um "caçador de marajás", Fernando Collor de Mello, para presidir o país. Um Brasil que, vestido de preto, foi às ruas pedir o afastamento desse mesmo "caçador de marajás". Um Brasil que vai às urnas a cada dois anos. Um Brasil que, depois de entregar a administração do país a um sociólogo, Fernando Henrique Cardoso, apostou também em um ex-operário, Luiz Inácio Lula da Silva. Um Brasil que, enfim, está mais preocupado com os rumos do país.

"A nova sociedade civil, mais ciosa de seus direitos políticos, inclusive do direito à informação, criou demandas novas em relação à cobertura política. Passou a exigir não apenas mais e melhor informação, mas também a informação complementar qualificada para a formação de sua própria opinião, sob a forma de análise, interpretação ou opinião política autorizada. Estes três últimos produtos tomaram, com mais freqüência, a forma de colunas políticas, de conteúdos e formatos variados", resume Tereza Cruvinel no ensaio sobre o papel das colunas políticas no jornalismo atual.

Na visão da jornalista, o próprio processo de transição já criara novas demandas para a cobertura política, que vão se acentuar com a Constituinte, o surgimento de novas instituições e o restabelecimento de um calendário eleitoral regular. Ela avalia: "A nova cidadania gerou um leitor e/ou consumidor geral de informação mais exigente, que já não se contenta apenas com a reportagem política convencional. O novo paradigma institucional e a nova cidadania criam as demandas que levam à oferta, pelos veículos, deste novo jornalismo político que busca ser pluralista na oferta de informação, mas trata de enriquecê-la com análises, interpretações e opiniões sintonizadas com os fatos da agenda." Assim como as reportagens, as colunas políticas têm como objetivo oferecer aos leitores elementos para a formação de uma opinião. Mas só terão como oferecer isso se tiverem credibilidade. Ela termina seu ensaio refletindo sobre um dos fenômenos surgidos na era da internet: os *blogs*, espaço que permite uma rápida interação entre colunistas e público. Espaço que, no entanto, pode ter o seu viés jornalístico desvirtuado.

Apresentação

Também formado em direito, o jornalista Juliano Basile compara o trabalho do repórter ao do juiz. Ambos buscam a verdade, ou pelo menos o mais próximo dela. Ambos têm a obrigação de ouvir o outro lado, mesmo que esse outro lado envolva um grande número de pessoas. Mas, se "o juiz é praticamente incapaz de ouvir fontes anônimas", o "jornalista conversa com anônimos todos os dias e muitas vezes fundamenta a sua notícia com base no *off*". Enquanto a maior queixa contra a Justiça, pelo menos no Brasil, é o atraso, uma das maiores queixas contra os jornalistas é a precipitação, diz Basile, mostrando um ponto que separa as duas atividades.

"A linguagem jurídica dificulta o acesso da população ao Direito. Faz do Direito uma casta que poucas pessoas podem compreender. Por tabela, dificulta o trabalho do jornalista. Acaba por exigir maior especialização. O jornalista deve conhecer a linguagem do Direito para saber explicá-la ao grande público. Os juízes, por sua vez, devem estar dispostos a traduzir a sua linguagem, e a corrigir eventuais erros da imprensa para que o jornalista possa melhor cumprir com a sua função", afirma Basile.

Já Wladimir Gramacho dedica seu ensaio ao jornalismo investigativo, que busca suas informações em três tipos de áreas: públicas, privadas e sigilosas. "As informações públicas estão, como o próprio nome diz, acessíveis a todos — ainda que possa custar muito juntá-las para montar o quebra-cabeças de uma apuração. Na corrida por um 'furo', um repórter pode colocar seu jornal à frente da concorrência se souber usar com agilidade essas fontes de informações públicas. Em seguida estão as informações privadas, histórias orais e documentos que pertencem a pessoas físicas e aos quais normalmente só se pode chegar com a aquiescência de seus proprietários (algo fácil quando eles próprios

Jornalismo político

têm interesse na divulgação, mas muito difícil em caso contrário). Em terceiro lugar estão as informações sigilosas, normalmente documentos protegidos por sigilos bancário, fiscal e telefônico. Com sorte ou com muito trabalho é possível chegar até eles", diz ele.

Gramacho conta, por exemplo, que os fiscais da Receita Federal costumam dedicar parte do seu tempo de trabalho a ler colunas sociais para identificar comportamentos que possam ser incompatíveis com a renda dos contribuintes. Outros expedientes já foram usados no passado: uma fiscalização sobre os rendimentos de grandes jogadores de futebol foi iniciada a partir de um álbum de figurinhas. Como os fiscais não tinham os verdadeiros nomes dos craques, não era possível iniciar o trabalho. Mas, ao pegar o álbum de um dos seus filhos, um fiscal da Receita Federal descobriu que os jogadores eram identificados pelo nome completo. Usando esses dados, eles conseguiram descobrir casos de sonegação de tributos. Outras informações podem ser obtidas em juntas comerciais e cartórios.

O livro termina com um ensaio que, aparentemente, não tem nenhuma relação com o que foi apresentado antes: um guia de boas práticas para as fontes, escrito por Jorge Duarte. Seu texto, porém, pode ser visto como complementar ao tema tratado por Eliane Cantanhêde. Além de identificar quatro comportamentos típicos no relacionamento das fontes de informação com a imprensa, Duarte afirma que, "cada vez mais, do homem público, exige-se que tenha, além da aptidão política e administrativa, habilidade comunicativa". Para o autor, "esta capacidade de entender a importância da comunicação e como lidar com ela faz perceber que uma entrevista é uma oportunidade de mostrar seu trabalho ou da organização, de ajudar as pessoas a

Apresentação

entenderem o que lhes diz respeito". Em seguida, Duarte elenca um conjunto de dez mandamentos e o que considera os sete pecados capitais no relacionamento com a imprensa. Por fim, em uma visão de quem está "do outro lado do balcão", ele cita 20 dicas para uma boa entrevista, fazendo um diálogo com o texto de Helena Chagas.

Parte 1 TEORIA

Lugar do jornalista: no centro das tensões

CREMILDA MEDINA

CREMILDA MEDINA, jornalista, pesquisadora e professora titular da Universidade de São Paulo, é autora de vários livros sobre jornalismo e coordena duas coleções na USP, *São Paulo de Perfil* e *Novo Pacto da Ciência*.

Não é difícil imaginar o cansaço dos jornalistas na crise brasileira do inverno de 2005. De junho a setembro (momento desta escrita), multiplicaram-se as frentes de trabalho — do olho do furacão, Brasília, a todos os espaços do território nacional. Denúncias, investigações, depoimentos, retrospectivas, contextos de toda a natureza, comportamentos atravessados pelos desafios éticos ou atitudes do cotidiano, um sem-número de pautas para todas as mídias, sem as velhas hierarquias de valor. Imprensa, rádio, televisão, revistas semanais ou jornalismo *on-line* foram tomados pela informação de acento político, de forma cumulativa e não excludente. Ninguém perde tempo em analisar se a mídia impressa aprofunda mais do que a mídia eletrônica, se a velocidade da internet atropela ou não o periódico. Pelo contrário, nessa Babel de acontecimentos, os fatos jornalísticos vão se sedimentando com a colaboração multimídia.

Este recorte contemporâneo aponta também para o eixo do profissionalismo que se concentra no repórter. Mediador social por excelência, sem sua presença escavadora e relacionadora, o jornalismo não se mostra capaz de ombrear com as demais instituições democráticas. A captura das informações e a capacidade de articular nexos dão ao repórter condições interpretativas e autorais invejáveis. Mas é no trânsito dos ambientes em conflito

Jornalismo político

e no desnudamento dos acontecimentos sonegados (e isso implica ação de reportagem) que se pode falar de comunicação coletiva. Por mais que as empresas e instituições públicas convidem especialistas para analisar a atualidade, a autoria individual não substitui a mediação, também autoral, daquele jornalista que descobre, observa, ouve e rege a polifonia e a polissemia social.

Fugindo à tentação dos adjetivos apostos ao jornalismo — político, econômico, cultural, ambientalista, científico, esportivo, etc. —, o que fica claro em pleno século XXI, seja nas guerras, nas crises, nas catástrofes ou nas cenas da miséria humana, é a figura do profissional que se desloca do *eu* para o *tu* (segundo a visão dialógica de Martin Buber). A ação jornalística, diga-se reportagem, constitui o significado substantivo da narrativa da contemporaneidade. Os referidos adjetivos representam a divisão de trabalho na era industrial. Os tempos pós-industriais questionam essa fragmentação, embora as editorias e as mídias especializadas permaneçam e permanecerão em sua cristalização. Mas um jornalista jovem, ou maduro, atualizado vive outra motivação enquanto produtor cultural: dar significação aos acontecimentos, cruzando dados políticos, econômicos, culturais, artísticos, filosóficos, religiosos ou provenientes das sabedorias locais. O repórter-autor, capaz de relacionar os múltiplos significados da realidade, está muito adiante, como profissional, daquele velho setorista de imprensa da primeira metade do século passado ou do jornalista especializado da segunda metade.

Reportagem *versus* Estado autoritário

A tradição do jornalismo político é, sem dúvida, um patrimônio consagrado. A situação presente no Brasil se remete de imediato à

Lugar do jornalista: no centro das tensões

clássica função do Quarto Poder. Aí vêm à tona todos os predicados que fazem dos meios de comunicação dinâmicos interventores no estado de coisas. Nos surtos republicanos, salientam-se as virtudes do jornalismo como instituição social que fiscaliza as mazelas dos outros três poderes, Executivo, Legislativo e Judiciário. Importante notar que o exercício intensivo do Quarto Poder se manifesta às claras em uma situação democrática e de facilidades tecnológicas como as que caracterizam a contemporaneidade, mas não é menos atuante sob o cerceamento autoritário. O jornalismo nacional reúne uma boa bibliografia sobre o assunto. Outra vez se faz notar que não é apenas o adjetivo que pesa. Seja no jornalismo político ou naquele que se produz em outras divisões editoriais, a ação da censura faz exacerbar ao extremo as tensões entre o Estado autoritário e a prática da reportagem.

Nesse enfrentamento, vale lembrar um episódio que registrei no texto "As múltiplas faces da censura" (no livro organizado pela historiadora Maria Luiza Tucci Carneiro, *Minorias silenciadas*, Edusp/Fapesp, 2001). Na ditadura mais recente, em maio de 1977, o ministro da Justiça, Armando Falcão, baixou uma portaria que implantava a censura nos Correios. Quase dois séculos depois da abertura dos portos, fechavam-se aqueles por onde passavam não mercadorias, mas a produção cultural. A portaria publicada no *Diário Oficial* de 27 de maio se inspirava no Art. 2 do Decreto-lei nº 1.077, de 26 de janeiro de 1970, segundo o qual "caberá ao Ministério da Justiça, através do Departamento de Polícia Federal, verificar, quando necessário, antes da divulgação de livros e periódicos, a existência de matéria infringente da proibição enunciada no artigo anterior (diz o Art. 12: Não serão toleradas as publicações e exteriorizações contrárias à moral e aos bons costumes, quaisquer que sejam os meios de comunicação)".

Jornalismo político

Graças ao Quarto Poder, não exercido em páginas de jornalismo político, mas em trabalho de reportagem por mim assinado (então editora de Artes do *Estado de S. Paulo*), não foi longe a implantação de centros de "triagem" no setor de impressos nos Correios do Rio de Janeiro, São Paulo, Santos, Campinas, Porto Alegre, Recife, Belém e Manaus. Sob o título "A censura atinge agora também a cultura universal", a cobertura vocalizava a repugnância dos mais respeitáveis nomes da intelectualidade brasileira. Espanto, consciência de absurdo e arbitrariedade sintetizam a repercussão nacional perante tal portaria. Antonio Candido, Cândido Procópio (naquele momento presidindo o Centro Brasileiro de Análise e Planejamento — Cebrap), Octavio Ianni e Sérgio Buarque de Hollanda, alguns dos entrevistados, ousaram um depoimento contundente. E mesmo a voz oficial da Universidade de São Paulo, na figura do reitor Orlando Paiva, não se conteve na crítica aguerrida à portaria do ministro Falcão que prejudicava o necessário circuito internacional da ciência. Outra reitora, de perfil muito conhecido na resistência brasileira à ditadura militar, Nadir Kfouri, ao falar como professora de uma instituição também corajosa, a Pontifícia Universidade Católica de São Paulo, não mediu as palavras: "Em princípio, a censura parte do pressuposto da menoridade de um povo. É um entrave ao seu desenvolvimento cultural — científico, artístico, filosófico, político etc." Octavio Ianni foi mais radical: "Todo o Estado autoritário é, por definição, antiintelectualista."

No fim de julho, a portaria afrouxava: não estariam mais sujeitas à censura prévia as publicações estrangeiras importadas por empresas regularmente estabelecidas e as de caráter estritamente filosófico, científico, técnico e didático. No começo de julho, o diretor-geral do Departamento de Polícia Federal, coronel Moacyr Coelho, admitira que o órgão que dirigia não tinha condições de executar a portaria do ministro da Justiça. Os motivos eram curiosos: escassez de censores capazes de ler em línguas estrangeiras. Seria necessário abrir concursos e admitir, nos correios nacionais, uma mão-de-obra qualificada. E enquanto o diretor-geral negava a divulgação da lista de títulos censurados, três dias depois, censurava um espetáculo musical, promovido pela revista *Versus* no Palácio das Convenções do Parque Anhembi. A poucos instantes do início do espetáculo, eram proibidos de entrar em cena artistas como Chico Buarque de Hollanda, Milton Nascimento, Edu Lobo, MPB-4 e Bibi Ferreira, sob a direção de Fernando Peixoto.

Como afirmou Ianni, o alvo preferencial da censura institucional são os criadores. Nessa como em outras fases autoritárias a livre expressão sempre se bateu com o direito absoluto. Tanto no âmbito das idéias e ideais político-econômicos como na cena cotidiana, doméstica ou comunitária, o direito divino cerceia o direito liberal e, acima de tudo, o direito social. Por isso mesmo o jornalismo, na sua plenitude, exerce a mediação das tensões. A reportagem, ao captar as múltiplas verdades da guerra simbólica, sem perder a referência da coletividade, desmascara a verdade absoluta e as verdades particularizadas. Embora haja momentos em que a opinião da imprensa se confunda com a dos tribunos partidários ou dos movimentos que se afirmam libertários (e foi assim do século XVIII ao século XIX nas revoluções liberais), a responsabilidade do direito social à informação vem à tona sempre que o repórter assume a gesta coletiva.

Além do Quarto Poder

O jornalismo contemporâneo foi além do Quarto Poder, porque a compreensão de *poder* se tornou mais complexa. Noções como inclusão e exclusão, qualidade de vida, direitos humanos

Jornalismo político

e da natureza ultrapassam a esfera clássica dos poderes republicanos e da democracia liberal. Ao se considerar mercado e sociedade civil, a estrutura política tradicional não dá conta da produção simbólica coletiva. O profissional que dá significados a tudo isso, ao narrar o que se passa à sua volta, não pode se ater às versões dominantes (direito divino) nem se constituir em tribuno (direito liberal) de determinadas motivações político-econômicas. Seu lugar é, acima de tudo, o da inquietude da viagem: o repórter se empenha no muito perguntar, muito ouvir e observar, muito pesquisar e estudar na batalha conflitiva dos sentidos. Toda a narrativa que se constrói a partir da experiência contemporânea representará simbolicamente um delicado tecido em que as tensões das microestruturas de poder e estruturas intermediárias de decisão procuram de alguma forma fazer valer seus interesses, suas competências e ideologias, sobretudo sua visão de mundo, frente à macroestrutura — essa sim representada pelos três poderes e pelas forças econômicas. Quem senão o repórter vai se entranhar nesse cipoal?

É justamente nesta complexidade sócio-cultural que o laboratório jornalístico desenvolve seu aprendizado profissional, sobretudo das últimas décadas do século passado aos dias de hoje. A herança dos embates do Quarto Poder não está superada, mas nem os jornalistas especializados em política (que tendem a colunistas), nem as editorias de política respondem por si aos desafios da vida nacional. Havia uma crença que chegou à Nova República na bagagem eufórica da tecnologia e do "milagre econômico" dos militares: equipamentos e especialização eram o passaporte para a modernização dos serviços. Essa ideologia se afirmou no mercado quanto à produção de bens materiais, na universidade quanto ao conhecimento científico, no jornalismo quanto à fragmentação da oferta de informação. O projeto de

Lugar do jornalista: no centro das tensões

formação do comunicador passa por aí, na medida em que abandona o viés humanístico das décadas de 1950-1960, para se voltar para a "especialização" técnica e a ênfase nas novas tecnologias. Enquanto a sociedade brasileira demonstra uma grande energia para se fazer presente em movimentos da cidade e do campo, da década de 1970 à de 1980, a mídia nacional e as escolas de Comunicação se regem pelo vetor do investimento tecnológico que logo desembocaria na globalização econômica. O tônus cultural afundava com a derrota das Diretas-Já em 1984, aflorava com a esperança em Tancredo no ano seguinte e caía outra vez no abismo com sua morte. Os jornalistas cobriam essas intempéries do factual político imediato, mas, ao mesmo tempo, eles e seus colegas de outras áreas estavam obcecados com a informatização.

A primeira eleição direta veio regida pela neopatia da época. O jornalismo econômico passa o bastão para o jornalismo político e este dá as mãos a seu primo histórico, a propaganda de novas roupagens — o marketing político. Nesse contexto, Fernando Collor de Mello assume a presidência. Em maio de 1989, nada ainda está definido, mas a revista *Veja* sai embandeirada com o perfil do novo (jovem e moderno) paladino antimarajás. Quem examinava essa "propaganda" precoce, não via ali vestígios da prometida maturidade jornalística pós-ditadura militar. Pelo contrário, o historiador que se detiver em peças jornalísticas do período sob censura (ditadura de 1964), certamente encontrará autorias de grande estatura, ao mapear temas e cenas do Brasil aparente e do Brasil profundo. Ao desaparecer a alta tensão do regime autoritário, inimigo comum a todos os tribunos liberais, o jornalismo afrouxou a pauta investigativa, se encantou pela modernização dos equipamentos e só retomou o ímpeto de Quarto Poder quando o povo foi às ruas nas manifestações anti-Collor.

31

Jornalismo político

A bandeira que lhe servira de marketing e que, em grande parte, a imprensa assumiu, voltou a ser desfraldada, desta vez na cor do luto, contra o primeiro presidente eleito diretamente após o golpe militar de 1964. A corrupção, tema que sempre toca fundo a alma coletiva, provoca então um novo afundamento do tônus cultural brasileiro.

Política e economia

Nas duas últimas décadas do século passado, a oscilação entre a aposta da esperança e a frustração das expectativas pautaram tanto o jornalismo político quanto o jornalismo econômico. Este último, após a era do milagre na década de 1970, cedeu espaço e prestígio para a cobertura política, mas os planos econômicos que se sucederam, do Cruzado ao Real, provocaram um necessário hibridismo político-econômico na mídia. De um lado, a reconstituição das instituições democráticas, de outro, a viabilidade desenvolvimentista da economia brasileira frente aos impasses internos e as crises externas, clamavam por uma cobertura econômico-política. Mas, por incrível que pareça, a autoria no jornalismo não se mistura. Em muitos casos, jornalistas da pauta econômica e jornalistas da pauta política competem em status profissional (o que se reflete em níveis salariais). O Quarto Poder, representado pelo universo da política, ainda hoje manifesta o desejo de migrar para o profissionalismo liberal da globalização econômica.

E essa sedução foi alimentada pelas facilidades da tecnologia. O mundo do trabalho se altera rapidamente e os jornalistas, autônomos ou grupalizados em pequenas empresas de serviços informativos, se entusiasmam com os possíveis ganhos materiais

Lugar do jornalista: no centro das tensões

e simbólicos. Estariam eles finalmente fazendo jus ao título de profissionais liberais? Seriam, então, donos de sua livre expressão? Um dado é irrefutável, a chamada grande imprensa pode ter reduzido seus quadros e até mesmo os padrões salariais dos repórteres, mas não sofreu alteração considerável em suas rotinas de produção. Aqui e ali optaram, assim como as agências de publicidade, por contratos com esses profissionais liberais, o que, no fundo, traz para as empresas vantagens no que tange aos direitos trabalhistas. Os "astros" do jornalismo que assim se apresentam no mercado assinam, mais do que nunca, os espaços do direito da livre expressão, ideal do século XIX. Quanto às mediações sociais, o direito social à informação promovido pelos repórteres anônimos, caberia aos jovens egressos da universidade atender à coletividade, a qualquer custo pessoal, inclusive baixos salários.

Há quem acuse o despreparo, desqualificando, do alto da tribuna de opinião ou no chute livre de palestras públicas, esses jovens que saem das escolas de Comunicação. Poucos os veteranos que os acolhem com generosidade, muitos os que exploram essa mão-de-obra à exaustão. Dois fatos merecem relevância para quem acompanha geração a geração os alunos de Comunicação Social em universidades públicas e privadas. Primeiramente, os cursos, de 1990 em diante, deixaram um pouco de lado a euforia com as máquinas e se voltaram para a sociedade e a cultura em que os equipamentos tecnológicos se encontram. Claro, alguma coisa teria acontecido desde que o primeiro curso de Jornalismo foi criado na Cásper Líber, em São Paulo, no fim da década de 1940. Todas as regiões brasileiras contam com escolas minimamente equipadas para formar profissionais da comunicação, os professores avançam na qualificação como mestres e doutores e, o que é mais importante, estudam os fenômenos, se aperfeiçoam na pedagogia do ensino superior e publicam suas pesquisas. O segundo fato a destacar é que os estudantes egressos de uma cultura universitária se mantêm dignos do diploma e se empenham no exercício responsável da profissão. O que significa dizer que cada vez mais se recusam à submissão indigna ao emprego e à carreira.

O contexto antes esboçado convive com as práticas tradicionais da mídia estabelecida e das especializações consagradas. No entanto, a efervescência social — aquela que se trava no cotidiano e não exclusivamente na alta estação das crises — cria inúmeras frentes de comunicação, uma verdadeira malha que ultrapassa o coração da grande imprensa (*lato sensu*). Todos os movimentos sociais organizados, grupos profissionais e comunidades de toda a natureza que ampliam a constelação clássica das classes sociais estão conscientes do direito à voz e à circulação da informação. Nesse meio, os jovens comunicadores, que não encontram generosidade e proteção nas empresas jornalísticas ou instituições, são cativados e se realizam solidariamente, muitas vezes com espírito espartano nas ambições salariais e no estrelato. As redes informativas que se tecem por esse Brasil afora, dos povos da floresta na Amazônia a comunidades indígenas no Mato Grosso do Sul, assinalam que esses egressos das escolas de Comunicação não sobrepuseram a individualidade e a carreira solo à atitude e à visão de mundo do mediador social.

O caldo cultural em que se configuram essas tendências sem dúvida provém da construção democrática, na qual a comunicação social ganha significados mais desafiadores do que um quarto e limitado poder. As esperanças e as frustrações políticas se sucedem; o grande mural da Corte assume o primeiro plano da informação; sofistica-se a cobertura de governos e Estados, mas o direito social à informação ainda se restringe a ecos distantes das fontes oficiais. O jornalismo brasileiro bebe dessas fontes. Há épocas como a mais atual em que exaure suas energias para intervir definitivamente como Quarto Poder. Com muito mérito, diga-se de passagem. A cena social, no entanto, é infinitamente mais dramática do que as crises políticas e seus protagonistas imediatos. O jornalista, como repórter cúmplice e criador responsável, pode deixar sua assinatura na superação do caos em um cosmo emancipatório.

A ética, dentro e fora das redações

MAURO SANTAYANA

MAURO SANTAYANA é jornalista e colunista do *Jornal do Brasil* e da *Agência de Notícias Carta Maior*, comentarista de TV e colaborador de diversos jornais nacionais. Foi exilado, em 1964, quando estava em missão diplomática no Paraguai, trabalhando com o embaixador Mário Palmério. Nos dez anos de exílio, viveu no Uruguai, México e Cuba. Em Praga, Techecoslováquia, 1968-1970, e em Bonn, Alemanha, 1970-1973, foi correspondente do *Jornal do Brasil*. Dois anos depois de voltar do exílio, em 1976, foi diretor da sucursal da *Folha de S. Paulo*, em Minas. Também foi chefe de reportagem do *Diário de Minas*, de 1955 a 1958, e secretário de redação do jornal *Última Hora*, em 1959.

A adoção de códigos especiais de conduta profissional (os chamados códigos deontológicos) fez surgir a idéia de que a ética seja divisível em *éticas* particulares a cada uma das atividades humanas. Fala-se na *ética* dos médicos, na *ética* dos advogados e, no que nos interessa, na *ética* dos jornalistas. Mas, mesmo no grego, de onde vêm quase todos os vocábulos essenciais aos movimentos da alma, há uma diferença entre *deontos* e *ethiké*. O primeiro vocábulo identifica como devemos nos comportar, em determinados atos no convívio com os outros, de acordo com o nosso viver habitual — mas tendo como princípio a ética, isto é, a forma com que devemos agir, qualquer que seja a forma de nossa participação na vida comum. Ou seja, a deontologia é o exercício específico da ética em determinados grupos profissionais.

O jornalista não tem uma ética particular, mas é aconselhável que discipline sua atividade de maneira a obedecer à ética como valor universal, e exercer o seu ofício conforme as suas condições peculiares. É sobre isso que farei algumas reflexões, resultado de uma experiência de mais de 50 anos, dentro e fora das redações.

Vou começar pelo princípio — e o princípio é tudo: o comportamento ético do jornalista deve primeiro ser aferido em suas relações com os companheiros de trabalho. Nunca será bom jor-

Jornalismo político

nalista (ainda que seja, muitas vezes, o preferido dos patrões) o profissional fechado em si mesmo, egoísta, que não tem amigos, e que parece exclusivamente dedicado ao trabalho. Nele se desenvolve, quase sempre, o mau colega, disposto ao jogo de intrigas, à delação, ao uso de expedientes sórdidos em busca de posições de mando ou de destaque. O bom colega é aquele que procura competir com decência, preocupando-se com seu trabalho, mas disposto a ajudar o companheiro iniciante, ou o que passa por crises eventuais de rendimento profissional ou por momentos de sofrimento. Eu me recordo de alguns episódios curiosos. No início de minha carreira descobri que o meu salário era bem inferior ao dos outros. Esperei a hora certa para reivindicar o aumento, depois de haver publicado uma série de reportagens com grande repercussão pública e conseqüente aumento da tiragem do jornal, mas tive o cuidado de não me referir ao que ganhavam meus colegas. Quando o redator-chefe me disse que X recebia bem mais, porque tinha família, eu lhe respondi que não queria saber se alguém ganhava mais do que eu, se ele merecia, ou não: o patrão podia gastar o seu dinheiro como quisesse. Eu só queria receber o que me parecia justo pelo trabalho que fazia. Podia ser até mesmo o menor salário da redação, mas era o que, a mim, me parecia justo. Houve o aumento pretendido — e nunca me interessei em saber se os outros também tiveram aumento. O que recebia, naquele tempo inicial, era suficiente para os modestos padrões de vida dos jornalistas da época.

As intrigas nas redações — e devemos assumir humildemente que somos feitos do mesmo barro dos outros — não só são deploráveis do ponto de vista moral, elas fazem com que se perca muito tempo na formação de grupos e nas conversas conspiratórias. Quem não conhece os movimentos que se fazem, em mesas de botequins ou nos lugares menos freqüentados das re-

A ética, dentro e fora das redações

dações, como os arquivos (e os banheiros), para a derrubada de um chefe exigente ou arrogante? Quando uma situação se torna insustentável, é preferível botar a cara para fora, reunir os descontentes e levá-los a uma conversa franca com os patrões. As intrigas (e, como sabemos, esse não é um mal particular aos jornalistas, mas comum em todas as disputas pelo poder) prejudicam a todos, abalam o entusiasmo profissional e se refletem na atuação externa dos próprios jornalistas.

No passado, quando as redações eram menores, e não havia o isolamento físico das editorias, o coleguismo era maior, embora já houvesse os promotores de cizânias e a competição desonesta em busca da ascensão funcional. De certa forma, ao lado dessas disputas menores, prevalecia a solidariedade entre os companheiros, nas horas difíceis por que passavam um ou outro. Eu me recordo, particularmente, de uma desoladora véspera de Natal para os que se encontravam de plantão no *Diário de Minas*, em Belo Horizonte. Às cinco da tarde chegou-nos a notícia da queda de um pequeno avião em Juiz de Fora. Soubemos logo quem era o piloto, irmão do mais jovem de nossos companheiros — o hoje conhecido e admirado correspondente internacional de jornais e emissoras de rádio e televisão em Londres, Jader de Oliveira. A redação ficou abalada, como se o morto fosse irmão de todos nós. Como eu era o mais próximo de Jader, na idade e no companheirismo, coube-me a dura tarefa de levar-lhe a notícia. Jader, sua mãe viúva, e seus irmãos, esperavam ansiosos o outro irmão. Quando bati à porta, ouvi o alvoroço: "É ele, é ele!" Não tive coragem. Disse a Jader que necessitávamos de sua presença na redação, a fim de esclarecer uma matéria de fim de semana, de sua autoria. Na redação, passei a incumbência de lhe dar a notícia fatal ao companheiro mais velho e seu chefe imediato, Fortunato Pinto Júnior. O irmão, piloto, viajava só do Rio para Belo Horizonte, a fim de passar o Natal com

Jornalismo político

a família. Fechamos, de qualquer forma, a edição do dia seguinte e, os solteiros, saímos cabisbaixos para não festejar coisa nenhuma. Estou certo de que os que tinham família tampouco tiveram uma noite feliz. Estávamos também de luto. Essa solidariedade servia de compensação afetiva, que nos ajudava a carregar nas costas os dramas cotidianos do mundo.

Dever ético

Nossa conduta, com relação à sociedade, exige-nos a mesma forma de comportamento. Assumo, sem nenhuma preocupação, que nunca fui jornalista *imparcial*. Sempre tomei partido, como qualquer um de nós. Como seres humanos que somos, é difícil para nós excluir da nossa personalidade a simpatia com A ou B. Temos os nossos amigos e seremos sempre a eles simpáticos, mesmo que cometam deslizes. O nosso sentimento sempre encontrará explicação atenuante, seja nas circunstâncias pessoais de cada um, seja nas circunstâncias gerais. "Peça a outro", foi o que disse, ao receber a incumbência de investigar os negócios de um parlamentar mineiro. Mas cuidei de não advertir o político de que estava sendo investigado. Cumpri meu dever, tal como eu o via. Mais tarde, fiquei satisfeito em saber que as acusações eram vazias. Se eu tivesse chegado às mesmas conclusões, estaria sempre incomodado: teria menosprezado uma prova, em favor do amigo? Além disso, se alguém levantasse as minhas relações de amizade com o parlamentar, a sua inocência talvez não fosse colocada em dúvida. Declarar a nossa suspeição, como a declaram os juízes, em situação análoga, é irrecusável dever ético.

Por outro lado, qualquer matéria envolve questões mais profundas, como as ideológicas e teológicas. Ao redigir um texto, até

A ética, dentro e fora das redações

mesmo na forma de abordagem e na abertura, já fazemos uma escolha. Assim, a liberdade do jornalista começa com a sua parcialidade. Stuart Mill afirmou que "liberty is to make a choice". A liberdade é fazer uma escolha. A imparcialidade é virtude inatingível. Em qualquer ato humano militam essas circunstâncias que fazem, de cada um de nós, seres absolutamente originais. Nós só somos livres quando podemos tomar um partido, qualquer partido. Se assim não fosse, em nosso caso particular, o de divulgar informações (e em todas as informações há sempre alguma opinião), bastaria substituir o repórter por algum computador a ser criado. Ainda assim, a máquina guardaria, em sua memória, parcela da opinião do programador. Se existisse, o jornalista absolutamente imparcial não seria jornalista livre.

As nossas relações com as fontes devem basear-se na mais absoluta confiança. Mesmo com o risco, que sempre existe, de veicular uma informação falsa, tida como verdadeira, não podemos revelar a identidade da fonte responsável pela "barriga". Temos que pagar o descuido de não confirmar devidamente os fatos ou de confiar na pessoa errada. Mas isso nos leva, também, a desconfiar das denúncias que nos chegam. Há jornalistas que, por ingenuidade, se prestam a agir como porta-vozes de políticos intrigantes, de empresários predadores, de lobistas enrustidos e, até mesmo, de interesses antinacionais.

Perguntar e redigir

Aprendi, com velho jornalista mineiro, algumas perguntas simples que devemos nos fazer, antes de redigir. A primeira delas: o que vamos escrever viola o direito à vida em geral ou coloca em risco a vida de alguém em particular? Prejudica o interesse

Jornalismo político

nacional ou da comunidade a que serve o meio de comunicação para o qual trabalhamos? Coloca em risco a reputação de alguém, sem que tenhamos provas suficientes para duvidar da honra do atingido? Serve para defender o interesse econômico e político de alguém em particular, em detrimento do interesse público? Se a resposta for afirmativa a qualquer uma destas questões, é melhor procurar outro assunto.

Em suma, o jornalista é homem igual aos outros, e se trata de grande equívoco imaginar que seja superior. Saber redigir não o faz acima dos mortais: basta a leitura das cartas de leitores, para saber que a clareza do estilo e o jogo excitante das idéias não é privilégio nosso. Basta que a pessoa seja alfabetizada e tenha razoável cultura geral. Nosso modesto privilégio é o de escrever para que muitos leiam. Mas tampouco isso nos faz superiores: há ficcionistas muito mais lidos, ainda que possamos não gostar de seu estilo e de suas idéias, como é o caso dos escritores de "best-sellers". Temos que ver o nosso ofício com humildade, ainda que possamos ser cáusticos e irônicos no exercício da crítica social. O fundamento do exercício profissional dos jornalistas, mais do que técnico, é ético. Uso sempre o exemplo simples: um cirurgião pode ser inigualável em sua especialidade, e canalha em sua vida pessoal. Ele exerce com perícia a sua arte e cumpre rigorosamente o dever de "fazer o que deve ser feito", na sala de operações, de acordo com seu código profissional; mas, uma vez despidas as luvas, pode usar as mãos para os atos mais nefandos. Ele será sempre bom cirurgião e notório salafrário. A mesma coisa não nos ocorre. Se o jornalista for canalha em sua vida pessoal, será sempre jornalista canalha. A deontologia do jornalista é aferida em todos os seus atos sociais, porque não há jornalistas de horário definido, nem eles usam luvas para redigir. Em todas as horas do dia, o jornalista é jornalista. E sua consciência moral se faz na dialética do cotidiano.

Jornalismo e interesse público

Luiz Martins da Silva

Luiz Martins da Silva, jornalista e professor do Departamento de Jornalismo da Universidade de Brasília (UnB); pesquisador do Conselho Nacional de Desenvolvimento Científico e Tecnológico (CNPq). É diretor-científico do Fórum Nacional de Professores de Jornalismo.

"Los periodistas necesitan de un marco relevante que
asegure que el producto de su esfuerzo es más que
la mera transmisión de la información.
La vida pública debe ofrecer ese marco."

Carlos Álvarez Teijeiro[1]

Este texto é uma tentativa de análise da possibilidade de que, do ponto de vista do cidadão — como destinatário das notícias —, exista uma desejável complementaridade entre duas modalidades (ou dois gêneros) de jornalismo. De um lado, o "jornalismo investigativo", de outro, o "jornalismo institucional", a despeito da compreensão oriunda de uma cultura profissional predominante nas redações, segundo a qual fora delas não se pratica jornalismo e, no contraponto, o senso comum predominante nas "repartições públicas" de que aos repórteres só interessa a denúncia. Denunciação e anunciação seriam, no entanto, duas faces de uma mesma moeda institucional, cujo lastro é dado pelo interesse público. O que é, no entanto, interesse público? Também, aqui, se procura mapear algumas categorias correspondentes.

---

[1] C. A. Teijeiro, *Fundamentos teóricos del Public Journalism*, Buenos Aires, Universidad Austral, 1999, p. 29.

Jornalismo político

Dois conceitos difusos

Dois conceitos, ao mesmo tempo difusos e correlacionados, são os de jornalismo e interesse público. O conceito mais simples e telegráfico de jornalismo pode ser obtido equiparando-se jornalismo e denúncia. De acordo com essa simplificação, por vezes defendida radical e ortodoxamente por alguns profissionais, jornalismo é igual a denúncia publicada.[2] O jornalismo seria, então, uma espécie de plataforma para a publicação de denúncias, subentendendo-se que qualquer denúncia interessa ao público e que, conseqüentemente, tem de ser publicada, a despeito da condição da denúncia, se ela já veio pronta e o jornalista apenas a reportou, ou se o jornalista foi destinatário de uma demanda de investigação por ele atendida. O jornalismo investigativo atuaria, então, conforme duas modalidades básicas: a) a pauta tendo origem fora da redação; b) a pauta tendo origem dentro da redação.

Não há nada de errado em equiparar jornalismo a denúncia, a não ser pela imensa área de exclusão que se cria. Seria, então, necessário dizer que: jornalismo é, essencialmente, denúncia. A tarefa primordial do jornalista seria a de denunciar, embora ele possa também, de acordo com as funções naturais

---

[2]Atribui-se ao cartunista Millôr Fernandes a frase "Jornalismo é oposição, o resto é armazém de secos e molhados". Cf. Maria Regina Esteves Martinez, in: A. A. Barros et al., *Comunicação: discursos, práticas e tendências*, São Paulo/Brasília, Rideel/Uniceub, 2001, p. 165. Trata-se de uma referência que virou bordão. Muitas vezes ela é citada, embora nem sempre se faça a ressalva de que é um dito circunstanciado a um tempo de ditadura. Pessoalmente, já ouvi do jornalista Ricardo Noblat, em uma palestra na Faculdade de Comunicação da UnB (sem atribuir ao Millôr). "Jornalismo é denúncia" seria, então, uma variante.

Jornalismo e interesse público

do "aparelho formal da enunciação",[3] construir outros relatos que não o da denúncia. Anunciar, portanto, seria mais próprio dos publicitários e não dos repórteres. Mas, aqui, não se aplicam biunivocamente silogismos do tipo: eu denuncio, logo sou jornalista; ou, eu anuncio, logo sou publicitário. Pois, por vezes, um grande furo jornalístico consiste exatamente em anunciar algo, em primeira mão, que até então estava inédito. É quando o jornalista se acha de frente para a típica "bomba". Um exemplo, o anúncio de que os Estados Unidos da América irão, novamente, enviar uma nave tripulada à Lua. Essa pauta, no entanto, não teve origem nas redações. Não houve um pauteiro que tivesse tido a idéia de propor uma investigação acerca das intenções do governo norte-americano de mandar uma missão tripulada desembarcar, outra vez, espetaculosamente, no solo lunar. Esse "anúncio" teve origem fora das redações e esse "fato" foi preparado institucionalmente, foi divulgado institucional e coletivamente e ninguém quis ficar de fora dessa divulgação. O "anúncio", portanto, foi jornalístico, e não publicitário. Deveria alguém desdenhar dessa informação apenas porque ela adveio não da "legítima" investigação jornalística, mas de uma "coletiva-*release*"? Claro que não, pois tal informação se enquadra em uma escala de aferição do nível de publicabilidade, que é o interesse público. Mas, o que é e como podemos medir o

---

[3]"Aparelho formal da enunciação" (1970) é conceito da Teoria da Enunciação, do lingüista francês Émile Benveniste. O processo de enunciação pressupõe a existência de um enunciador (ou locutor); um enunciado (a mensagem, o discurso materializado, a notícia escrita, por exemplo); e um enunciatário (ou alocutário, ou destinatário). Anunciar e denunciar são, portanto, modalidades de enunciação. A enunciação é algo processual, dinâmico, enquanto o enunciado é um produto, circunscrito à sua materialidade: discurso gravado; discurso escrito.

Jornalismo político

interesse público? A nossa hipótese é de que há maneiras varia-
das de se produzirem informações de interesse público, não sendo, portanto, a comunicação pública uma prática necessariamente
sob o abrigo de órgãos estatais ou governamentais.

O que é interesse público?

De acordo com a lógica "do que essencialmente é jornalismo", quanto mais oculto está um fato a ser denunciado, mais ele
está sobrecarregado de *valor-notícia*.[4] Quanto mais alguém trame
a ocultação de algo, mais *valor-notícia* em potencial, pois isso é
um sintoma de que algo está sendo sonegado à visibilidade própria da *vida pública*, do *espaço público* e da *esfera pública*. Em termos de interesse público, talvez o pressuposto básico seja o
seguinte: onde há dinheiro público, há interesse público e deve
haver transparência em torno de: a) informação sobre a alocação
do dinheiro público; b) como o dinheiro público foi gasto; c) quais
os resultados obtidos com o dinheiro público. Nem só de dinheiro, porém, vive a vida pública; mas, sobretudo, da publicidade
em torno das ações que afetam a vida pública.

Entendemos que a compreensão do conceito de *espaço público* fica mais fácil se fizermos a separação das noções de *espaço
público* e *esfera pública*, especialmente se tomarmos como apoio
a trilogia espacial adotada pelo sociólogo francês Dominique

---

[4]Valor-notícia: tradução de *news-value*. Os fatos são noticiáveis à medida que apresentem
determinadas características, entre elas, ineditismo, impacto e singularidade. Um fato
natural, constante, rotineiro, repetitivo e esperado, dentro de uma regularidade, não é
notícia. Chover, por exemplo, não é notícia. A não ser que fuja da regularidade, cause
alagamento, transtornos.

Jornalismo e interesse público

Wolton (Centre National de la Recherche Scientifique, in: *Pensar a comunicação*, UnB, 2005) para dividir o espaço social. Ele faz a distinção entre *espaço comum* (da circulação); *espaço público* (da discussão); e *espaço político* (da decisão). De nossa parte, preferimos anteceder os três com um primeiro, o *espaço privado*, aquele relativo à *oikos*, ou *domus* (casa), mas também relacionado a subespaços, tais como: da inviolabilidade; da intimidade; da privacidade; e da publicidade que a pessoa privada quer ou não dar de sua vida. Entendemos, então, que a esfera pública é um espaço de mediação (da produção do sentido) e de midiação (o enquadramento dos temas por parte dos meios de comunicação de massa), sendo, portanto, o espaço da polêmica. O nosso argumento é o de que existem espaços públicos não polêmicos, que são "meios" materiais para o *agendamento* das questões. O adro que fica em frente ao Congresso Nacional, em Brasília, palco para sucessivas manifestações, é um *espaço comum*, na terminologia de Wolton, e uma área pública que serve para chamar atenção, agendar. A mídia (o conjunto dos meios de comunicação de massa), por sua vez, é um *espaço público*, mas esse espaço em si não é a polêmica, não é o debate. A mídia pode até ser encarada como um espaço institucional,[5] mas ela em si é como se fosse, fisicamente, uma tribuna. A *esfera pública*, por sua vez, também é uma instituição mais abstrata, tendo sede, plataforma ou palanque, a mídia e também todos os espaços sociais. Assim, entendemos que

---

[5]Alguns autores, como Victor Gentilli e Lavina Madeira Ribeiro, consideram não só a imprensa, mas também a mídia como um todo, um espaço institucional. Enquanto Lavina Ribeiro estabelece todo um percurso de "institucionalização" da imprensa brasileira (ver Bibliografia), Victor Gentilli considera que "um jornal, visto como um instrumento de difusão do trabalho do jornalista [...] é, como decorrência, uma instituição social, mesmo que seja uma empresa privada". O autor argumenta, no entanto, que deve existir uma condição para esse papel institucional, a imparcialidade — cf. *Democracia de massas: jornalismo e cidadania* (ver Bibliografia), p. 145.

Jornalismo político

a melhor localização da *esfera pública* está situada no epicentro de todos os espaços sociais, pois todos convergem para ela quando querem debater-polemizar alguma coisa. E é esse parlamento *ad-hoc* da sociedade civil que funciona como uma espécie de auditagem dos temas que são agendados para o debate, seja por iniciativa da mídia ou de algum dos vários campos da sociedade. Dessa forma, os assuntos tanto fluem dos espaços privado, comum, público e político para a *esfera pública*, como da *esfera pública* para todos eles, servindo, duplamente, à mediação dos temas (da produção de sentido, portanto). Esta pode ser tanto uma mediação social, quanto uma midiação, ou seja, um enquadramento seletivo e hierarquizado dos temas conforme os mais variados interesses, quando menos, os interesses em torno da *singularidade* que é característica dos *valores-notícia*.

Uma vez publicado e esclarecido, o fato perde o seu *valornotícia*, deixando de ser novidade para figurar no imaginário social simplesmente como valor, ou apenas como memória-arquivo. Ou seja, haveria uma propriedade nos fatos jornalísticos que é a sua forma abrupta e singular de inserção. Os fatos jornalísticos não são, portanto, decorrências naturais, mas, ao contrário, são ocorrências que fogem à ordem natural das coisas. Ou, então, têm de ser inseridos por afetar o interesse coletivo. Um homicídio será sempre notícia, embora fatos como esse ocorram todos os dias. A polêmica em torno do livre comércio de armas, por sua vez, não é propriamente um fato acontecido, mas um debate agendado com o objetivo de se tirar da opinião pública uma tendência predominante. Para isso, o assunto tem de ser *mediado* socialmente (para que em torno dele se produza sentido e valor) e, ao mesmo tempo, *midiatizado*: os meios de comunicação de massa contribuindo privilegiadamente como patrocinadores da polêmica.

Com relação à *esfera pública*, o *jornalismo investigativo* cumpre especial função, encarregando-se de ir buscar elementos ocultos ou omissos em torno de fatos que, apesar de afetarem o interesse coletivo, por algum motivo ou interesse não vêm à tona. Já por parte do *jornalismo investigativo*, o papel é outro, é o de ressaltar aspectos do interesse público nem sempre coincidentes com a lógica dos *valores-notícia* que rege o jornalismo e a mídia, de maneira geral. Essa discrepância ocorre, por exemplo, com relação aos "fatos" científicos. Supostamente, tudo o que a ciência produz ou é do interesse público ou é interessante aos olhos do público. Entretanto, não há uma correlação mecânica entre "fato científico" e "fato jornalístico", sem contar que, com freqüência, os assuntos científicos carecem de uma "tradução" para que a mídia os entenda e, por sua vez, os transforme em valor (*valor-notícia* ou *valor midiático*). Em certas circunstâncias, os fatos científicos são polêmicos (transgênicos, células-tronco) e, conseqüentemente, controversos. Têm, portanto, uma vocação natural para ser inseridos na *esfera pública*. Mas, como polemizar e formar uma opinião sobre um assunto sem entendê-lo? A mídia cumpre, então, mais este papel: "traduzir" os temas para que as pessoas possam, conscientemente, formar um juízo e deliberar, diretamente (*democracia participativa*) ou indiretamente (*democracia representativa*), por meio dos seus representantes na esfera deliberativa do espaço político (aquele da decisão), que é o espaço do Estado (Executivo, Legislativo e Judiciário).

Porém, nem todo fato oculto implica que haja uma irregularidade em torno do mesmo. Pode ser que, justificadamente, ainda não tenha chegado o momento de divulgá-lo.

No exemplo da viagem tripulada à Lua, não havia uma irregularidade oculta, mas tão simplesmente a guarda da informação até o amadurecimento da mesma para o "anúncio". E, quanto

Jornalismo político

mais *valor-institucional* tem um fato, mais se deve chamar a mídia, para que ele tenha a maior repercussão possível. Não é estratégico reservar uma novidade de grande impacto apenas para o jornal-da-casa (*house organ*). Seria obscurecê-la, reduzi-la, seria a antipublicidade. Ainda no mesmo exemplo, como não se tratava de uma irregularidade, não havia o "dever" moral de alguém praticar um vazamento, transmitindo a informação — mediante sigilo da fonte —, para o *espaço público*. No âmbito institucional, portanto, os assuntos se mantêm "privados" até que se considere que chegou o momento de torná-los públicos. Já o *jornalismo investigativo* não lhes reserva essa paciência — uma vez sabido, dificilmente não será publicado.

Acabamos, portanto, de citar uma situação em que os dois lados saíram-se bem, saciados e satisfeitos. Tanto os "jornalistas-institucionais" que, do lado de dentro da organização, foram encarregados de codificar as informações técnicas em linguagem acessível (nota oficial, *release*, matéria para o jornal-da-casa, etc.); quanto os "jornalistas investigativos" que, naquele dia, tiveram oportunidade de passar diretamente à segunda maior atividade na sua preferência, a análise do fato, um segundo nível de investigação — as razões não explícitas para se mandar uma nova missão à Lua. E, aí, novamente, entram as "fontes" não oficiais, mas com informações fidedignas que aprimoram o conhecimento do fato. Seria uma nova corrida espacial, com os EUA saindo na dianteira, antes que algum consórcio concorrente se metesse a tão arrojada empreitada? Seria uma forma de desviar a atenção dos problemas atuais do governo norte-americano, entre outros, o desgaste pela invasão do Iraque? Seria um desdobramento natural e legítimo dos avanços científicos e tecnológicos? A que custo? Justificar-se-ia, mais uma vez, arriscar vidas humanas, quando a técnica permitiria enviar máquinas e robôs ainda mais sofisti-

Jornalismo e interesse público

cados do que os engenhos soviéticos que precederam os norte-americanos no solo lunar?

Há, portanto, duas situações distintas: de um lado, informações ocultas, que só virão à luz se houver investigação (sindicância, inquérito ou reportagem); de outro, informações de governos, empresas e organizações que, a despeito do interesse público que possam atender, nem sempre se enquadram nas condições do típico fato jornalístico, pleno de *valor-notícia*, isto é, de elevado grau de noticiabilidade. De acordo com a lógica do acontecimento midiático, quanto mais improvável é um fato, mais midiático ele é.[6] Assim, se uma empresa aérea convoca uma entrevista coletiva para anunciar que não houve em seus vôos um único acidente no período de um ano, provavelmente isto não será notícia ou implicará tão-somente a publicação de "notinhas", os chamados "pirulitos" ou uma rapidíssima "sonora" nos meios audiovisuais. Em contrapartida, um único acidente aéreo no mesmo período merecerá ampla divulgação. E tudo que o "jornalismo institucional" poderá fazer em uma circunstância assim será a busca de elementos esclarecedores que minimizem o desgaste da imagem da empresa ou tentar, de alguma forma, fazer com que cheguem a público informações quanto às providências adotadas, as reparações e as indenizações assumidas, os resultados das apurações em torno das causas do sinistro, etc. Em síntese, pode-se dizer que o "jornalismo da boa notícia" anda a passos de tartaruga, enquanto que o jornalismo denunciativo anda à velocidade de coelho, embora ambos tenham um compromisso com o interesse público.

---

[6]Cf. Adriano Duarte Rodrigues, "O acontecimento", in: N. Traquina, *Jornalismo, teorias, questões e "estórias"*, Lisboa, Vega, 1993, p. 27-33.

Jornalismo político

Estado, Governo, Mercado e Sociedade produzem, todo dia e a todo momento, fatos e notícias de interesse público. Da parte do jornalismo investigativo, no entanto, predominam os *critérios de noticiabilidade* que, por sua vez, são orientados segundo *critérios de seletividade*. Evidentemente, empresas de mercado irão selecionar, para publicação, primordialmente os fatos de apelo comercial. Isso não significa que a mídia comercial não se interesse pelos fatos "frios" de natureza institucional. No entanto, as suas prioridades em matéria de edição estarão, naturalmente, no lado da coluna dos fatos e notícias de um certo *interesse do público*, nem sempre coincidente com o real *interesse público*. O escorregão de uma famosa modelo na passarela do desfile (Naomi Campbell) irá para a primeira página ou para o destaque dos telejornais, mesmo que isso não afete a política, a economia e o cotidiano das pessoas. Exemplo similar foi a infeliz atitude do cantor Michael Jackson ao pendurar com as mãos o seu bebê, abaixo do limiar de uma janela, do alto de um edifício. Mesmo não existindo praticamente nenhum risco de que ele soltasse a criança, acabou por produzir um "factóide" de efeito instantâneo e global, rendendo "mídia" para o cantor em todo o mundo.

De um outro ponto de vista, há fatos que afetam a política, a economia, o meio ambiente, a vida dos cidadãos e até do planeta, que precisam ter ressonância, mas essa reverberação não ocorrerá se não houver todo um dispêndio de energia (e, às vezes, de dinheiro para a publicação de "matéria paga") por parte das organizações para que o fato seja incluído na *agenda* da mídia. Provavelmente, isso explica a necessidade que algumas organizações têm de planejar e executar "estratégias de agendamento", por vezes, se utilizando da produção de "factóides" para que um determinado tema se sobredetermine à vontade dos editores. Os *news promoters* valem-se, então, da mesma tirania da lógica midiática,

Jornalismo e interesse público

pela qual a mídia praticamente é obrigada a publicar. Portanto, mesmo organizações de militância da sociedade civil (Greenpeace, Chiapas, Movimento dos Sem Terra e outros) se vêem incentivados a produzir meta-fatos para que as suas causas públicas sejam consideradas por esse *espaço público* que é a mídia.[7]

Se há dificuldades de acesso para os jornalistas investigativos aos subterrâneos dos Estados, governos, empresas e organizações, em contraposição, há dificuldades por parte dos mesmos em ter acesso aos "espaços" que a mídia concede diária e permanentemente aos assuntos de "interesse público". A mídia, portanto, não produz os "fatos" de interesse público, ela apenas os noticia, cumprindo, portanto, um papel institucional. Por mais que as próprias "fontes" disponham de meios para divulgar "fatos" por conta própria, ao fim e ao cabo, será a "esfera pública burguesa" que irá conceder validade simbólica aos fatos, como se a ela competisse emprestar lastro à circulação dos *valores-notícia*. É um paradoxo, mas essa instituição chamada mídia repele, em primeira instância, a oferta de "fatos" institucionalizados, ou seja, a oferta de "notícias" advindas de matrizes institucionais (assessorias de comunicação ou assessorias de imprensa). Todos os segmentos da vida pública (Estado, Governo, Mercado e Sociedade) produzem "fatos" e "notícias" de interesse público, mas somente uma pequena parcela destes será contemplada pela mídia e hierarquizada na apresentação dos mesmos.

Ninguém em sã consciência irá negar, por exemplo, reconhecimento à importância do combate à exploração sexual de crianças e jovens. Mas, convenhamos, tem muito mais apelo midiático

---

[7]Para uma compreensão mais detalhada das teorias do agendamento, sugerimos: N. Traquina (org.), *O poder do jornalismo: a teoria do agenda-setting*, Coimbra, Minerva, 2000.

Jornalismo político

a denúncia (ainda que falsa) de que em uma escola os diretores, professores e funcionários organizavam orgias com crianças (ainda mais se essa notícia teve uma fonte oficial, no caso, um delegado de polícia) do que o anúncio de uma política pública de combate a essa prática hedionda que é a exploração sexual de crianças. Ou, até mesmo, o anúncio (por parte de uma organização protetora de crianças em risco) de medidas e orientações preventivas, ou os meios disponibilizados às famílias e aos cidadãos para que denunciem esse tipo de crime. Por sinal, neste momento, encontra-se bem apagada da "memória pública" a informação de que a sociedade brasileira conta com uma organização especializada no socorro às crianças e em especial às vítimas da exploração sexual de crianças e jovens: o SOS-Criança. O apogeu da publicidade em torno desse serviço ocorreu quando do *agendamento* da localização de crianças desaparecidas, sob a forma de *merchandising social* inserido em vários capítulos da telenovela *Explode Coração*. Ou seja, nem sempre o *agendamento* de uma questão de interesse público encontra melhor abrigo no espaço público-imprensa.

Contraposta a uma exposição diária de fatos que se sucedem em um torvelinho randômico, essa espécie de "memória coletiva" não tem espaço para tanta informação, mesmo se considerarmos que as informações publicadas já são o resultado de um processo seletivo que, diariamente e a todo momento, afunila a divulgação dos "fatos", mediante os tais *critérios de noticiabilidade*. Alguém, neste momento, seria capaz de ter memorizado o telefone do SOS-Criança, a ser acionado caso uma pessoa, de repente, se depare com uma situação de criança sob risco de abuso? Essa é a razão pela qual certas informações de interesse público carecem de repetidos apelos. A denúncia, apesar de seu impacto, é episódica, cessa em pouco tempo. Essa é a razão pela qual os

Jornalismo e interesse público

problemas demandam campanhas e mobilização; e é também o motivo pelo qual certos assuntos precisam mais do que ser denunciados, necessitam de ser reagendados, promovidos, militados, advogados e cercados de mobilização social. Fatos jornalísticos despertam o interesse público, mas essa atenção é fugaz, pois a atenção jornalística logo se desloca para outro "foco de incêndio" noticioso, deixando para trás numerosas denúncias. Essa vertigem processual acaba por funcionar como um beneplácito dos ilícitos, pois nem sempre a imprensa volta à cena das irregularidades para verificar se tiveram conseqüências legais e administrativas. A denúncia, por si, já representa um tipo de punição, qual seja, exposição pública e vexaminosa dos "responsáveis" pelas irregularidades.

Certas informações de interesse público não constituem, naturalmente, fato jornalístico ou não configuram "novidade", mas requerem uma recolocação nas pautas, pois o assunto merece uma nova "campanha" e um novo reforço na sua respectiva "mobilização social". Esta última, de caráter permanente, enquanto a campanha é sazonal, oportuna, cíclica. Em todo mês de setembro, agora é costume no Brasil, realiza-se a Semana Nacional de Trânsito e suas respectivas campanhas publicitárias. A mobilização em torno da prevenção dos acidentes e mortes no trânsito tem de durar, evidentemente, o ano inteiro e, diria eu, a vida inteira, pois, enquanto as cidades estiverem entupidas de carros, haverá acidentes e haverá ainda mais acidentes se houver condutores alcoolizados (mais de 70% das causas de mortes no trânsito). O alcoolismo e o abuso das drogas, revelam as pesquisas, estão igualmente associados à maior parte dos casos de abusos sexuais. Assuntos como campanha de trânsito e combate ao abuso contra crianças dão notícia? A resposta é sim, mas desde que haja "fatos" ou "ganchos" novos. E, mesmo quando a imprensa cobre

59

Jornalismo político

bem o lançamento de programas, políticas e medidas governamentais, estagnamos no oficialismo do "anúncio" dos projetos. O jornalismo investigativo, em geral, não se preocupa em acompanhar tais ações dos governos e verificar se os resultados foram efetivos. No Brasil, a imprensa é tida como um poder fiscal, mas não nesse sentido da auditagem das políticas públicas, nem no sentido de valorizar como notícias os resultados positivos eventualmente obtidos. Mesmo o fracasso das políticas públicas não é noticiado com ênfase, a não ser que haja alguma denúncia de impacto a ser feita.

Seria a *comunicação pública* uma especialização? Possivelmente, se considerarmos que o setor público é um grande empregador de profissionais de Comunicação e especialmente se levarmos em conta a existência de um campo que se tem denominado como de "comunicação integrada", para o qual concorrem não somente jornalistas, mas "comunicadores" de várias habilitações. Trata-se de um segmento profissional que tem-se procurado organizar, haja vista a realização de congressos temáticos, como foi o caso do XV ENJAC (Encontro Nacional de Jornalistas em Assessorias de Comunicação), realizado no Rio de Janeiro entre os dias 23 e 25/9/2005. Seria o jornalismo público uma especialização? Nesse caso, a resposta é mais complexa, se considerarmos esse campo na acepção originária, do *civic journalism* norte-americano, que trata-se mais de um movimento do que propriamente de um gênero profissional. Considerando a recepção do conceito no Brasil, vários órgãos estatais de imprensa (TV Cultura, Rede Minas e Radiobrás, entre outros) têm até publicado "manuais de jornalismo público" ou elaborado instruções acerca de como os seus repórteres devem praticar o "jornalismo público". Mais uma vez, a questão da identificação do estatal com o público. Acreditamos, em relação a esse contexto brasileiro, que nu-

Jornalismo e interesse público

merosas organizações não-governamentais também praticam o jornalismo público, como é o caso da Agência de Notícias dos Direitos da Infância (Andi). Torna-se fácil, portanto, distinguir um certo jornalismo lobista de interesses privados com a produção sistemática de informações (jornalísticas) no âmbito de ações de *advocacy*: a defesa e a mobilização social em função de causas nitidamente sociais e/ou públicas, por exemplo, a campanha de combate ao trabalho infantil e, dentro dela, ao trabalho infantil doméstico.

Em alguns campos, como o jurídico, pode-se encontrar um mesmo profissional, o advogado, em distintos momentos da carreira jurídica, ora na defesa, ora na acusação, ora como procurador, ora como promotor, ora como juiz, ora como magistrado, ora no magistério, sem que deixe, em qualquer instante, de ser, basicamente, advogado. Já com essa figura difusa, que é o comunicador, deparamo-nos com uma situação de clivagens e controvérsias. Existem os *news promoters*; os *news assemblers*; os *news consumers*, tomando-se a notícia como parâmetro, da mesma forma como existem os relações-públicas, os assessores, os jornalistas, os radialistas, os publicitários e, mais recentemente, os "produtores de notícia" para o meio digital que, embora não sejam jornalistas, cuidam da "embalagem" virtual dos fatos para que eles circulem pelo ciberespaço, competência que nem todo jornalista tem, a de codificar a sua matéria de forma que ela circule pela internet.

Vejamos, agora, o caso do médico. Faça ele medicina em um hospital público (pela manhã), na sua clínica particular (à tarde), ou ainda em um pronto-socorro (à noite), não deixará de ser médico, nem terá melhor ou pior reputação apenas por trabalhar neste ou naquele emprego. Em qualquer lugar idôneo, os serviços médicos prestados corresponderão ao status profissional do

Jornalismo político

médico, seja ele clínico geral, cardiologista ou pesquisador de um laboratório.

Voltando ao jornalismo, um jornalista da Radiobrás (estatal) será menos jornalista por não estar envolvido, diretamente, com o jornalismo investigativo? Um jornalista de redação que passar em um concurso público para o Sistema de Comunicação Social do Senado estará, automaticamente, mudando para a área de Relações Públicas? Terá de devolver a sua "carteira" se vier, eventualmente, chefiar uma assessoria no âmbito do Congresso?

A prova dos nove, quem sabe, tenha de ser proporcionada pelo usuário/cidadão/contribuinte/consumidor/cliente, pelo destinatário, enfim. Ele julgará se o produto recebido (gratuitamente ou pago) terá interesse e utilidade. Do ponto de vista do cidadão, como unidade do público (um conceito iluminista, derivado da filosofia das Luzes e, portanto, da teoria do Esclarecimento), o que importa é se a informação atendeu-lhe em seu DIREITO DE SABER (*publics right to know*); na sua NECESSIDADE DE SABER (*publics need to know*); e no seu DESEJO DE SABER (*publics want to know*). Teríamos, então, pelo menos três categorias distintas de interesse público:

1) A primeira, relacionada com o Princípio da Publicidade, que corresponde também à obrigação legal do Estado de publicar os assuntos de interesse público (publicidade legal), como também corresponde ao princípio da visibilidade da coisa pública, uma qualidade intrínseca ao regime republicano (*res publica*). No plano jurídico, aplica-se também esse princípio ao fato de que todas as leis só existem a partir de sua publicação, o mesmo se aplicando também aos apelos que devem ser formulados pelos Estados e pelos governos para arregimentar participações, dos cidadãos

e da sociedade. Basicamente, o Estado se dirige à sociedade mediante três condições: a) o Estado presta contas (publicidade legal) do que faz com o dinheiro público, tanto das arrecadações quanto das suas incursões sobre o mercado; b) o Estado conclama — é a figura do Estado-tutor que forma, informa, reforma e apela para a colaboração de todos para com a felicidade de todos, o bem-comum (publicidade institucional); c) o Estado proclama valores: da pátria, da nacionalidade, da história, da cultura, do "nosso" patrimônio geográfico, artístico, etc. Combinam-se nesse primeiro agrupamento duas práticas avançadas de democracia: a vigência de uma governança aberta, combinada com o direito de saber (de todo cidadão).

2) A segunda, relacionada com o conjunto de informações de utilidade pública, sendo que não apenas Estados e governos produzem, promovem e divulgam informações nesse plano, mas também sobre a economia e a sociedade. Em geral, quem concede o status de utilidade pública a alguma atividade é o Estado, mas, se tomarmos esse utilitarismo de forma mais dilatada, podemos facilmente concluir que, diariamente e a todo momento, o conjunto dos espaços sociais produz informações a serem plasmadas no *espaço público* (suporte — a mídia, por exemplo) e na *esfera pública*. Cotidianamente, portanto, e sobretudo com a midiação (dos meios de comunicação de massa), Estado, governo, mercado e sociedade produzem uma profusão de informações-serviço que orientam o cidadão no seu trato diário com os mais variados campos da existência, desde a meteorologia às cotações (de uma a cinco estrelas) que a crítica estabelece para os espetáculos em cartaz.

Jornalismo político

3) A terceira modalidade de interesse público corresponde à produção, à difusão e ao consumo de informações que, embora não tenham nem o status de coisa pública nem o de utilidade pública, atendem ao "desejo de saber" do público-platéia. Esse desejo se apraz no visionamento de assuntos banais e sensacionais, ou de produtos simplesmente destinados a uma certa *estruturação do tempo* correlacionada com um certo lazer pré-estruturado, que vai desde a mais cândida diversão midiática aos conteúdos apelativos, grotescos ou escabrosos — campeões dos *rankings* de baixaria. Esta categoria trata muito mais do que é do *interesse do público* do que, propriamente, do *interesse público*. Possivelmente, a distinção básica é de que nem tudo que é de interesse público é "interessante", ao passo que praticamente tudo que é de interesse *do* público apresenta algum tipo de apelo midiático ou sensacionalista. Trata-se de uma demanda mais voltada para o sensorial, para o sinestésico, para o catártico, enfim.

"Jornalismo da boa notícia" e "jornalismo fiscal"

Já houve tentativas de análise quanto ao modelo de jornalismo predominante no Brasil — se o modelo europeu, mais analítico; se o modelo norte-americano, mais investigativo. Já houve quem considerasse o jornalismo brasileiro como o clássico Quarto Poder, por ser um poder fiscal dos três outros poderes (Executivo, Legislativo e Judiciário); já houve também quem apresentasse a hipótese de que o jornalismo brasileiro passou a ser o Quinto Poder, depois da criação do Ministério Público (e seus vários desdobramentos — da União, dos Estados, do Distrito Federal e Territórios; do Trabalho, etc.). E já houve quem considerasse que a imprensa brasileira renunciou à pretensão de ser um Poder (*ad hoc*) republicano para atuar no mercado, estritamente como negócio e dentro de estratégias de marketing que, por vezes, adotam todo tipo de promoção e oferta de brindes, sendo mais importante o faturamento com publicidade do que propriamente a missão de informar.

Conforme Afonso Albuquerque,[8]

> Os jornalistas brasileiros tendem a interpretar o modelo do "Quarto Poder" de modo totalmente distinto dos seus colegas americanos. Para estes, a imprensa teria um compromisso fundamental com a preservação das regras do jogo (e particularmente com o equilíbrio dos três poderes), e sua atuação se daria no sentido de informar os cidadãos, de modo a permitir-lhes decidir conscientemente (Cook, 1998). Os jornalistas brasileiros, por sua vez, definiriam a sua responsabilidade política em termos bem mais ativos: tratar-se-ia de colaborar na implantação ou manutenção de uma ordem sempre percebida como instável. Neste sentido, simplesmente informar os cidadãos não seria o bastante. Seria preciso formá-los de modo a que eles pudessem desempenhar corretamente o seu papel na democracia.

Com relação aos papéis do "jornalista investigativo" e do "jornalista institucional", a nossa hipótese é de que o importante é que cada lado cumpra bem a sua missão e os seus compromissos

---

[8]Afonso de Albuquerque (2000), "Um outro Quarto Poder: imprensa e compromisso político no Brasil", in: *Contracampo: Revista do Mestrado em Comunicação, Imagem e Informação*, n. 4, p. 23-57. Assunto atualizado em trabalho apresentado no X Congresso anual da Compós, realizado em Brasília, em 29 mai/1º jun de 2001 (v. CD 10º. Compós — Anais).

Jornalismo político

deontológicos, pois, do ponto de vista do usuário final da informação, se ela for correta e útil, tanto faz ser um produto do "jornalismo da boa notícia", quanto um produto do "jornalismo fiscal" da coisa pública. Os dois lados, possivelmente, jamais deixarão de apontar mutuamente suas vicissitudes. Entendemos, porém, que, presentemente, "o jornalismo do setor público" ou o "jornalismo de assessoria" como um todo é uma realidade consolidada, representando um mercado de trabalho em expansão, em contraste com a recessão do mercado de trabalho tradicional das redações. Já existiriam no Brasil mais jornalistas em empregos "institucionais" do que "investigativos", ou seja, mais jornalistas atuando na "mídia das fontes", expressão do pesquisador Francisco Sant'Anna,[9] no exercício do que ele denomina "jornalismo corporativo", a julgar pela evolução dos números: "Entre os anos de 2000 e 2002, a iniciativa privada contratou no Brasil, em média, 20.300 profissionais. No mesmo período, o setor extra-redação passou de 6.816 jornalistas para cerca de 9 mil. Proporcionalmente, o segmento pulou de 31,88% para 49,48% das duas dezenas de milhar de jornalistas contratados pela iniciativa privada. Estes percentuais tendem a ser mais expressivos se a eles fossem acrescentados os quantitativos do setor público."[10]

Historicamente, não só o "jornalista investigativo" tem merecido maior reconhecimento, como o "jornalista institucional" (ou corporativo), de maneira geral, não é considerado jornalista, mas um agente de relações públicas, promoção, publicidade, propaganda, marketing, etc. Isso quando não dificulta o trabalho dos repórteres, oculta ou omite informações e até exerce pressões jun-

---

[9]Francisco Sant'Anna, *Mídia das fontes: o difusor do jornalismo corporativo*, Brasília, Casa das Musas, 2005, p. 56.
[10]Idem.

Jornalismo e interesse público

to a patrões em desfavor dos assuntos e dos profissionais. Há entre os expoentes brasileiros do jornalismo nomes, como o de Heródoto Barbeiro, que não consideram jornalista o "coleguinha" que trabalha em assessoria. "Pessoalmente, não considero o assessor de imprensa jornalista. Ele representa sempre os interesses do seu cliente, com ou sem vínculo empregatício", afirma o radialista em seu livro *Você na telinha*.[11]

Curiosamente, radialista — no termos da legislação em vigor — também não é jornalista. Os cursos superiores de radialismo não formam jornalistas, mas tão-somente radialistas. É claro que Heródoto Barbeiro é jornalista, mas não pelo fato de ser radialista. Lamentavelmente, no Brasil a área de comunicação está cheia dessas divisões e fronteiras que nem sempre são lógicas ou acompanham a realidade do mercado de trabalho. A confusão chega, por vezes, aos tribunais. Ora uma jurisprudência nega que assessor seja jornalista, ora afirma o contrário, que assessor é jornalista e, portanto, detentor de direitos trabalhistas específicos, como é o caso da jornada de trabalho de cinco horas por dia, com direito a horas-extras se esse expediente for ultrapassado. Por vezes, a negativa jurídica é para todos, como foi o despacho da juíza Carla Rister (16ª Vara Cível de São Paulo), que nega a necessidade de curso superior para se exercer o jornalismo, abrindo carreira e mercado a qualquer pessoa portadora de uma "cultura geral".

Assessores x jornalistas; jornalistas x assessores. Sempre que essa polêmica está em jogo, é comum serem citados os exemplos da França e de Portugal, onde o jornalista convidado a trabalhar em assessoria tem de "devolver" a sua identidade funcional de jorna-

---

[11]*Apud* Fábio Davidson, "Jornalismo & assessoria: Comparar tarefas ajuda a decidir", in: *Observatório da Imprensa*, edição on-line nº 324: http://observatorio.ultimosegundo.ig.com.br/artigos.asp?cod=324DAC002.

Jornalismo político

lista (a "carteirinha"). Há, portanto, nesses contextos, a compreensão segundo a qual trabalhar em assessoria é um fator impeditivo da isenção necessária à prática jornalística. No Brasil, o máximo que o Código de Ética pede do jornalista é que não faça reportagens em local onde mantém vínculo de emprego. Por exemplo, se um jornalista trabalha para um partido, não poderá ser o repórter encarregado da cobertura jornalística daquele partido.

Atribui-se ao jornalista Ricardo Noblat a opinião de que assessor não pode ser considerado jornalista, pois, dado o compromisso de lealdade com o patrão, seria obrigado, em certas circunstâncias, a não facilitar as investigações dos jornalistas, ou até mesmo a ter de mentir para os mesmos, por exemplo, ocultando fatos de seu conhecimento que a organização não quer ver publicados. Ora, se a função tácita e precípua do jornalista é formular publicamente a denúncia, em uma circunstância tal, o jornalista-assessor estaria transgredindo o Código de Ética dos Jornalistas Brasileiros, que nos seus primeiros artigos prescreve:

> Art. 1º — O acesso à informação pública é um direito inerente à condição de vida em sociedade, que não pode ser impedido por nenhum tipo de interesse.

> Art. 2º — A divulgação de informação, precisa e correta, é dever dos meios de comunicação pública, independente da natureza de sua propriedade.

Ao permanecer jornalista, o jornalista-assessor, convenhamos, pode ser que em determinadas circunstâncias tenha problemas de consciência, ou melhor, de uma das aplicações da noção de "cláusula de consciência" que é o impeditivo moral que se apre-

Jornalismo e interesse público

senta quando o jornalista, por algum motivo (pessoal ou de compromisso de lealdade, parentesco, etc.) não está em condições de atuar com isenção. Isso não impede, porém, que, em definitivo, um jornalista não possa desempenhar funções, atribuições e atividades jornalísticas dentro de uma organização não-jornalística. Seria o mesmo que concordar com um segundo postulado excludente, o de que "jornalismo só pode ser exercido em empresa jornalística". O primeiro postulado excludente seria "jornalismo é denúncia".

Uma saída pode ser a perspectiva do destinatário da informação pública: o usuário da informação pública ou, de acordo com o seu papel (político, econômico e social), o cidadão, contribuinte, consumidor, cliente. Ora, sob essa mirada, do destinatário da informação pública, se a informação tiver, de fato, interesse público, ela terá uma utilidade pública ou um usufruto público, para guardarmos a diferença básica entre *interesse público* e *interesse do público*, pouco lhe importando se a produção e a veiculação dessa informação decorreu de um *jornalista puro* ou de um *jornalista compromissado* (para com alguma organização ou algum interesse).

A antinomia *jornalista investigativo* e *jornalista institucional* torna-se mais leve quando o jornalista institucional trabalha para órgãos públicos de comunicação ou para sistemas públicos de comunicação e não, isoladamente, no cargo de assessor. Estado, governo, mercado e sociedade têm gerado, de algumas décadas para cá, grandes aparatos de informação ou de cobertura jornalísticas, a exemplo dos sistemas de comunicação dos poderes Executivo, Legislativo e Judiciário e das estruturas de grande porte a serviço de empresas e organizações. Alguém colocará em dúvida a idoneidade jornalística das informações produzidas (primordialmente, para a própria imprensa) pelas assessorias de

Jornalismo político

comunicação das Nações Unidas e suas numerosas agências? Que dificuldade de isenção haveria, por exemplo, por parte de um jornalista-assessor do Instituto Brasileiro de Geografia e Estatística (IBGE), ao produzir informações sobre um censo ou de uma Pesquisa Nacional de Amostra por Domicílio (Pnad)? Por acaso, um grande aparato de *mídia institucional* que se monta para dar suporte à própria *mídia comercial* em um evento como as Olimpíadas estaria impedido de preparar informações isentas para a imprensa ou para qualquer destinatário interessado? Um raciocínio tradicional seria o de que a culpa por essa polêmica é do *release*. O *release* seria uma peça genuinamente de relações públicas e não de jornalismo. Então, por maior experiência e competência que tenha um jornalista, ele não poderia, legitimamente, produzir *releases*, sob pena de se ver transformado, metamorfoseado, duplicado em sua personalidade, tal como as criaturas imaginárias de *Dr. Jekyll and Mr. Hyde*, de Robert Louis Stevenson, no seu magistral *O médico e o monstro*.

É preciso lembrar que numerosas "redações institucionais" trabalham diariamente na produção de *releases* e pesquisas e relatórios sobre assuntos que não são, necessariamente, peças de promoção da organização e que se referem a assuntos de interesse coletivo — saúde, por exemplo. A propósito, nos dias 20 a 23 de setembro de 2005, em Salvador (BA), estiveram reunidos no 9º Congresso Mundial de Informação em Saúde — pela primeira vez na América Latina —, profissionais de 50 países, discutindo o tema "Compromisso com a eqüidade". Há, portanto, todo um campo de trabalho para profissionais que fazem jornalismo para jornalistas, ou seja, praticam a modalidade do "jornalismo especializado".

Comunicação pública e jornalismo público

Outra controvérsia que no Brasil não está tendo solução fácil está na tipificação do que seja propriamente comunicação pública e jornalismo público, embora esses termos sejam utilizados como denominação e autodenominação de atividades de comunicação e de imprensa, sobretudo quando se buscam acepções legitimadoras para os segmentos da mídia estatal; e da promoção governamental. Tradicionalmente, associam-se coisa pública e interesse público às esferas do Estado e do Governo. De uma década e meia para cá, há cada vez mais consenso na compreensão do Terceiro Setor (que capta recursos privados para fins públicos) como uma das esferas do interesse público, por se tratar de um segmento sem fins lucrativos. Para que algo seja do interesse público haverá, necessariamente, de ser ou gratuito ou não ter finalidade lucrativa (serviço público)?

As polaridades do *quem paga* e do *retorno do investimento* certamente são categorias classificatórias do interesse público. Em matéria de jornalismo, o patrocinador do empreendimento é sempre um risco para a isenção do jornalismo praticado, a não ser em casos muito raros em que os modelos dos empreendimentos já foram criados com salvaguardas para que não haja intromissões, nem do Estado, nem do Governo, nem do Mercado, nem de segmentos particulares da Sociedade. É o caso da *British Broadcasting Corporation* (BBC), paga com um imposto específico com que os ingleses arcam para dispor de um canal de informações isentas e confiáveis. A BBC, portanto, é pública sem ser estatal ou governamental e nem mesmo assumir "nacionalismos" do tipo "nossos rapazes" (expressão atribuída a Margaret Thatcher), em se tratando dos soldados ingleses a caminho da Guerra das Malvinas (Falklands). Exatidão, justiça, imparcialidade e privacidade (respeito à...) estão entre os valores maiores da BBC, que necessita, para tal,

Jornalismo político

de uma eqüidistância em relação aos mais variados núcleos de poder. É uma perfeição? Não, mas é um modelo tido como paradigmático, o mesmo acontecendo com o *Public Broadcasting Service* (PBS) norte-americano, embora a especialidade do PBS não seja o jornalismo, mas a produção cultural, sobretudo de conteúdos curriculares e de conteúdos supletivos à formação escolar: documentários sobre história, geografia, ciência, tecnologia, etc. Ele guarda, igualmente, uma independência com relação aos principais bolsões de pressão contra a independência de um veículo: Estado/Governo e Mercado. Da mesma forma como a BBC não funciona como uma correia de transmissão do partido que estiver no poder, o PBS também não é um instrumento de irradiação da política ou das idéias de quem esteja na Casa Branca.

Com relação ao Brasil, onde a Constituição Federal contempla, no plano da radiodifusão, uma complementaridade entre os sistemas privado, estatal e público, mas este último jamais foi e talvez nunca venha a ser regulamentado, como poderemos encontrar uma comunicação que seja, de fato, pública, significando isto que o seu principal senhor seja o público, e não o governo ou os anunciantes comerciais? Possivelmente, a saída seria estabelecer diversas categorias de comunicação pública, até mesmo considerando que nem sempre o Estado se revela o melhor dos guardiões da coisa pública, da mesma forma que nem sempre o estabelecimento privado conspira contra o interesse público pelo fato genético de buscar o lucro acima de qualquer coisa.

Um serviço público de qualidade não tem de ser, necessariamente, gratuito e estatal; pode ser desempenhado pela iniciativa privada, desde que haja condições para a prestação de um serviço público, ao mesmo tempo rentável (mas não extorsivo) e socialmente responsável. Deveria ser assim com as concessões públicas. No caso da radiodifusão brasileira, no entanto, não se

Jornalismo e interesse público

pode afirmar que as emissoras privadas cumprem uma função pública, embora sejam concessões públicas, até mesmo porque elas não têm de prestar contas pelos "serviços públicos" que eventualmente tenham prestado ao longo dos períodos concedidos (15 anos para as tevês e 10 anos para as rádios, renováveis). O Estado brasileiro, poder concessionário, não tem zelado por isso; ele não tem exigido contrapartidas em matéria de "serviços", razão pela qual predomina nas programações televisivas a oferta de entretenimento, leia-se, uma hipertrofia do mau gosto. Usa-se uma concessão pública para a obtenção de elevados índices de audiência, sustentados pela oferta da "comunicação do grotesco".

No caso da radiodifusão brasileira, pode-se dizer que as emissoras estatais oferecem genuinamente uma programação de interesse público? De interesse público, mas sob o controle do Estado, sim. Ou melhor, sob o controle dos governos, que se alternam no exercício do poder, nas ocupações dos cargos-chave e no estilo de jornalismo e programação geral. E as emissoras privadas? Curiosamente, vamos encontrar em algumas circunstâncias ofertas de conteúdos e desempenhos de audiência que mais se assemelham a serviço público do que as ofertas das emissoras estatais. Vejamos, por exemplo, o caso do Canal Futura. Tem todas as características de um canal público, embora seja privado (resultante de um consórcio de empresas). Isso implica reconhecer que o caráter de prestação de um "serviço público" não precisa, necessariamente, advir de um órgão estatal, governamental ou mesmo público (no sentido da BBC e do PBS). Tanto podemos ter uma emissora estatal sem cumprir corretamente com a sua função pública, como podemos ter um ente privado cumprindo uma função pública. Não temos uma BBC, mas temos experiências de radiojornalismo de qualidade, seriedade e precisão. Um paradigma nesse sentido? A CBN, embora seja um ente privado.

Jornalismo político

Parece apropriado, portanto, que, analisando o panorama brasileiro, possamos enumerar algumas modalidades de comunicação pública:

a) a comunicação pública praticada por emissoras públicas (nos moldes da BBC e do PBS), se algum dia elas vierem a ser criadas como tal, no Brasil;

b) a comunicação pública praticada pelo Estado (emissoras estatais; TV Cultura, televisões educativas) e pelos órgãos públicos do Estado — a *Voz do Brasil* é um exemplo cotidiano;

c) a comunicação pública praticada pelos governos (federal, estadual e municipal) na divulgação de conteúdos legais, de utilidade pública, institucionais e mercadológicos próprios de uma administração pública;

d) a comunicação pública praticada pelas emissoras privadas (caso do Canal Futura);

e) a comunicação pública praticada pelas organizações sem fins lucrativos (organizações sociais; organizações civis de interesse público; organizações não-governamentais; fundações; etc.); em síntese, pelo chamado Terceiro Setor, ou ainda por órgãos relacionados institucionalmente a uma categoria profissional — a TV Sesc, por exemplo;

f) a comunicação pública oriunda dos Canais de Acesso Público (executivos, legislativos, judiciários, institucionais — Forças Armadas, por exemplo — culturais; comunitários; e universitários);

g) a comunicação de caráter público, quando, independentemente da natureza da concessão, qualquer um dos segmentos de radiodifusão abre espaço, gratuitamente, para a veiculação de campanhas públicas;

h) a comunicação pública produzida ou intermediada por órgãos supra-estatais, como: ONU, OEA, OUA, PNUD, Unesco, Unicef, fóruns, comitês, etc.

É muito comum que jornalistas de sucesso sejam convidados para comandar assessorias, justamente por terem sido excelentes profissionais. Eles, então, deixariam de ser jornalistas? Ou, reformulando a pergunta, deixariam de ser guardiões do interesse público por ter aceito um convite — também profissional — para atuar em uma assessoria? Um exemplo recente: Carlos Fino, jornalista português que se destacou pela brilhante e também arriscada cobertura da invasão do Iraque (estava em Bagdá desde o cair das primeiras bombas), portanto, um correspondente de guerra. Hoje, depois de livros publicados e conferências numerosas, foi convidado para ser adido de imprensa em Brasília. Terá deixado de ser jornalista, mesmo levando-se em conta que em seu país quem aceita emprego em assessoria é obrigado a devolver a "carteira" de jornalista?

Um parâmetro indiscutível para avaliação do problema pode ser o amparo legal. Um dos institutos regulamentadores da profissão de jornalista, o Decreto n.º 83.284, de 13 de março de 1979, tipifica 11 atividades e 11 funções inerentes ao exercício do jornalismo. De acordo com o respectivo Art. 2º, "A profissão de jornalista compreende, privativamente, o exercício habitual e remunerado de qualquer das seguintes atividades:

> I — redação, condensação, titulação, interpretação, correção ou coordenação de matéria a ser divulgada, contenha ou não comentário; II — comentário ou crônica, por meio de quaisquer veículos de comunicação; III — entrevista, inquérito ou reportagem, escrita ou falada; IV — planejamento, organização, direção e

Jornalismo político

eventual execução de serviços técnicos de jornalismo, como os de arquivo, ilustração ou distribuição gráfica de matéria a ser divulgada; **V** — planejamento, organização e administração técnica dos serviços de que trata o item I; **VI** — ensino de técnicas de jornalismo; **VII** — coleta de notícias ou informações e seu preparo para divulgação; **VIII** — revisão de originais de matéria jornalística, com vistas à correção redacional e à adequação da linguagem; **IX** — organização e conservação de arquivo jornalístico e pesquisa dos respectivos dados para elaboração de notícias; **X** — execução da distribuição gráfica de texto, fotografia ou ilustração de caráter jornalístico, para fins de divulgação; **XI** — execução de desenhos artísticos ou técnicos de caráter jornalístico, para fins de divulgação.

O mesmo decreto (Art. 11º), enumera as "funções desempenhadas pelos jornalistas, como empregados" e que apresentamos, de forma resumida:

I — Redator; **II** — Noticiarista; **III** — Repórter; **IV** — Repórter de setor; **V** — Rádio repórter; **VI** — Arquivista-pesquisador; **VII** — Revisor; **VIII** — Ilustrador; **IX** — Repórter fotográfico; **X** — Repórter cinematográfico; **XI** — Diagramador.

Ou seja, a legislação se preocupa com atividades e funções do jornalista e não com o local ou status do empregador. É esse decreto que estabelece que o contrato do jornalista terá de seguir os critérios legais (incluindo jornada de cinco horas por dia), mesmo quando o jornalista for contratado por empresa não-jornalística (para funções jornalísticas, que fique bem claro).

Visibilidades e opacidades

Polêmicas à parte, sobre quem é mais jornalista, se o *jornalista investigador*, se o *jornalista institucional*, e elidindo preconceitos — de que assessor não é jornalista ou de que os repórteres só se mobilizam por notícias negativas —, entendemos que ambos desempenham atividades e funções públicas, desde que os seus produtos possam se qualificar como sendo de interesse público e de utilidade pública. Estatal e privado ou governamental e não-governamental seriam, portanto, falsas dicotomias no que se refere à comunicação pública ou no que se refere ao jornalismo público. Arriscamos mesmo a hipótese de que, para o cidadão e para a sociedade, a boa atuação das duas categorias representa um ganho, já que teríamos profissionais atuando em duas frentes, ambas movimentando permanentemente duas turbinas da informação. De um lado, os jornalistas institucionais produzindo notícias que, em geral, a mídia comercial não vai em busca. De outro, os jornalistas investigativos, diariamente encarregados de ir à procura de informações que jamais viriam a público se deixadas por conta apenas das empresas, organizações e assessorias.

Inferimos, portanto, que tanto as organizações trabalham pela visibilidade dos fatos, quanto as redações. Ambas têm, no entanto, áreas de opacidade. As organizações, por não divulgarem informações negativas (mesmo quando fruto de auditorias e sindicâncias), da mesma forma como se esforçam para ver publicadas as "boas notícias". As empresas jornalísticas, por sua vez, também têm graus de opacidade, na medida em que nem sempre dão espaço a assuntos de interesse público ou, quem sabe, até por um certo atavismo que é o de julgar que a melhor competência para se discernir o que é do interesse público está do lado

Jornalismo político

das redações. O melhor, quem sabe, seria então deixar cada lado no melhor de seus desempenhos e especialidades. Cada qual fazendo o melhor, de acordo com o seu *lugar de fala* e com a sua *orientação enunciativa.*[12]

Vejamos, então, algumas simulações, levando-se em conta os referidos lugares de fala e as respectivas orientações enunciativas (anunciar e denunciar). Adotemos como exemplo os sistemas de comunicação social do Poder Legislativo. Certamente que não compete aos jornalistas da Câmara e Senado as pautas de investigação sobre a prática de ilícitos por parte dos parlamentares. Impossível imaginar, por exemplo, um jornalista lotado na Presidência da Câmara sendo o primeiro a se municiar de elementos para denunciar o presidente da Câmara em eventual falta de decoro, tarefa óbvia do repórter investigativo escalado para cobrir a Presidência da Câmara. Improvável, por outro lado, que se entenda como obrigação precípua do repórter "de fora" dedicar-se à cobertura de fatos e eventos institucionais, a não ser que os mesmos sejam considerados como *valores-notícia* pelas suas próprias redações: por exemplo, a solenidade de posse ou de renúncia do presidente da Câmara. Isso, sem contar que, por vezes, o jornalista institucional trabalha constantemente elaborando produtos tanto para os "jornais-da-casa" quanto para a imprensa em geral, pois a imprensa em geral, com muita freqüência (e até por

---

[12]Conceito adotado por Alfred Schütz, segundo o qual o lugar de fala e o locutor do discurso são determinantes do posicionamento desse discurso: assim, as primeiras pessoas do singular e do plural — o eu e o nós — determinariam representações narcísicas e corporarativas. Enunciações acusativas estariam mais atinentes à segunda pessoa do singular, o tu; à terceira do singular, você e ele; e à terceira do plural, eles. À segunda do plural, vós, estariam associados os enaltecimentos, os panegíricos e as paráfrases. No caso da atuação do jornalista, é fundamental levar em conta o seu lugar de fala e a pessoa da enunciação. O lugar de fala do "jornalista investigador" é nas redações. O lugar de fala do "jornalista institucional" é dentro das organizações. O primeiro, adotando uma orientação enunciativa denunciativa; o segundo, adotando uma enunciação anunciativa.

Jornalismo e interesse público

não ter tantos quadros), acaba se valendo do suporte representado pela "cobertura" institucional.

É preciso considerar que determinados assuntos, embora sejam de interesse e de utilidade públicas, não contêm, necessariamente, valor-notícia, pelo menos na concepção de valor-notícia como valor-midiático, ou seja, aquela informação sobrecarregada de singularidade, para usarmos um termo da teoria marxista do jornalismo de autoria do professor Adelmo Genro Filho, no seu clássico *O segredo da pirâmide*.[13] Na mesma direção, o catedrático português Adriano Duarte Rodrigues, no capítulo de abertura do livro *Jornalismo: teorias, questões e "estórias"* — organizado pelo seu colega Nelson Traquina, da Universidade Nova de Lisboa —, encontra uma qualidade para o "acontecimento midiático", aquele que adquire midiaticidade na proporção de sua improbabilidade, ou, em algumas circunstâncias, quando algo sai errado, falha ou termina por reverter completamente as expectativas. Alguns fatos são midiáticos, segundo Adriano, pelo seu valor performático. O lançamento de qualquer nave tripulada é notícia e o seu lançamento cercado de explosões e fumaças tem sempre um valor midiático em si, da mesma forma que a plasticidade de um vulcão em erupção ganha os seus 15 segundos de fama, graças à pirotecnia geológica. Não é propriamente um fato, mas um *metafato*. Notícia impactante, no entanto, é quando tudo falha com relação ao foguete lançador da nave e a nave explode em um milhão de estilhaços, tal como ocorreu com uma delas, da série Columbia.

---

[13]Adelmo Genro Filho, *O segredo da pirâmide: por uma teoria marxista do jornalismo.* A edição em papel, da Editora Tchê, acha-se esgotada há muitos anos. Adelmo, que morreu precocemente por causa de um ataque do coração, tem merecido homenagens — uma edição eletrônica foi feita pela FENAJ — e o seu livro encontra-se na internet: www.adelmo.com.br.

Jornalismo político

Com relação às informações de natureza pública, ou seja, aquelas produzidas por órgãos públicos, organizações e empresas que lidam com o público ou com produtos, bens e serviços destinados ao público, o normal é que essas informações não tenham apelo midiático. Nada menos apelativo (midiaticamente) do que um bom atendimento hospitalar; do que a repartição sem filas; do que a burocracia funcionando rotineiramente, dentro do esperado. O natural do Serviço Público, portanto, é que ele não seja notícia. Ao contrário, no entanto, quando as filas tornam-se escandalosas, o jeito é chamar a imprensa; quando o atendimento hospitalar materializa cenários dantescos, é melhor que a imprensa venha mostrar tal descalabro. Quando o dinheiro público escorre pelo ralo do desperdício, ou quando alguém indevidamente bota a mão nele, é claro que não será o boletim-da-casa que irá publicar a melhor "nota" sobre o assunto. Em contrapartida, toda uma série de "fatos" novos é gerada diariamente pelos órgãos públicos e serviços públicos, sem que a mídia preste atenção, ou tenha interesse à altura do "fato". Lembro-me de certa vez folhear um jornal de uma capital nordestina que trazia páginas e páginas sobre os prodígios do óleo de mamona. Pouca gente sabe do potencial lubrificante do óleo da mamona, mas fiquei desconfiado que havia, ali, algum tipo de negociação para tanto espaço para o óleo de mamona.

Imaginemos um ranário financiado com dinheiro público, a juros baixíssimos. O ranário bem-sucedido, talvez pela sua natureza insólita, merecesse algumas matérias na mídia local; uma ou outra na mídia regional; e uma matéria em um programa televisivo nacional, domingo à noite, por exemplo. Isso, a despeito de todo o esforço dos repórteres-institucionais contratados para "promover" o assunto. O termo é esse mesmo, "promover", pois alguns fatos não ganharão o *espaço público*, não serão discutidos

Jornalismo e interesse público

na *esfera pública*, sem uma produção, sem uma "ajudazinha". Em geral, esta é uma sina, um determinismo que caracteriza as *boas notícias*. Imaginemos, agora, a "bomba" representada por um ranário financiado com dinheiro público e sem que nem uma solitária rã lá tenha sido encontrada, quanto mais os esperados prolíferos viveiros; a profusão de couros de rãs em estoque, a caminho dos curtumes, embalados para exportação. Em vez disso, o ralo sugador do dinheiro público; o desvio; o projeto de fachada que não deu em rãs. Aproveitemos, portanto, este exemplo ranicultor para explicar uma situação em que jamais o "jornalismo institucional" prepararia subsídios para as redações.

De um lado, o ranário, produzindo rãs, carne de rãs, couro de rãs e demais derivados. A mídia, convidada numerosas vezes para a inauguração, a primeira fornada de rãs, a primeira exportação de rãs, o primeiro desfile de moda de couro de rã (sapatos, bolsas, cintos, acessórios, biquínis, etc.), lá não apareceu. Foi preciso todo um trabalho, toda a preparação de *releases*, fotos, *press-kits*, etc. e muito esforço para mostrar o assunto, embora de interesse público (havia dinheiro público investido) para que uma ou outra matéria saísse. E houve até a necessidade de uma ou outra matéria paga para que a população do município soubesse dos benefícios do ranifício. Mas, um belo dia, um pauteiro achou o assunto "interessante", diferente, curioso, surpreendente. Despachou para lá uma equipe, deu uma bela matéria do tipo "Brasil bonito". E pronto, e acabou. Falamos de uma das mãos da via de duas mãos pela qual trafega a informação de interesse público. Vamos à outra.

Ninguém sabe como a mídia em geral soube, mas o dinheiro do ranário foi desviado. O projeto era de fachada. As rãs, lá não apareceram. O brejal era outro. O lamaçal, este sim, era uma falta de decoro absoluto. Em lugar de rãs, aparecem nos telejornais

81

Jornalismo político

pacotes de dinheiro "desviado": denúncia, escândalo, polícia, Ministério Público e imprensa na investigação. Caçados, vigiados 24 horas, os responsáveis não fizeram uma só declaração, nem para dizer que nada seria dito à imprensa, só em juízo, etc., etc., etc. Duas situações inversas, ambas, de interesse público. Se as rãs não vão à imprensa, a imprensa tem que ir às rãs, para saber o que, afinal de contas, aconteceu a esses pobres seres brejeiros financiados com dinheiro do contribuinte.

Em certas ocasiões é possível identificar boas atuações, tanto das assessorias em prestar informações de interesse público, quanto das redações, em prover informações de interesse público, ou seja, nem sempre as situações colocam os dois lados em posições antitéticas. Em 2001, o Brasil passou por uma crise energética, por conta de um longo período de escassez de chuvas, quando o nível da água nos reservatórios das usinas obrigou a um racionamento de energia elétrica, que foi de junho daquele ano a fevereiro de 2002. Nesse episódio, governo e imprensa trabalharam intensamente na produção de informações e de apelos, resultando em uma resposta imediata da população brasileira, que contribuiu para uma saída da crise, evitando-se um temido "apagão" de âmbito nacional. Houve dias em que a assessoria de imprensa da Casa Civil teve de atender cerca de 120 jornalistas. Havia dos dois lados a predisposição de produzir o máximo de informações e esclarecimentos. E é preciso registrar que a imprensa abriu espaços generosos — incluindo cadernos especiais e até manuais de economia de energia elétrica — e a população brasileira colaborou exemplarmente, reduzindo os índices de consumo e assimilando admiravelmente as lições que resultaram em custos menores e conseqüências menos graves. Lamentavelmente, passada a emergência e a ameaça do "apagão", o tema "economia de energia elétrica" saiu da pauta. Mesmo assim, os hábitos de parcimônia para com o consumo de energia elétrica foram razoavelmente incorporados ao cotidiano de boa parte da população.

Seria, então, a comunicação pública uma via de duas mãos: em uma delas, o esforço institucional para fazer chegar ao público as notícias acerca do bom funcionamento da coisa pública (mais uma vez, não exatamente sinônima de estatal); na outra, o tráfego dos repórteres, nas suas constantes investidas para investigar denúncias e "checar" informações que, a despeito de seu interesse público, não chegam gratuitamente ao *espaço público* e à *esfera pública*. Velo e desvelo complementam-se, assim, em um jogo de atores profissionais, alegadamente movidos por um único propósito, o interesse público. Versão oficial e extra-oficial, ambas, uma vez despojadas de suas perversões, comporiam os dois lados de uma mesma moeda: a moeda grega de Hermes, o deus da Comunicação, o leva-e-traz, o senhor dos caminhos e das encruzilhadas, na sua azáfama de atender às demandas da sociedade pela informação, insumo básico de um sistema democrático. Não há democracia sem comunicação; não há comunicação sem democracia. Portanto, duas modalidades de produção da notícia — uma, institucional; outra, fiscal — certamente podem contribuir com a vitalidade da democracia. Não basta apenas acreditar que a mídia comercial é suficiente e que sempre saberá reconhecer e irá dar espaço aos "fatos" de interesse público.

Referências bibliográficas

ARENDT, Hannah. A *condição humana*. Rio de Janeiro: Forense, 1981.
BARROS, Antonio, DUARTE, Jorge e MARTINEZ, Regina. *Comunicação: discursos, práticas e tendências*. São Paulo/Brasília: Rideel/Uniceub, 2001.

Jornalismo político

BRANDÃO, Elisabeth, MATTOS, Heloiza e SILVA, Luiz Martins da. *Comunicação pública*. Brasília: Casa das Musas, 2004.

DUARTE, Jorge (org.). *Assessoria de imprensa e relacionamento com a mídia*. São Paulo: Atlas, 2002.

ESTEVES, João Pissarra. *Espaço público e democracia: comunicação, processo de sentido e identidade social*. São Leopoldo (RS): Unisinos, 2003.

GENTILLI, Victor. *Democracia de massas: jornalismo e cidadania: estudo sobre as sociedades contemporâneas e o direito dos cidadãos à informação*. Porto Alegre: EdPUCRS, 2005.

LOPES, Boanerges e VIEIRA, Roberto Fonseca (orgs). *Jornalismo e Relações Públicas: ação e reação — uma perspectiva conciliatória possível*. Rio de Janeiro: Mauad, 2004.

MOTTA, Luiz Gonzaga (org.). *Imprensa e poder*. Brasília: Editora da UnB, 2002.

RELATÓRIO da Pesquisa Direito à Comunicação no Brasil. Intervozes — Coletivo Brasil de Comunicação Social: Projeto de Governança Global — Campanha CRIS — Communication Rights in the Information Society, Fundação Ford, jun. 2005, 3a. versão.

RIBEIRO, Lavina Madeira. "O processo de institucionalização do jornalismo no Brasil (1808-1964)". In: BARROS, A. et al. *Comunicação: discursos, práticas e tendências*. São Paulo/Brasília: Rideel/Uniceub, 2001.

SANT'ANNA, Francisco. *Mídia das fontes: o difusor do jornalismo corporativo*. Brasília: Casa das Musas, 2005.

SILVA, Luiz Martins da (org.). *Jornalismo público: o social como valor-notícia*. Brasília: Casa das Musas, 2004.

SOUSA, Jorge Pedro. *As notícias e seus efeitos*. Coimbra: Minerva, 2000.

TEIJEIRO, Carlos Alvarez. *Fundamentos teóricos del Public Journalism*. Buenos Aires: Universidad Austral, 1999.

TRAQUINA, Nelson (org.). *Jornalismo, teorias, questões e "estórias"*. Lisboa: Vega, 1993.

———. *O poder do jornalismo: análise e textos da teoria do agendamento*. Coimbra: Minerva, 2000.

———. *Teorias do jornalismo: por que as notícias são como são*. Florianópolis: Editora Insular, 2004.

WOLTON, Dominique. *Pensar a comunicação*. Brasília: Editora da UnB, 2005.

Parte 2   HISTÓRIA

Jornalismo político contemporâneo

ÁLVARO PEREIRA

ÁLVARO PEREIRA é mineiro. Formado em Comunicação pela Universidade de Brasília (UnB), trabalhou na revista *Veja*, sucursal de Brasília. Recebeu, em 1976, o Prêmio Abril de Melhor Entrevista. Posteriormente, foi repórter especial, comentarista político e apresentador da TV Globo. Em 1992, assumiu, por dois anos, o mandato de deputado federal pelo PSDB de Minas. Participou como membro titular da Comissão de Comunicação, Ciência e Tecnologia e da Comissão Especial da Reforma Eleitoral e Partidária. Lançou pela Editora Globo o livro *Cara ou coroa — Tudo o que você precisa saber sobre Parlamentarismo, Presidencialismo, Monarquia e República*. De volta à profissão, Álvaro Pereira criou sua própria empresa, a AP Vídeo Comunicação Ltda., especializada em comunicação institucional e produção de programas para TV. É pós-graduado em Marketing (MBA) pela Fundação Getulio Vargas — FGV.

B ons tempos, maus tempos. Minha experiência no jornalismo político começou em 1974, no governo do então presidente Ernesto Geisel. Vinha de um estágio de sete meses no *Jornal de Brasília*, o jornal recém-inaugurado da Organização Jaime Câmara, de Goiânia, e fora convidado pelo saudoso Pompeu de Sousa para trabalhar na sucursal da revista *Veja*, em Brasília. Pompeu me convidou ao seu escritório no 13º andar do Edifício Central, no Setor Comercial Sul, e me fez uma série de perguntas:

— Quantos anos você tem?
— 21.
— É de Minas?
— Sim.
— De onde?
— Coromandel, uma pequena cidade do interior. Fica a uns 300 quilômetros de Brasília.
— Pretende se especializar em algum tipo de cobertura?
— Sim, política! Desde cedo, em Minas, aprendi a conviver com a política. Meu pai é médico, foi prefeito da cidade por duas vezes. É um tema que me atrai muito...

Jornalismo político

— Bem, no início você vai fazer um pouco de tudo. Mas, com o tempo, terá oportunidade de se especializar em política.

Grisalho e ao mesmo tempo jovial, falante e extremamente bem-humorado, Pompeu de Sousa me impressionou desde o início. Ele vinha de uma experiência como chefe de redação do *Diário Carioca*, no Rio de Janeiro, onde foi responsável pela introdução de novas técnicas no jornalismo brasileiro. Ao lado de Odilo Costa Filho, editor-chefe do *Jornal do Brasil*, ele adotou — pela primeira vez no Brasil — a separação entre "informação" e "opinião". Até aquele momento, década de 1950, os jornais utilizavam uma linguagem engajada e panfletária. Os fatos não eram tratados com isenção e imparcialidade, como recomenda hoje o bom jornalismo. Ao contrário, o texto das matérias era carregado de adjetivos — às vezes elogiosos, às vezes depreciativos, dependendo da tendência do jornal. Se o tema era a política nacional, jornais de oposição faziam matérias e editoriais sempre críticos ao governo. E vice-versa, jornais governistas sempre criticavam as iniciativas da oposição. A regra era o engajamento, e não a isenção.

Pompeu de Sousa levou para o *Diário Carioca* o conceito de que toda matéria jornalística deveria começar com um *lead*, ou seja, com uma síntese das informações básicas que um fato deve conter: quem, o quê, quando, onde, por quê e como. Promovia-se ali a divisão criteriosa do conteúdo jornalístico entre "informação" e "opinião". A partir daquele momento, os repórteres — por mais partidários que fossem — deveriam tratar os fatos com objetividade e equilíbrio. A opinião ficaria restrita ao espaço das colunas e dos editoriais. A mudança conduzida por Pompeu de Sousa e Odilo Costa Filho teria forte influência sobre o jornalismo político.

As lições de Pompeu me serviram de referência durante os cinco anos em que trabalhei na *Veja*, entre 1973 e 1978. Após

90

um período de três meses de experiência, em que produzi matérias sobre os temas mais diversos, fui me especializando em reportagem política. Vivíamos um tempo de transição. O presidente Ernesto Geisel havia assumido o governo em março de 1974, depois dos anos de chumbo de Emílio Garrastazu Médici. Geisel anunciou, logo nos primeiros dias, que o país passaria por um processo de "distensão lenta, gradual e segura". Com sua autoridade de chefe militar respeitado, ele prometia criar as condições políticas para a revogação da legislação excepcional em vigor: o Ato Institucional nº 5, a Lei de Segurança Nacional, o Decreto-Lei 477, enfim, todos os instrumentos jurídicos que, em nome da segurança do regime, davam respaldo e legalidade à repressão.

Em tempos assim, de transição, nós, jornalistas políticos, caminhávamos no fio da navalha. Jovens e idealistas, éramos naturalmente simpáticos às teses defendidas pela oposição, representada à época pelo Movimento Democrático Brasileiro (MDB). Ao mesmo tempo, víamos com simpatia o projeto de abertura política prometido pelo presidente Geisel e seu fiel escudeiro, o chefe da Casa Civil Golbery do Couto e Silva. Temíamos, por outro lado, os métodos de coerção do regime. Enquanto, em Brasília, Geisel e Golbery acenavam com a abertura política, em São Paulo a ala radical do Exército promovia a prisão e a tortura de jornalistas e outros militantes políticos acusados de "atos subversivos". Neste cenário, como manter a necessária isenção? Como separar a "informação" da "opinião"? Como evitar o texto engajado?

Surgiam, para mim, os primeiros dilemas éticos da profissão. Acompanhei, como repórter político da revista *Veja*, e depois como repórter político do "Jornal Nacional" e colunista do "Jornal da Globo", da TV Globo (com passagens pelo "Bom Dia Bra-

Jornalismo político

sil"), todo o longo período de transição iniciado pelo presidente Geisel e concluído pelos presidentes João Baptista Figueiredo e José Sarney. Foram, ao todo, 16 anos da história recente do Brasil. Neste período, tive a oportunidade de testemunhar, em posição privilegiada, os principais fatos da vida política do país. Momentos bons (a decretação da anistia aos condenados pelo regime militar, a campanha pelas Diretas Já, a convocação da Assembléia Nacional Constituinte, a eleição do presidente Tancredo Neves) e momentos ruins (as últimas cassações no governo Geisel, a prisão e morte do jornalista Vladimir Herzog, a rejeição da emenda das Diretas Já, a doença e morte do presidente Tancredo Neves, a renúncia do presidente Fernando Collor).

Aprendiz de feiticeiro

Os primeiros anos de jornalismo político, na revista *Veja*, representaram um importante aprendizado. Em momento histórico especial, em que se desenhava uma transição negociada do regime militar para a democracia, tive o privilégio de ter como editores de política, em São Paulo, os jornalistas Élio Gaspari e Marcos Sá Corrêa. Juntamente com Pompeu de Sousa, eles foram meus mestres nesta primeira fase. Tinha apenas 21 anos, cursava o terceiro ano de Jornalismo na Universidade de Brasília e já era um dos responsáveis pela cobertura política da maior e mais importante revista semanal de informação do Brasil. Que responsabilidade!

Lembro-me que foi um tempo de muito trabalho. O jornalismo era visto como uma missão, um sacerdócio, e nos colocávamos pretensiosamente como arautos de um novo tempo que se anunciava. Formei, com o jornalista Armando Rollemberg, uma

Jornalismo político contemporâneo

dupla de entusiastas que passou a responder pelo dia-a-dia do Congresso Nacional. Pompeu se referia a nós como "a dupla AA". Atuávamos às vezes em parelha, às vezes separados, cada um priorizando o relacionamento com as suas fontes. Mas chegávamos ao final do dia com informações que se somavam e nos permitiam ter uma avaliação mais clara do conjunto. Em tempos de transição, a cobertura política tinha facilidades e dificuldades. Uma facilidade: o Congresso se dividia em apenas dois partidos políticos, um representando o governo federal e o regime militar vigente (Aliança Renovadora Nacional — Arena) e o outro aglutinando as forças da oposição (Movimento Democrático Brasileiro — MDB).

Nesse contexto, o trabalho dos repórteres no Congresso era simplificado pela camisa-de-força do bipartidarismo. Refiro-me a "camisa-de-força" porque a legislação eleitoral e partidária em vigor, naquela época, impedia a organização e o funcionamento de outros partidos políticos. Os partidos de esquerda, por exemplo, de orientação socialista ou comunista (PCB — Partido Comunista Brasileiro, PCdoB — Partido Comunista do Brasil, e PSB — Partido Socialista Brasileiro), haviam sido banidos da vida política. Atuavam na clandestinidade e alguns de seus membros se elegiam, dissimuladamente, pela legenda do MDB. Sobreviviam todos sob as asas generosas e protetoras do deputado Ulysses Guimarães, presidente nacional do único partido da oposição.

Além de Ulysses Guimarães, eram poucas as "fontes" a quem recorrer no MDB: o secretário-geral do partido, Thales Ramalho; e os líderes na Câmara, Freitas Nobre, e no Senado, Amaral Peixoto. Ao lado de figuras como Tancredo Neves, de Minas Gerais, e Franco Montoro, de São Paulo, eles integravam o "grupo moderado" do partido, que reagia com cautela às restrições impostas pelos militares aos direitos políticos e à livre manifestação do

Jornalismo político

pensamento. Havia também o chamado "grupo autêntico", formado por deputados que se opunham de forma mais contundente ao governo e ao regime. Entre eles destacavam-se: Alencar Furtado, do Paraná; Lysâneas Maciel, do Rio de Janeiro; Francisco Pinto, da Bahia; e Roberto Freire, Fernando Lyra e Jarbas Vasconcelos, de Pernambuco.

Eram poucas, também, as fontes disponíveis na área do governo federal. Os todo-poderosos ministros militares — Exército, Marinha e Aeronáutica — mantinham distância regulamentar da imprensa. Os presidentes da República evitavam, da mesma forma, dar entrevistas individuais ou coletivas, limitando-se aos pronunciamentos formais. As informações oficiais eram transmitidas pelo ministro da Justiça ou pelo porta-voz da Presidência. Os canais mais acessíveis aos repórteres políticos se localizavam no Congresso: os presidentes da Câmara e do Senado Federal, os líderes do governo e da Arena e o presidente nacional da Arena. Eram referências fundamentais, para qualquer repórter bem informado, os senadores Petrônio Portella, Eurico Rezende, Jarbas Passarinho e José Sarney, e os deputados Prisco Viana, Marco Maciel, Célio Borja e José Bonifácio de Andrada, o Zezinho Bonifácio.

As facilidades, como se vê, decorriam da estrutura simplificada de um quadro político atípico, onde havia espaço para apenas dois partidos. O poder real se concentrava nos ministros militares e em seus chefes de estado-maior, que se faziam representar, formalmente, por meio de um presidente da República escolhido por eles e referendado por um Colégio Eleitoral em que a Arena, e depois o PDS (Partido Democrático Social), eram amplamente majoritários. Curiosamente, as dificuldades — para nós, repórteres políticos que conviviam com as restrições à liberdade de imprensa — também eram conseqüência do sistema bipartidário e de exceção. As fontes de informação eram poucas e nem sempre estavam propensas a falar. O recurso ao chamado *off the record*, que permite à fonte dar informações sem ser identificada pelo repórter, era utilizado com parcimônia. Raramente uma fonte falava em *off*, quase sempre para um único repórter; abrir o *off* para vários repórteres aumentava o risco do vazamento da informação. Valia tudo para se resguardar de eventuais represálias do regime. Imperava a lei do silêncio, ou a lei da informação oficial, divulgada via *press release* ou por um porta-voz.

Críticas e censura

Além do cerceamento da informação, havia a censura propriamente dita aos principais órgãos de comunicação da mídia impressa. As maiores vítimas eram as publicações que ousavam nas críticas ao governo e ao regime, caso da revista *Veja* e do jornal *O Estado de S. Paulo*. Eu participei da produção de várias matérias, às vezes capa da *Veja*, que sofreram censura prévia no fechamento das edições. Mesmo figuras ligadas tradicionalmente ao governo eram censuradas, se assumissem posições mais críticas ou dissidentes. Caso do senador Teotônio Vilela, da Arena de Alagoas, que apesar de sua origem "revolucionária" — apoiou o movimento militar de 1964 — passou a defender as teses da oposição. Uma entrevista de páginas amarelas que fiz com Teotônio, em 1976, teve vários trechos censurados. Titulo da entrevista, que mesmo censurada obteve grande repercussão: "O AI-5 é a lei do menor esforço".

Eram tempos maniqueístas, aqueles. Vivíamos divididos entre o bem e o mal: para nós, jornalistas recém-saídos das universidades, o governo e os militares traduziam o que havia de pior

Jornalismo político

no país; e os representantes da oposição representavam o que havia de melhor, ou seja, a alternativa possível de resistência democrática. Tínhamos simpatia pelo MDB e pela esquerda, embora nem todos fôssemos ideologicamente de esquerda; muitos de nós éramos liberais de centro, ou de centro-esquerda. Poderíamos ser chamados, no máximo, de social-democratas. No entanto, colocados diante de fatos que nos provocavam grande repulsa — a prisão, tortura e morte de colegas jornalistas —, ficávamos solidários com a oposição e com as vítimas do regime. A questão era: como evitar que a nossa postura, de cidadãos indignados, influísse na cobertura jornalística?

Em momentos assim, prevalece a opinião dos profissionais mais experientes. Aprendi muito com profissionais como Pompeu de Sousa, Élio Gaspari, Marcos Sá Corrêa, Almir Gajardoni, Paulo Totti, André Gustavo Stumpf, Carlos Henrique Santos e tantos outros. Aprendi com eles, acima de tudo, a ser extremamente rigoroso na apuração dos fatos. Não importa a origem dos personagens envolvidos: se eles são de esquerda ou de direita, militares ou civis, governistas ou oposicionistas... O único compromisso do repórter, no exercício da profissão, deve ser com a verdade. Daí a importância de se abordar os fatos com a máxima isenção.

O então senador Jarbas Passarinho, um militar que migrou com sucesso para a política, tornando-se governador do Pará e duas vezes ministro de Estado (Educação e Cultura e Previdência Social), gostava de citar uma frase que me serviu de referência e orientação. Ele dizia: "Todo fato tem pelo menos três versões: a minha, a sua e a verdadeira." No quadro bipartidário da época, eu aprendi a ouvir sempre as duas versões disponíveis, a do governo e a da oposição, antes de chegar à versão que me parecia mais próxima da verdade.

Abertura política

Mais difícil foi conviver com o pluripartidarismo que se seguiu à anistia política e à volta dos exilados. Na seqüência do processo de abertura política, em 1979, o então presidente Ernesto Geisel se fixou no nome do general João Baptista Figueiredo para sucedê-lo. Figueiredo, um general egresso da Cavalaria, chefiara o Gabinete Militar do governo Médici. Com Geisel, assumiu a chefia do Serviço Nacional de Informação (SNI), cargo em que se preparou para assumir a condição de candidato à Presidência da República.

O general Figueiredo era uma figura complexa e contraditória. Ao mesmo tempo em que criara, na fase mais repressiva do regime, a imagem de militar linha-dura, ligado à comunidade de informação, ele cultivava idéias liberais herdadas do pai, o também general Euclides Figueiredo. Por isso, reunia as características ideais para ser o próximo presidente da República, certamente o último do período militar. Caberia a ele concluir a distensão política iniciada por Geisel, criando, ao longo do mandato de seis anos, as condições para a passagem do poder a um civil eleito democraticamente.

Durante o governo Figueiredo, o país passou a respirar um clima de maior liberdade. Entre os beneficiados pela anistia estavam os ex-governadores Leonel Brizola, do Rio Grande do Sul, e Miguel Arraes, de Pernambuco, dois ícones da velha ordem destituída pelo movimento militar de 1964. Recebidos com festa, Arraes e Brizola evitaram filiar-se ao MDB, depois PMDB (Partido do Movimento Democrático Brasileiro), que se consolidara como principal força política de oposição, sempre sob o comando de Ulysses Guimarães. Eles optaram por ocupar espaços políticos próprios, cada um à sua maneira: Arraes refundou o PSB

Jornalismo político

(Partido Socialista Brasileiro), e Brizola criou um novo partido, o PDT (Partido Democrático Trabalhista), depois de ver frustrado o desejo de herdar a sigla PTB (Partido Trabalhista Brasileiro). O fato novo seria o surgimento, em São Paulo, do PT (Partido dos Trabalhadores), sob o comando do líder sindical Luiz Inácio Lula da Silva.

Nesta época, já integrado à redação da TV Globo em Brasília, a convite do jornalista Antônio Carlos Drummond, mais conhecido como Toninho Drummond, vivi outro grande desafio profissional. O jornalismo da maior rede de televisão brasileira queria se adaptar aos novos tempos de abertura política, em que as informações começavam a fluir com maior liberdade e rapidez. Até então, eram poucos os repórteres que se destacavam no vídeo: Hélio Costa e Sandra Passarinho eram os únicos correspondentes internacionais, sediados em Nova York e em Londres, respectivamente. No Brasil, havia três ou quatro profissionais atuando no eixo Rio-São Paulo-Brasília. Em Brasília, Marilena Chiarelli era titular absoluta do posto. Fazia a principal matéria do dia para o "Jornal Nacional", não importava o tema: política, economia, esporte, polícia, etc. A morte prematura do jornalista Geraldo Costa Manso, como resultado de um aneurisma cerebral, havia deixado um enorme vácuo na cobertura política. Geraldo foi o primeiro repórter da TV Globo a se especializar em política. Ele produzia matérias regulares para o "Jornal Nacional". Em uma delas, durante viagem ao Japão, entrevistou, com exclusividade, o presidente Ernesto Geisel. A entrevista, gravada em um dos vagões do trem-bala que liga as cidades de Tóquio e Kioto, teve grande repercussão no Brasil.

Toninho Drummond foi buscar na revista *Veja* os profissionais que dariam continuidade ao trabalho de Costa Manso. Fui convidado para assumir a cobertura do dia-a-dia do Congresso,

Jornalismo político contemporâneo

com incursões eventuais no Palácio do Planalto; e Carlos Henrique Santos ficou encarregado de comentar o noticiário político. Marilena Chiarelli, Carlos Henrique e eu produzíamos as matérias para o "JN", em um momento em que o jornalismo da Rede Globo também passava por um processo de abertura: no Rio, os diretores Armando Nogueira e Alice Maria permitiram, pela primeira vez, que um dos blocos do telejornal fosse apresentado de Brasília. O apresentador era Carlos Campbell e o editor, Wilson Ibiapina. Com o passar dos anos, outros repórteres de vídeo foram se incorporando à equipe: Ricardo Pereira, Pedro Rogério, Roberto Lopes, Antonio Britto.

Os primeiros tempos de cobertura política na televisão foram uma experiência inédita. Para nós, jornalistas com formação na mídia impressa, havia o desafio da nova linguagem. Lidar com o vídeo, naquela época, era um trabalho penoso: inicialmente, as imagens eram captadas por um pequena câmera de filmar, as antigas CPs, depois reveladas em laboratório e editadas em moviola. O processo artesanal nos obrigava a produzir matérias pré-editadas, para economizar filme e tempo de edição. Depois vieram as câmeras Betacan, de vídeo, e mais recentemente as câmeras digitais. A tecnologia foi a maior aliada do jornalismo na TV.

Aprendemos, com Armando e Alice Maria, que o texto deveria ser o mais objetivo possível. As matérias para o "JN" duravam, em média, um minuto e meio. Portanto, nesse curto espaço de tempo — um minuto e meio! —, tínhamos de contar uma história completa, com princípio, meio e fim. Como se não bastasse, a história deveria intercalar frases dos personagens, ou seja, trechos das entrevistas com os políticos. Em termos de linguagem, recomendava-se que as frases fossem curtas e escritas na ordem direta: sujeito, verbo e predicado. As palavras muito extensas, ou

Jornalismo político

pouco usuais, deveriam ser evitadas. Tudo em nome da coloquialidade: "O segredo está em escrever como se fala", ensinava Alice.

Era muito difícil tornar as matérias políticas um produto visualmente agradável, como convém à televisão. O dia-a-dia do Congresso não oferece, naturalmente, imagens sugestivas e/ou interessantes. Os personagens transitam pelos lugares óbvios de sempre: plenários da Câmara e do Senado, Salão Verde, comissões técnicas, gabinetes. Percebi, de início, que não havia muito o que criar em termos visuais. A saída era apurar bem a informação e transmiti-la de uma forma simples, natural, coloquial. Na TV, um veículo que fotografa a alma das pessoas, a eficácia da comunicação está na credibilidade que se consegue passar ao telespectador. E para passar credibilidade, o repórter precisa estar convencido de que a sua informação é a mais correta, a mais próxima da verdade. É fundamental estar convencido para convencer os outros.

A experiência com as câmeras era nova, também, para os políticos. Mesmo as estrelas do Congresso na época, aqueles políticos mais solicitados para entrevistas, tinham dificuldade para lidar com a televisão. Sentiam-se atraídos por ela, mas ignoravam os segredos para se utilizá-la de forma adequada. Eles não tinham, como nós, aulas de postura e fonoaudiologia. Foram assimilando aos poucos, e de forma intuitiva, as técnicas que facilitam a comunicação em pílulas. Alguns tiveram uma aprendizagem sofrida, dolorosa. O então polêmico líder do governo na Câmara, deputado José Bonifácio de Andrada, o Zezinho Bonifácio, ligou um dia para Toninho Drummond. Irritado com a matéria que saíra na véspera no "JN", ele reclamou:

Jornalismo político contemporâneo

— Toninho, assim não dá!

— O que foi, deputado? Por que o senhor está tão nervoso?

— É simples, meu caro! Todo dia o seu pessoal chega aqui e me faz perguntas idiotas! Ora, perguntas idiotas merecem respostas idiotas! O problema é que quando o material chega aí, vocês tiram as perguntas e só deixam as minhas respostas idiotas!

Novos desafios

Quis o destino que eu vivesse, aos 38 anos, uma curiosa aventura política. Depois de 12 anos de trabalho da TV Globo, em Brasília, como responsável pela cobertura do dia-a-dia do Congresso, achei que estava me repetindo profissionalmente. A rotina diária de ler os jornais, checar as principais informações, sugerir a pauta para o "JN" e correr para executá-la já não me desafiava mais, como nos velhos tempos. Até os fatos políticos começaram a se tornar previsíveis. A motivação, àquela altura, se concentrava mais nas colunas produzidas para o "Jornal da Globo", na ancoragem eventual do "Bom Dia Brasil" (nas férias e folgas de Carlos Monforte) e nas viagens internacionais, quase sempre acompanhando presidentes da República. Uma vez, no Rio de Janeiro, conversando com Armando Nogueira sobre a rotina desgastante de Brasília, ele me disse: "Na TV Globo, como em qualquer grande empresa madura, consolidada, as pessoas vão crescendo até um certo ponto. Depois, começam a bater a cabeça no teto."

Na Rede Globo da época, em que os principais telejornais eram apresentados por locutores — e onde não existiam ainda os canais de TV por assinatura, entre eles o canal de notícias Globonews —, eu me sentia na posição daquelas pessoas que vão crescendo,

101

Jornalismo político

crescendo, até bater a cabeça no teto. Não vai, nessa observação, nenhuma crítica à fantástica empresa de comunicação construída — com talento, idealismo e determinação — pelo empresário Roberto Marinho. Ao contrário, sou muito grato à TV Globo pelas oportunidades que me ofereceu, de crescer profissionalmente. E é com orgulho que me lembro daqueles tempos de convivência amena e respeitosa com profissionais como Armando Nogueira, Alice Maria, Alberico Souza Cruz, Woyle Guimarães, Carlos Henrique Schroder, Lucas Mendes, Sérgio Mota Mello, Toninho Drummond, Carlos Henrique Santos, Ricardo Pereira, Pedro Rogério, Antonio Britto, Carlos Nascimento, Carlos Monforte, Alexandre Garcia e Ronan Soares.

Na verdade, a minha inquietação daqueles dias tinha muito a ver, também, com a proximidade dos 40 anos. Trata-se de uma idade emblemática. É quando as pessoas completam um ciclo importante de suas vidas e ingressam em outro. Para mim, a transição para os 40 representou a necessidade de mudar o curso da vida pessoal e profissional. Cobrado pelos conterrâneos de Minas, que gostariam de me ver em Brasília em uma outra função, comecei a considerar seriamente a hipótese de trocar a militância jornalística pela militância política. Surgia, à época, o Partido da Social Democracia Brasileira, PSDB, formado por setores dissidentes do PMDB. Entre seus fundadores estavam os senadores Fernando Henrique Cardoso, Mário Covas, Franco Montoro, e os deputados José Serra e Pimenta da Veiga.

Em Minas, Pimenta da Veiga havia sido eleito prefeito de Belo Horizonte. Ele fazia uma boa administração no município quando foi convencido, por companheiros de partido, a lançar-se candidato ao governo do estado. Ainda como prefeito, Pimenta da Veiga me convidou para integrar a chapa de candidatos a deputado federal pelo PSDB. Eu deveria ser o único candidato tucano

Jornalismo político contemporâneo

nas regiões do Triângulo e do Alto Paranaíba, apoiado pelo candidato a governador. Concordei, e prontifiquei-me a ajudá-lo na produção dos programas de propaganda eleitoral no rádio e a TV.

Sofri, ali, o meu primeiro desencanto com a militância política. Pimenta da Veiga me convidou para ser o âncora do programa de propaganda eleitoral do PSDB na televisão. Ele queria usar minha imagem conhecida, de prestígio e credibilidade, para reforçar sua campanha de candidato a governador. Pensava que, ao agregar apoio para si, estaria contribuindo para o sucesso eleitoral de toda a chapa de candidatos do PSDB. Em eleições proporcionais, como a de deputado federal, é isso o que ocorre: se for bem votado, o candidato a governador arrasta consigo um grande número de deputados federais e estaduais, que se elegem beneficiados pelo chamado voto de legenda.

O raciocínio parecia lógico e racional, se não estivéssemos percorrendo o caminho pantanoso da política. No início da campanha, cheguei a participar da produção dos dois primeiros programas eleitorais produzidos pelo PSDB. No terceiro programa, porém, a minha presença no vídeo foi vetada por integrantes da chapa de candidatos a deputado federal, preocupados com a concorrência que eu poderia vir a representar para eles. Por ter uma exposição na TV maior do que a dos outros candidatos, eu passei a ser visto como adversário político, e não como aliado.

Diante da crise criada, achei que devia tomar a iniciativa de deixar a apresentação do programa. Procurei o candidato Pimenta da Veiga para dizer-lhe que ficasse à vontade em relação ao nosso compromisso. Meu objetivo era ajudá-lo na campanha para governador; se a minha presença no vídeo, ao contrário de ajudá-lo, estava gerando tensão e conflito, eu deixava a apresentação do programa sem qualquer ressentimento. É claro que a exposição de imagem no programa eleitoral do candidato a governa-

Jornalismo político

dor contribuiria, também, para a minha eleição de deputado federal. Não havia dúvida quanto a isso. Mas, para mim, aquela questão já havia sido negociada previamente entre o candidato a governador e os demais candidatos a deputado federal. Por isso, a reação dos companheiros de chapa me causou tanta surpresa!

Deixei Belo Horizonte, onde eram realizadas as gravações para o horário eleitoral gratuito, e me desloquei para a minha região. Com poucos recursos para investir na campanha, teria de mudar completamente a estratégia: não poderia mais contar com a exposição da imagem televisiva para me eleger. A alternativa seria fazer uma campanha "distrital", localizada nos municípios do Triângulo e do Alto Paranaíba. Faria uma campanha franciscana, percorrendo a região em meu próprio carro para me encontrar com as lideranças do PSDB. O episódio de Belo Horizonte, mais a experiência de campanha que se seguiu, mostraram-me que meus principais adversários políticos encontravam-se no próprio partido. Eu os ameaçava mais do que aos meus adversários do PFL, PMDB e PT. Porque, de alguma forma, estávamos disputando o apoio das mesmas lideranças — prefeitos, vereadores —, ou seja, estávamos disputando os mesmos votos.

Consegui, ao final das eleições, uma votação até expressiva: 17.173 votos, dos quais 2/3 concentrados na minha região, e 1/3 espalhado entre Belo Horizonte e os diversos municípios de Minas Gerais. Minhas poucas aparições no espaço dos candidatos às eleições proporcionais renderam-me votos em todo o estado. Infelizmente, a campanha do candidato a governador não teve o resultado esperado. Na capital, Pimenta da Veiga pagou o preço por ter renunciado ao mandato de prefeito de Belo Horizonte para tentar o governo. E no interior, ele foi prejudicado pela estrutura frágil, incipiente, de um partido político que estava apenas começando. Seu principal adversário na disputa, o governador Hélio

Jornalismo político contemporâneo

Garcia, foi apoiado por partidos já consolidados, como o PMDB e o PFL, com diretórios organizados em quase todos os municípios.

Entranhas do Congresso

Conto essas histórias, em artigo sobre jornalismo político, para que o leitor possa ter uma tênue idéia do que foi a minha experiência de conhecer o outro lado da política, a militância, que até então eu acompanhara como repórter. Constatei, logo no início, que entrara em um mundo novo e desconhecido, apesar da longa trajetória como jornalista político. As regras do jogo eram outras: no jogo competitivo da política, valia tudo para conquistar o mandato. E, uma vez conquistado, valia tudo para preservá-lo. Entendi, mais do que nunca, a tristemente célebre frase do ex-governador de São Paulo, Paulo Maluf, ao falar sobre resultados eleitorais: "Em política, feio é perder!"

Por essa concepção, fiz feio logo na entrada. Com a derrota do candidato do PSDB ao governo, a expectativa que tínhamos de eleger entre 10 e 12 deputados federais, pelo critério proporcional, foi quebrada quase ao meio. Elegemos, em verdade, sete deputados federais. Candidato colocado em nono lugar, fiquei na segunda suplência, com alguma chance de chegar à Câmara Federal. Para isso, dois deputados eleitos teriam de se licenciar do mandato nos próximos quatro anos — o que, efetivamente, aconteceu. Tomei posse, como deputado federal pelo PSDB de Minas, no dia 20 de outubro de 1992. O país havia passado por uma experiência traumática: a renúncia do então presidente Fernando Collor, após denúncias de corrupção em seu governo. Seu mandato seria completado pelo vice-presidente, o mineiro Itamar Franco.

Jornalismo político

Uma vez empossado, pude conhecer as entranhas do Congresso. Os dois anos que passei ali podem ser comparados a um curso de pós-graduação em Ciência Política. Aprendi muito, nesse período, como ser humano e como jornalista. Vivi uma experiência inédita, singular, que poucos colegas tiveram o privilégio de viver. Tive, pela primeira vez, a visão do que é o Congresso por dentro e, ao mesmo tempo, do que é o jornalismo pelo lado de fora. Em alguns momentos, abstraí-me da condição de repórter para fazer as vezes de fonte de informação. Nunca cheguei a considerar, porém, que aquela seria uma opção definitiva de vida. Era como se eu "estivesse" político, para atender a uma curiosidade de repórter e para cumprir um compromisso com os conterrâneos de Minas. Um dia eu voltaria ao jornalismo.

Sei que seria impossível transmitir, em apenas um artigo, todas as minhas impressões de repórter e analista político que conheceu o outro lado do *front*. O espaço é exíguo demais para tantas emoções. Devo dizer, no entanto, que não me arrependo da opção que fiz. Considero-me, hoje, um profissional mais completo e realizado, com concepção mais ampla do que seja política e jornalismo. Os dois anos que passei na Câmara dos Deputados me fizeram ver que as pessoas não podem e não devem ser julgadas apenas pela aparência, pela função ou pela ideologia que adotam. Há políticos e políticos, jornalistas e jornalistas, advogados e advogados, e assim por diante. Conheci deputados sinceramente bem-intencionados, que procuravam exercer os seus mandatos com ética, dignidade e espírito público. E conheci outros que, lamentavelmente, ali se encontravam apenas pelo desejo do status, ou pelo interesse em aumentar o seu patrimônio financeiro.

Aprendi, com o tempo, a avaliar as pessoas levando mais em conta o caráter e a personalidade do que as posições políticas. O maniqueísmo de outros tempos deu lugar a uma visão muito mais complexa e plural da realidade. Voltei à profissão, como parecia profetizar já naqueles dias, decepcionado com algumas mazelas da política — por exemplo, a influência decisiva do poder econômico no processo eleitoral. Mas voltei também com a certeza de que o Congresso — com suas virtudes e defeitos — retrata, de alguma forma, o perfil da sociedade brasileira. Gostemos ou não, este é o país em que nascemos e onde construímos as nossas vidas. Ele poderá ser melhor, no futuro, se cada um fizer a sua parte. Se cada um, na medida do possível, der a sua contribuição.

Jornalismo político: história e processo

ROBERTO SEABRA

ROBERTO SEABRA nasceu em Brasília. É jornalista e professor de Comunicação. Foi repórter do *Correio Braziliense*, assessor de imprensa em vários órgãos governamentais e chefe de reportagem da *Agência Brasília* — portal de notícias do Governo do Distrito Federal. Desde 1998 é jornalista da Câmara dos Deputados, onde já desempenhou as funções de repórter, editor e diretor do *Jornal da Câmara*. É mestre em Comunicação pela Universidade de Brasília e professor do Centro Universitário de Brasília (UniCEUB).

Um parêntese

A importância — para quem exerce a profissão jornalística — de se conhecer os fatos e personagens históricos já virou um truísmo. Talvez mais do que qualquer outra atividade profissional, o jornalismo exige das pessoas que lidam diariamente com a coleta e a seleção de informações um tipo de conhecimento horizontal e multifacetado, que dê condições ao repórter, editor ou redator de avaliar a qualidade e a veracidade do acontecimento, antes de decidir pela sua divulgação. Isso não impede, claro, que o profissional de comunicação se especialize em determinada área e aprofunde conhecimentos específicos. Entretanto, quando o assunto é jornalismo político a especialização requer menos um saber técnico — ao contrário, por exemplo, do jornalismo econômico — e mais um saber plural — o que envolve obrigatoriamente conhecer a história do país.

Ou seja, jornalista que cobre política, que necessita produzir ou editar notícias todos os dias sobre este tema para seu veículo de comunicação não pode desconhecer a história do país (da mais remota à atual) e a do mundo, pelo menos a contemporânea.

Jornalismo político

Portanto, este artigo pretende apresentar de forma didática, mas sem qualquer pretensão de substituir a literatura histórica, os principais acontecimentos políticos que ocorreram no Brasil nestes quase dois séculos de nação livre, e ver de que forma esta história moldou o jornalismo político que foi sendo desenvolvido no país.

Processo dialético

Francisco Iglesias, em seu estudo *Trajetória política do Brasil (1500-1964)*, nota que a história do país ao longo de quase 500 anos foi marcada pela dicotomia centralização-descentralização. Segundo ele, haveria um processo dialético na alternância do predomínio do centro sobre o todo ou em concessões por vezes bem determinadas às várias partes. "A centralização corrige os possíveis excessos da descentralização, como esta é exigida para evitar ou diminuir os daquela" (IGLESIAS, 1993, p. 295).

À opção descentralizadora das capitanias hereditárias segue-se a centralização do Governo Geral. À monarquia parlamentarista segue-se uma "República das Espadas", que por sua vez cede espaço a uma Política dos Governadores, etc. Tal dicotomia marcou o caráter da política nacional e influenciou certamente o tipo de jornalismo forjado no país a partir de 1808, quando da vinda da Família Real para cá e a criação da Imprensa Régia. Se antes dessa data havia organização política no Brasil, não existiam, entretanto, poder constituído e condições materiais que permitissem aos poucos letrados da Colônia produzirem alguma coisa que poderia ser chamada de jornalismo político ou mesmo uma imprensa que relatasse os fatos políticos ocorridos nessas terras.

Do início do século XIX aos dias atuais decorreram quase duzentos anos de história política e de evolução do que poderia-

112

mos chamar de imprensa brasileira. E se 1808 foi o ano em que pela primeira vez na história do continente americano um monarca da metrópole pisava as terras de uma de suas colônias — ainda que por razões alheias à sua vontade[1] —, foi também naquele ano, e não por coincidência, que nascia o primeiro jornal brasileiro: o *Correio Braziliense — Armazém Literário*, editado por Hipólito José da Costa, em Londres. O fato de aquele jornal ter sido produzido em outro país e por um brasileiro que nasceu no Uruguai e viveu boa parte de sua vida nos Estados Unidos e na Europa torna ainda mais interessante o nascimento da imprensa nacional. Para uma colônia a quem foi sonegada durante mais de três séculos a liberdade de imprensa e a possibilidade de ter universidades — ao contrário dos vizinhos da América do Sul —, restavam poucas opções além dessa: a de contar com o voluntarismo de um visionário, que, em 1º de junho daquele ano, lançaria o primeiro jornal brasileiro.

É verdade que um mês antes de circular a primeira edição do *Correio* de Hipólito, um decreto real criou a Imprensa Régia no Brasil, na qual, conforme explica o texto na primeira pessoa e assinado por D. João VI, "se imprimiam exclusivamente toda a legislação, e Papéis Diplomáticos, que emanarem de qualquer Repartição do meu Real Serviço". (*Apud* MELO, 2003, p. 88.)

Hipólito José da Costa defendia uma transformação profunda de Portugal e do Brasil e achava que a presença da corte portuguesa na principal colônia era a grande oportunidade para os dois países saírem do marasmo econômico, político e social em que se encontravam. Segundo Isabel Lustosa:

---

[1] O bloqueio continental imposto por Napoleão Bonaparte ao comércio entre a Inglaterra e o continente europeu teve em Portugal uma "brecha". Em novembro de 1807 tropas francesas avançaram em direção a Lisboa, obrigando a Família Real portuguesa a transferir-se para o Brasil, sob a proteção da frota inglesa.

Jornalismo político

A forma que Hipólito achou para trabalhar pela mudança foi a palavra impressa e livre de censuras, tal como ele via ser a prática no país que o acolhera. A Inglaterra era um país livre, onde a monarquia constitucional era um fato; onde o Parlamento realmente funcionava e limitava o poder do rei; onde havia uma imprensa livre. (LUSTOSA, 2003, p. 13 e 14.)

Tomemos então o aparecimento do *Correio Braziliense* como marco do nascimento da imprensa brasileira e início de um processo que levaria ao surgimento do jornalismo político nacional. Mas que rumos tomou o jornalismo brasileiro nesses quase duzentos anos de história?

Primeira fase (1808-1831)

O primeiro momento da política nacional é marcado pela instalação da corte portuguesa no Rio de Janeiro e as conseqüências desta decisão: abertura dos portos às nações amigas, implantação do ensino superior e da imprensa, etc., o que levou o país a um surto de desenvolvimento econômico e cultural. O momento tornou-se tão interessante que D. João VI decidiu ficar por aqui mesmo, para desespero dos portugueses, que queriam seu rei de volta. A lua-de-mel da Coroa portuguesa com o Brasil acaba em 1820, quando nobres e comerciantes portugueses fazem a Revolução Constitucionalista do Porto e exigem a volta do rei à metrópole.

Mas o que aconteceu com a imprensa brasileira entre 1808 e 1831? Assim como as demais atividades, também passou por um rápido florescimento. Surgiram dezenas de jornais, quase todos amparados pela Coroa. Foi a fase da imprensa áulica, como mostra Nelson Werneck Sodré:

114

Jornalismo político: história e processo

> Pela necessidade de enfrentar e neutralizar a ação do *Correio Braziliense*, [D. João VI] estimulou algumas tentativas de periodismo, começando pelos folhetos de tipo panfletário e complementando-se, logo depois, com órgãos específicos do jornalismo. (SODRÉ, 1999, p. 30.)

Seguindo os passos da oficial *Gazeta do Rio de Janeiro*, de 1808, surgiram publicações como *Idade de Ouro do Brasil* (Salvador, 1811), que trazia em sua epígrafe a promessa de oferecer aos leitores "as notícias políticas sempre da maneira mais singela", ou *O Investigador Português* (1818), que, assim como o *Correio Braziliense*, era publicado em Londres, mas distribuído no Brasil e usado inicialmente para responder aos ataques do jornal de Hipólito.[2]

A Revolução do Porto (1820) acelera o processo de autonomia do Brasil em relação a Portugal. D. João VI é obrigado a retornar e começam os trabalhos de uma Assembléia Constituinte que reunia representantes portugueses (maioria) e brasileiros (minoria). Para a imprensa brasileira é o período de "diálogo" com o *Correio Braziliense*. Como mostra Isabel Lustosa: "Hipólito saudou os primeiros jornais e jornalistas independentes que emergiriam na cena impressa brasileira finalmente tornada livre". (LUSTOSA, *op. cit.*, p. 19.)

O processo de independência, que tomou força a partir de 1821, portanto, permitiu o surgimento dos primeiros jornais livres. Ironicamente, o primeiro jornal, a *Gazeta do Rio de Janeiro*, vem a ser editado pelo antigo diretor da censura, o baiano José da Silva Lisboa. Conservador, Lisboa usava sua folha inclusive para condenar a liberdade de imprensa.

---

[2]Em um segundo momento, a Coroa portuguesa perdeu o controle sobre *O Investigador Português*, que passou a ser perseguido pelo embaixador luso em Londres e proibido de circular no Brasil. (Ver Nelson Werneck Sodré, *op. cit*, p. 32-34.)

Jornalismo político

Expoentes do movimento maçônico lançaram no mesmo ano o *Revérbero Constitucional Fluminense*, este sim considerado o primeiro jornal livre editado no Brasil a tratar de assuntos políticos e que defendia as idéias da Revolução Francesa. Meses antes, surgiu o *Diário do Rio de Janeiro*, considerado por Sodré o primeiro jornal informativo a circular no Brasil. Destaque deve ser dado ao *Diário Constitucional*, editado na Bahia, e que provavelmente foi um dos primeiros jornais a defender os interesses políticos do Brasil contra Portugal.

Os conflitos de interesses nos trabalhos das cortes portuguesas levam a Coroa a exigir, em dezembro de 1821, o retorno imediato de D. Pedro I. A imprensa nascente vê nessa decisão uma tentativa de reatar os laços coloniais e começa o movimento do "Fico". São desse período jornais como o *Despertador Braziliense* e *A Malagueta,* que lideraram o movimento de permanência do príncipe regente no Brasil. No ano seguinte aparece o *Correio do Rio de Janeiro*, citado por Isabel Lustosa como, talvez, o mais popular jornal da cidade — e portanto do país, já que nesse período os únicos jornais a circular no país são do Rio de Janeiro — e que vai atacar as primeiras medidas centralizadoras de Pedro I.

A Independência, como se sabe, consumou-se em setembro de 1822. As disputas políticas que marcaram os primeiros anos do Brasil livre refletiram-se na imprensa política. A separação definitiva de Portugal exigia uma imprensa atuante. Entretanto, forças antagônicas, tendo de um lado o grupo de Bonifácio de Andrada e, de outro, o de Gonçalves Ledo, forçaram uma guerra ideológica que transformou os jornais da época em verdadeiras trincheiras. Foi um período violento, marcado por agressões físicas a donos de jornais, queda do gabinete Andrada e dissolução da Assembléia Constituinte convocada por D. Pedro I.

Jornalismo político: história e processo

O imperador outorga a Constituição de 1824, que, apesar de imposta, duraria até o fim do reinado de seu filho D. Pedro II, em 1889. Entre a Carta constitucional e a abdicação de Pedro I, em 1831, a imprensa brasileira passou por um momento de afirmação. Contou para isso a impopularidade de Pedro I, a Guerra Cisplatina (vista pela população como um conflito sem sentido), conflitos regionais de emancipação política, nos quais se destaca a Confederação do Equador, e o início do funcionamento regular do Parlamento, em 1826. No Legislativo, situação e oposição travam verdadeiras batalhas usando a tribuna e a imprensa. Um acontecimento que ilustra bem o acirramento dessa disputa é o assassinato, em 1830, em São Paulo, do médico e jornalista italiano Líbero Badaró, redator do *Observador Constitucional*, publicação que não poupava ninguém, "hostilizando bispo, o ouvidor e o presidente". (SODRÉ, 1999, p. 112.) Outros dois personagens simbolizam bem esse período: Luis Augusto May, editor de A *Malagueta,* perseguido e espancado a mando do próprio imperador, segundo algumas fontes; e Cipriano Barata, editor do *Sentinela da Liberdade*, e que passou mais tempo preso do que em liberdade, o que não o impedia de escrever seus libelos contra o poder.

Os conflitos no Parlamento e nos jornais levariam ao Sete de Abril, que marca o fim do reinado de D. Pedro I. Meses antes, na Fala do Trono com que abriu a segunda legislatura, o imperador já pedia medidas enérgicas contra a imprensa. A nova Câmara, entretanto, não admitia violações à Constituição, que apesar de promulgada tinha entre seus princípios a liberdade de imprensa. Os jornais continuaram a criticar o poder real e, em 7 de abril de 1831, D. Pedro I abdica e parte para Portugal. Era a imprensa firmando-se como porta-voz da opinião pública da época.

Jornalismo político

Período regencial

Iglesias afirma que a renúncia de D. Pedro I pode ser vista como a consolidação da independência. O período regencial, que se segue, será marcado pela nitidez ideológica de dois grandes grupos políticos: liberais e conservadores, cada qual com seus respectivos jornais. Será também um período onde o poder real desaparece temporariamente: "de 1831 a 1840 a República foi experimentada em nosso país. (...) A Regência foi a República de fato, a República provisória". (Joaquim Nabuco, *apud* IGLESIAS, 1993, p. 145.)

Não existiam ainda no Brasil partidos políticos, mas sim grupos que representavam três grandes facções: os exaltados (liberais radicais também conhecidos por farroupilhas ou jurujubas), os moderados (grupo de centro cujos adeptos são chamados de chimangos) e os restauradores, ou caramurus (políticos conservadores que defendem a volta de Pedro I).

O período regencial é marcado pela multiplicação de jornais e folhas. Em 1832, segundo Sodré, havia mais de cinqüenta jornais no país, quase todos "agressivos, injuriosos, menos preocupados com os problemas gerais do que com as pessoas, espalhando a confusão e sem o menor respeito pela vida privada de ninguém". (Otávio Tarquínio de Sousa, *apud* SODRÉ, 1999, p. 122.)

Essa imprensa marrom de variado matiz ideológico não irá poupar ninguém. Como lembra Sodré, tudo repercutia na Câmara e na imprensa. São desse período jornais como *Caramuru, Trombeta, Clarim, Diário do Rio* e *Aurora Fluminense*, sendo este último dirigido por Evaristo da Veiga, político chimango que sofreria um atentado promovido por pessoas ligadas ao jornal *Caramuru*, porta-voz dos restauradores. Esse caso ilustra bem o clima de dispu-

Jornalismo político: história e processo

ta da época. A maioria das publicações na verdade era composta por pasquins que tinham uma vida breve e que lançavam mão de um tipo de humor violento.

Além de participar das disputas no centro do poder, a imprensa brasileira daquele período teve um papel relevante nos conflitos regionais. As revoltas provinciais mais importantes (Cabanagem, no Pará; Sabinada, na Bahia; e a Farroupilha, no Rio Grande do Sul) tiveram a participação de uma imprensa revolucionária. Só para ilustrar: o jornal *Novo Diário da Bahia*, lançado por Sabino Vieira em 1837, seria não apenas o motor da revolta baiana, mas emprestaria o nome de seu autor ao movimento. A única exceção talvez tenha sido a mais sangrenta das revoltas: a Balaiada, no Maranhão, onde a imprensa praticamente não existiu, por se tratar de movimento genuinamente popular, da "plebe contra os potentados do Maranhão", como explicou Capistrano de Abreu (SODRÉ, 1999, p. 135). Mas até essa lacuna talvez explique o papel da imprensa política naquele período.

As disputas políticas no centro e as rebeliões nas províncias moldaram o período regencial e cristalizaram dois grandes grupos políticos e que seriam, segundo Boris Fausto, os germes dos dois grandes partidos políticos do Segundo Reinado: o Conservador e o Liberal. Seria também a cristalização da imprensa liberal e da imprensa conservadora, com seus respectivos jornais.

Nada mais conservador...

A consolidação do poder entre dois grandes grupos daria ao Segundo Reinado uma certa estabilidade. Como se dizia na época "nada mais liberal que um conservador na oposição, nada mais

Jornalismo político

conservador que um liberal no governo",[3] ou seja, ambos os grupos representavam uma só classe: a aristocracia. Reações liberais aconteceram em Minas Gerais e São Paulo, mas lideradas por grandes latifundiários que se rebelavam contra a cobrança de impostos.

A verdadeira imprensa liberal atuaria ainda em Pernambuco, em 1848, durante a Revolução Praieira. Os revolucionários apoiavam o federalismo e tinham como porta-voz o *Jornal Novo*, sediado na Rua da Praia, de onde derivou o nome do movimento. O nome da publicação opunha-se ao que consideravam o "jornal velho", o *Diário de Pernambuco*, surgido em 1825 (e em circulação até os dias atuais) e que representava, naquela época, o pensamento conservador. A Praieira, como lembra Boris Fausto, foi a última das rebeliões provinciais.

A imprensa durante as décadas de 50 e 60 do século XIX vai refletir o clima de conciliação política e acordo entre as elites. Para os donos do poder, a imprensa deve, segundo o historiador Nelson Werneck Sodré, "contribuir para a consolidação da estrutura escravista e feudal que repousa no latifúndio e não admite resistência" (*op. cit.*, p. 182).

Segundo Sodré, será, portanto, um período de declínio do jornalismo político:

> Na fase posterior à Maioridade, poucos foram os jornais que sustentaram a luta, nesse terreno; os últimos apareceriam em Pernambuco, com a Praieira (...) Nos fins da primeira metade do século XIX, os pasquins haviam desaparecido, praticamente. (Idem, p. 185.)

---

[3] A frase original é atribuída ao político pernambucano Holanda Cavalcanti: "Nada se assemelha mais a um 'saquarema' do que um 'luzia' no poder". Saquarema era como os conservadores eram conhecidos, em alusão ao município fluminense onde os principais chefes do partido possuíam terras; e "luzia" era o apelido do liberais e uma referência à Vila de Santa Luzia, em Minas Gerais, berço da revolta liberal de 1842. (Ver Boris Fausto, 1999, p. 180.)

Jornalismo político: história e processo

A conciliação política permitiu um princípio de modernização do país, com a extinção do tráfico negreiro, atendendo a pressões externas, a promulgação da Lei de Terras, a criação da Guarda Nacional e a aprovação do primeiro Código Comercial. Tudo ao mesmo tempo e no mesmo ano de 1850. Essas decisões afetariam profundamente o país e, como veremos mais à frente, a imprensa brasileira.

> A liberação de capitais resultante do fim da importação de escravos deu origem a uma intensa atividade de negócios e de especulação. Sugiram bancos, indústrias, empresas de navegação a vapor, etc. Graças a um aumento nas tarifas dos produtos importados, decretado em meados da década anterior (1844), as rendas governamentais cresceram. (FAUSTO, 1999, p. 197.)

A busca pela modernização capitalista teria um grande impulso com a economia cafeeira, primeiro no Rio de Janeiro e em seguida no oeste paulista. Para atender ao forte mercado produtor interno, foi preciso modernizar o sistema de transportes, com a abertura de estradas e ferrovias. Transporte naquele tempo também significava comunicação.

O trem de ferro passou a transportar não só mercadorias, mas também informações. Como lembra Cremilda Medina, jornais tradicionais (*Gazeta de Notícias*, *Jornal do Comércio*) modernizam-se e surgem novos órgãos de imprensa que iriam marcar a segunda metade do século XIX e a primeira metade do século seguinte. Entre estes podemos citar o *Jornal do Brasil*, *O Estado de S. Paulo*, o *Correio Paulistano*, *O País* e o *Correio da Manhã*, entre outros.

No plano político, vemos o país deixar o período da calmaria da década de 1850 e ingressar em uma fase de incertezas. Em 1864 estoura a Guerra do Paraguai, que vai se arrastar até 1870. Não

Jornalismo político

por acaso, neste mesmo ano surge o Manifesto Republicano. Em dezembro começa a circular *A República*, primeiro jornal a defender abertamente o fim da monarquia.

Ressurgimento político

A aventura do desenvolvimento industrial vai contaminar a imprensa. Como lembra Juarez Bahia, "a tipografia perde o seu conteúdo artesanal, para conquistar a posição de indústria gráfica de definida capacidade econômica". (BAHIA, 1990, p. 46.)

Enquanto isso, dois grandes temas ganham espaço no imaginário da população e nas páginas dos jornais: a campanha abolicionista, que com o fim da Guerra do Paraguai em 1870 ganha impulso; e a campanha republicana. As duas voltam a exigir um jornalismo engajado, menos panfletário do que aquele feito nas primeiras décadas do século, mas com a mesma capacidade de mobilização.

É nesse contexto que surgem nomes que marcariam a imprensa e o debate político. Quintino Bocaiúva, Rui Barbosa, José do Patrocínio, Joaquim Nabuco, André Rebouças, J. Clapp, Silva Jardim, Joaquim Serra e José Veríssimo, entre outros, fundam ou dirigem jornais que abraçam a causa da libertação dos escravos e, em seguida, da implantação da República.

Uma questão importante a se notar é a aproximação, nesse período, entre jornalismo e literatura. Se antes os jornais eram espaço para a polêmica e a denúncia, em um primeiro plano, e para a divulgação de idéias e informações, em espaço menor, na era da "imprensa industrial" os escritores vão encontrar nos grandes jornais que surgem um espaço privilegiado para a publicação de seus escritos, além da possibilidade de emprego como redator ou revisor. Como lembra o crítico Sílvio Romero:

Jornalismo político: história e processo

> No Brasil, mais ainda do que noutros países, a literatura conduz ao jornalismo e este à política que, no regime parlamentar e até no simplesmente representativo, exige que seus adeptos sejam oradores. Quase sempre as quatro qualidades andam juntas: o literato é jornalista, é orador, e é político. (*Apud* SODRÉ, 1999, p. 184.)

O que hoje seria impensável — um jornalista da grande imprensa cobrindo a cena política, participando dela como tribuno e, nas horas vagas, escrevendo romances, crônicas, contos e poemas para estes mesmos jornais — naquele tempo eram qualidades requeridas. Um personagem exemplar do período foi José de Alencar, que começou por escrever artigos na seção forense do *Correio Mercantil*, passou a cronista, em seguida iniciou a publicação de folhetins literários na imprensa, entre os quais o estrondoso sucesso *O Guarani*, e chegou a ocupar uma cadeira no Senado.

Outro personagem do período e que estreou timidamente em 1855 escrevendo crônicas em homenagem ao jovem imperador D. Pedro II foi Machado de Assis. Na década seguinte ele fará parte de uma nascente reportagem política que fazia a cobertura dos discursos e negociações no Senado do Império. Machado era redator do *Diário do Rio de Janeiro* e cobria o que acontecia nas câmaras na companhia do também escritor Bernardo Guimarães, que representava o tradicional *Jornal do Comércio*, e Pedro Luís, do *Correio Mercantil*. Aos 39 anos Machado de Assis sofre uma estafa (naquele tempo não existiam crises de *stress*), o que o afasta do jornalismo, para felicidade da literatura brasileira.

Essa aproximação entre literatura, jornalismo e política irá marcar o jornalismo brasileiro pelas próximas décadas, até que uma revolução surgida dentro das redações, já em meados do sé-

123

Jornalismo político

culo XX, fará a separação do que historicamente nunca deixou de andar junto.

A espada era a lei

Iniciada a República, aqueles grandes tribunos e jornalistas que marcaram as décadas de setenta e oitenta do século XIX encontraram pela frente uma barreira. Os militares que assumiram o poder na implantação do sistema republicano defendiam um regime de força.

> Para eles, a República deveria ser dotada de um Poder Executivo forte, ou pas sar por uma fase mais ou menos prolongada de ditadura. A autonomia das províncias tinha um sentido suspeito, não só por servir aos interesses dos grandes proprietários rurais como por incorrer no risco de fragmentar o país. (FAUSTO, *op. cit.*, p. 246.)

É o período conhecido por República das Espadas, ou Repúblicas dos Marechais, que cobre os anos de 1889 a 1894. Nestes seis anos os marechais Deodoro da Fonseca e Floriano Peixoto adotam o regime republicano federativo (as províncias passam a ser estados), alteram a simbologia ligada à monarquia (bandeiras, hinos, brasões) e impõem a censura à imprensa, para combater os ditos "jornais monarquistas". Isso não impediu que alguns nomes que brilharam no jornalismo das décadas anteriores assumissem postos importantes no período republicano, como Rui Barbosa, que escreveu as primeiras leis, e Quintino Bocaiúva, que compôs o ministério de Deodoro.

Jornalismo político: história e processo

A volta dos donos do poder

A partir de 1894 até 1930 é o período da chamada "política dos governadores". É, como lembra Francisco Iglesias, "a volta das oligarquias", que mandavam no país desde a independência e perderam poder apenas no período de ascensão dos militares.

A imprensa desse período, também denominado República Velha, é marcada pela coexistência de dois grandes grupos, o que será novamente um reflexo das disputas que ocorrem pelo poder central e nos estados. Dois grandes jornais simbolizavam bem o que pretendemos explicar: *O País*, veículo tradicionalista ligado à elite agroexportadora, e o *Correio da Manhã*, jornal que representava as camadas médias da sociedade e fazia uma oposição feroz à política do "café com leite". Os dois veículos assumiam o que os demais jornais tentavam esconder: naquele tempo imprensa tinha que tomar partido, ou corria o risco de desaparecer. Como lembra Nelson Werneck Sodré, era muito mais fácil comprar que fundar um jornal; e ainda mais prático comprar a opinião do jornal do que comprar o jornal. Ainda segundo o historiador, "a imprensa, embora apresente agora estrutura capitalista, é forçada a acomodar-se ao poder político que não tem ainda conteúdo capitalista". (*Op. cit.*, p. 276.)

Entre o servilismo e o oposicionismo, não sobrava espaço para quem quisesse fazer uma imprensa independente. Nos últimos anos do século XIX, por exemplo, o conflito armado de Canudos, no sertão da Bahia, teve uma cobertura extremamente oficial por parte da imprensa do Rio de Janeiro e de São Paulo. Tanto que os textos escritos por um repórter enviado pelo *O Estado de S. Paulo* ao *front* da guerra, o engenheiro militar Euclides da Cunha, dariam uma bela peça publicitária do governo de Prudente de Morais. Felizmente, Euclides da Cunha pôde reescrever sobre

Jornalismo político

o que viu em Canudos e lançar em livro a verdadeira história sobre o conflito. Esta obra, *Os Sertões*, ainda carece de um estudo mais aprofundado conquanto exemplo de reportagem política.

A partir de 1922, uma série de acontecimentos começa a mudar a face política do país. A crise militar ocasionada pela repressão a um conflito armado em Pernambuco e que redundou, entre outros acontecimentos, na revolta do Forte de Copacabana; a criação do Partido Comunista Brasileiro e a realização, em São Paulo, da Semana de Arte Moderna, mostram que a política dos governadores começa a esgotar-se como modelo de equilíbrio político. No ano seguinte é promulgada a Lei de Imprensa, em plena vigência do Estado de Sítio. O texto instalava a censura prévia e responsabilizava diretamente os jornalistas pelas "ofensas" publicadas pelos jornais.

A censura mirava os grandes jornais, mas atingia também os jornais alternativos, especialmente a chamada imprensa operária e as publicações dos grupos anarco-sindicalistas. Influenciada pelos imigrantes, especialmente os de origem italiana, a classe trabalhadora produziu um jornalismo panfletário e mobilizador, como se exigia na época, que incomodava as elites urbanas e assombrava o governo federal, eleito com o apoio das elites rurais.[4]

A Revolução de 1930, que levou Getúlio Vargas e os tenentes ao poder, impõe o fechamento do Legislativo e a censura à imprensa. A Constituição de 1934 vai repor alguns princípios liberais, mas será logo soterrada pela fundação do Estado Novo em 1937, instalando no país uma ditadura civil de traço populista, criando um regime antidemocrático, mas com grandes realizações sociais e administrativas.

---

[4]Para saber mais, ver *História da imprensa no Brasil*, de Nelson Werneck Sodré.

Jornalismo político: história e processo

Nos oito anos que durou, o Estado Novo manteve a imprensa sob total controle. É de 1939 a criação do temido Departamento de Imprensa e Propaganda, o DIP. Nesse período o jornalismo político, mantido sob controle nas décadas anteriores, praticamente deixará de existir.

O fim da Segunda Guerra Mundial e a derrota dos países do Eixo (Alemanha, Itália e Japão) apressarão o fim do Estado Novo, mas não de Getúlio Vargas, como se verá. O Estado Novo acaba em outubro de 1945, mas meses antes uma entrevista dada pelo escritor e político José Américo de Almeida a Carlos Lacerda, pedindo o fim da ditadura Vargas, marca o fim da censura e a retomada do jornalismo político brasileiro.

Anos de ouro

De 1945 a abril de 1964, quando o país retornará a viver sob um regime de exceção, a imprensa brasileira viveu seu auge. A redemocratização e a nova Constituição de 1946 inauguram um novo período de ouro para o país, marcado pelo desenvolvimento econômico, social e cultural. Os jornais e revistas brasileiros entram em nova fase, sob forte influência do modelo norte-americano de jornalismo objetivo. O *Diário Carioca* inaugura no país o uso do *lead*,[5] surge nas redações a figura do copidesque, que pretende homogeneizar os textos, a cobertura política ganha nova dimensão com as eleições presidenciais de 1945, que elege Eurico Gaspar Dutra, e a de 1950, que consagra Getúlio Vargas nas ur-

---

[5]Expressão em inglês que designa o parágrafo inicial de um texto jornalístico, que deve trazer as informações mais importantes da matéria, em resposta às seguintes perguntas: *quem, fez o quê, onde, quando, como e por quê*. No Brasil, o *lead* foi implantado por Pompeu de Sousa e Danton Jobim, na imprensa carioca nos anos 1950.

Jornalismo político

nas. No ano seguinte surge a *Última Hora*, de Samuel Wainer, que vai revolucionar o jeito de fazer jornal. A idéia é simples e genial: fazer um jornal com conteúdo político em linguagem popular, com diagramação inovadora e grandes nomes do jornalismo nacional, pagos a peso de ouro, e que divulgasse sem oficialismo as realizações do governo Vargas. Dois anos antes Carlos Lacerda havia lançado a *Tribuna da Imprensa*, que faria forte oposição ao getulismo. Esses dois jornais representaram durante um período da história do Brasil o que havia de melhor e de pior no jornalismo político brasileiro.

Enquanto *Última Hora* e a *Tribuna da Imprensa* faziam a guerra suja entre governo e oposição, outros jornais trataram de se mexer. O *Jornal do Brasil* fez uma grande reforma gráfica e editorial que lançou as bases para outras reformas que vieram nos anos seguintes na imprensa. O *Correio da Manhã* esmerava-se na cobertura do Poder Legislativo, que voltou a ser o grande centro dos debates e das decisões.

É nesse período rico do jornalismo que surgem os grandes nomes da crônica política brasileira. Villas-Bôas Corrêa, repórter que nasceu junto com a redemocratização pós-Estado Novo, conta em seu livro *Conversa com a memória — A história de meio século de jornalismo político*, como surgiu naquele momento um modelo que juntava análise e informação política, onde se destacava Heráclio Assis de Salles, na opinião dele "o maior repórter da história do Congresso". Nos textos de Heráclio, relembra Villas-Bôas, "o leitor, ao mesmo tempo que se informava sobre os debates, as votações, os projetos apresentados, era conduzido à análise interpretativa de cada episódio que se destacasse da rotina". (CORRÊA, 2002, p. 52.)

Mas a crônica política alcançaria o grande público pelas páginas da maior revista do país, *O Cruzeiro*, que em meados da dé-

128

Jornalismo político: história e processo

cada de 1950 abre duas páginas semanais para as análises políticas de Carlos Castello Branco, o Castellinho, apontado por todos os jornalistas como o maior repórter político brasileiro de todos os tempos. É Villas-Boas Corrêa quem resume de forma exemplar a escola criada por Castellinho e de como o jornalista conseguia driblar o paradoxo de ter que fazer uma crônica semanal sobre um assunto tão quente quanto a política:

> O grande repórter resolveu o embaraço aventurando-se à prospecção política com ampla margem de risco. Mestre do estilo, soltou-se no exame panorâmico, descendo ao encadeamento lógico do que parecia o contraditório caótico das tramas improvisadas e ajudando o leitor a entender o raciocínio ordenado pela coerência que fluía com a naturalidade da conversa de expositor. Partiu das preliminares que ajudara a firmar e alargou as dimensões da interpretação do jogo político, como peças que se moviam em tabuleiro de xadrez, com as suas regras e os lances imprevistos. (Idem, p. 77.)

Naquele tempo, como hoje, valia a frase do político mineiro Magalhães Pinto, para quem a política é como nuvem: você olha e vê um formato, mas quando olha de novo já vê outro. Mesmo assim, Castellinho e outros conseguiram domesticar o imprevisível e levar o jornalismo político para outro patamar, o da análise e interpretação dos fatos. Essa nova reportagem política acompanhou o suicídio de Getúlio em 1954, a era JK, a mudança do Poder para Brasília, a surpresa e a decepção com Jânio Quadros, as tentativas frustradas de João Goulart de implantar as reformas de base e o fim do intervalo democrático. Foram quase vinte anos de completa liberdade para o trabalho da imprensa. Seguir-se-iam quase vinte anos onde a liberdade de imprensa foi solapada pelo poder das forças armadas.

129

Jornalismo político

Anos de chumbo

Essa mesma imprensa que em duas décadas construiu um novo modelo de jornalismo político, juntando informação, análise e interpretação dos acontecimentos, não conseguiu se livrar completamente do jogo político dos interesses privados. A pesada campanha que alguns dos maiores jornais do Rio e São Paulo fizeram contra o ex-ditador e depois presidente eleito pelo voto Getúlio Vargas, denunciando um suposto "mar de lama" no Palácio do Catete, encaixa-se naquilo que Ênio Silveira chamava de "jornalismo instigativo". Esse mesmo tipo de jornalismo tentou desmoralizar o governo de Juscelino Kubitschek e jogou muita água no moinho da intolerância e do golpismo que, juntos, forçaram o afastamento de Jango da Presidência da República. Para esse tipo de jornalismo, a versão é mais importante que os fatos, confirmando a máxima de José Maria Alkmin, uma velha raposa mineira.[6]

Portanto, o golpe militar de 1964 não surpreendeu a grande imprensa, que durante muitos anos dizia ter apoiado uma revolução militar que veio para acabar com a "baderna dos esquerdistas que estavam no poder".

Mas, como em outros momentos da História do Brasil, os que vieram em nome do povo para restabelecer a ordem acabaram estabelecendo um regime de perpetuação no poder. E, para isso, foi preciso, em um primeiro momento, boicotar os veículos de comunicação que não concordavam com o novo regime, para em seguida lançar mão da censura de forma indiscriminada. O

---

[6]No filme *O homem que matou o facínora*, de John Ford, o personagem interpretado por Edmond O'Brien, um jornalista, fala a célebre frase: "Quando a lenda é mais interessante do que a realidade, imprima-se a lenda."

Jornalismo político: história e processo

AI-5, editado em dezembro de 1968, cassou os direitos políticos de parlamentares da oposição e permitiu a censura prévia à imprensa e espetáculos.

O jornalismo político sofreu um duro golpe nesse período. Tornou-se proibido escrever ou falar sobre qualquer coisa que tivesse relação com aqueles que faziam oposição à "Revolução". O país crescia a taxas médias de 11% ao ano e para que o milagre brasileiro fosse completo era preciso calar os adversários do regime. Jornais como a *Última Hora*, por exemplo, foram minguando até desaparecer. Outros, que souberam respeitar a nova ordem, conseguiram atravessar a procela e sobreviver.

As revistas semanais de informação aparecem justamente no período de crise do jornalismo político: *Veja, IstoÉ* e *Afinal,* entre outras, formarão um espaço novo para a reportagem e a análise políticas, mesmo sob forte censura. *Veja*, comandada por Mino Carta, vai trazer a célebre capa sobre a tortura, publicada em pleno Governo Médici.[7]

Com o declínio da cobertura política, por razões óbvias, a grande imprensa acabou apostando em um novo segmento: o jornalismo econômico. A forte expansão econômica que ocorreu entre 1969 e 1973, a crise do petróleo que se seguiu e a retomada do ciclo inflacionário a partir de meados da década de 1970 acabou por exigir dos jornalistas um conhecimento mais técnico e menos empírico sobre as notícias que afetavam o bolso dos cidadãos. Não que antes tais assuntos não fossem importantes, mas é que agora a economia desvencilhava-se da política, ganhando espaço nobre nos jornais e revistas, quando não em publicações especializadas.

---

[7]Em 1969, em entrevista ao jornalista Dirceu Brisola, da *Veja*, o então ministro da Justiça de Médici, Alfredo Buzaid, declarou que se comprometia, no caso de denúncias de tortura, a "intervir dentro dos seus limites para preservar a ordem jurídica interna". Mino Carta decidiu então pela capa com a chamada "O presidente não admite torturas". A censura proibiu que os jornais repercutissem a capa da revista (*in* CONTI, 1999, p. 73-75).

Jornalismo político

Imprensa alternativa

Se o jornalismo político brasileiro sobreviveu aos vinte anos de arbítrio militar isso se deve, em grande parte, ao trabalho feito pela chamada imprensa nanica. Como analisa Perseu Abramo, é difícil caracterizar com precisão o papel da imprensa alternativa da década de 1960.

> (...) o caráter real da imprensa chamada alternativa é o de que, na verdade, tratava-se muito mais de fazer um contraponto à imprensa burguesa do que efetivamente substituí-la. É como se, na Era da Ditadura, houvesse necessidade de colocar no papel o substrato de um movimento de contracultura, disperso e fragmentado sim, mas inegavelmente existente nos anos 60 e 70. (ABRAMO, 1988.)

Jornais como *Pif-Paf*, *Opinião*, *Movimento*, *Em Tempo*, *Versus*, *Bondinho*, *O Sol* e *O Pasquim*, entre tantos outros, tentavam fazer o contraponto à grande imprensa, publicar não a notícia em si, pois os pequenos jornais não tinham acesso aos meandros da chamada grande política, mas podiam publicar a "versão da oposição". Isso permitiu manter aceso o debate político, mesmo que entre uma elite de leitores.[8]

Os donos do poder temiam esse "poder paralelo" da imprensa alternativa e tentavam minar seu trabalho. E nesse processo cometiam absurdos, como explodir bancas de jornais que comercializavam os ditos jornais alternativos.

Mesmo os jornalistas que não estavam envolvidos diretamente com a imprensa de oposição sofreram perseguições da linha

---

[8]Para saber mais, veja *Jornalistas e revolucionários: nos tempos da imprensa alternativa*, de B. Kucinski.

Jornalismo político: história e processo

dura do regime militar. Em outubro de 1975, o jornalista Vladimir Herzog, chefe do Departamento de Jornalismo da TV Cultura de São Paulo, morre nas celas do DOI-CODI paulista, após seguidas sessões de tortura. Herzog era simpatizante do Partido Comunista Brasileiro (PCB), o velho Partidão, mas nunca esteve envolvido com ações armadas contra o governo e sempre trabalhou na grande imprensa. Sua morte causou comoção e mobilizou milhares de pessoas em um ato público em São Paulo, o primeiro depois de decretado o AI-5.

Quando a censura acabou, no final da década de 1970, e os jornalistas puderam voltar a escrever e falar abertamente sobre a situação política do país, muitos daqueles profissionais que atuaram na imprensa alternativa aproveitaram a experiência para levar para as redações um jornalismo politizado, não necessariamente partidário, mas certamente comprometido com o restabelecimento da ordem democrática.

Entre o final da década de 1970 e meados da de 1980, ou seja, da abertura política ao fim do ciclo de presidentes militares, a classe jornalística foi peça fundamental para o processo de redemocratização. Os jornalistas, e não exatamente os jornais, ensaiaram os primeiros passos rumo à liberdade de escrever o que pensavam.

Em 1977, o sargento Sílvio Delmar Hollembach morreu no Zoológico de Brasília, após ter pulado no cercado das ariranhas para salvar uma criança. O jornalista Lourenço Diaféria, do jornal *Folha de S. Paulo*, elogiou em sua crônica o gesto de coragem de Hollembach e disse preferir "esse sargento herói" ao Duque de Caxias, patrono do Exército. "O povo está cansado de espadas e de cavalos. O povo urina nos heróis de pedestal" (*Folha de S. Paulo*, *apud* GASPARI, 2004, p. 452), escreveu Diaféria. O general Sylvio Frota, ministro do Exército e candidato da linha dura à

133

Jornalismo político

sucessão do presidente Ernesto Geisel, mandou prender o jornalista. A *Folha* protestou e decidiu circular com o espaço da crônica em branco. O governo ameaçou o jornal com a Lei de Segurança Nacional. A *Folha de S. Paulo* teve que recuar e demitir Cláudio Abramo, diretor de redação. Isso aconteceu em setembro. Em 12 de outubro de 1977 Sylvio Frota é demitido.

Também começaram a surgir as primeiras reportagens que denunciavam os desmandos do poder. Em 1976, uma série de reportagens publicadas pelo jornal *O Estado de S. Paulo*, assinadas pelo jornalista Ricardo Kotscho, denunciava o escândalo das mordomias entre ministros e altos funcionários do governo.

Como lembra Kotscho em seu livro *A prática da reportagem*, "a série de reportagens sobre as mordomias foi apenas uma espécie de aperitivo do banquete de denúncias de corrupção que seria servido ao País, à medida que, sem censura prévia, a imprensa ia retomando suas funções". (KOTSCHO, 1995, p. 55.)

A imprensa também teve papel decisivo quando desmascarou a farsa do atentado a bomba no Riocentro, em 1981. Rememorando: na véspera do 1º de Maio daquele ano, uma bomba explodiu no colo de dois militares, dentro de um Puma no estacionamento do Riocentro, na cidade do Rio de Janeiro, onde o Cebrade (Centro Brasil Democrático) promovia um show em homenagem aos trabalhadores. Um dos homens morreu e o outro teve a perna amputada. O atentado terrorista frustrado, promovido pela direita, pretendia jogar a culpa na oposição e atrapalhar o processo de abertura.

Sufocado durante anos, o jornalismo político retoma sua importância ao denunciar os equívocos da Ditadura e de seus aliados, mas também ao dar voz a uma nascente oposição. Primeiro, acompanhando os passos dos anistiados políticos que começaram a voltar ao Brasil a partir de 1979, com a aprovação da Lei da Anistia. Depois em 1984, quando milhões de pessoas tomaram as ruas das grandes cidades para pedir eleições diretas para presidente. A imprensa, inicialmente apenas alguns jornais, em especial a *Folha de S. Paulo*, mas depois praticamente toda ela, anunciou o grande movimento das *Diretas Já*.[9] Um ano depois, essa mesma imprensa assumiu sem disfarces a preferência por Tancredo Neves nas disputa com Paulo Maluf pelos votos do Colégio Eleitoral que elegeu o primeiro presidente civil depois de 21 anos de regime militar.

Redemocratização e momento atual

O jornalismo político viveria outros momentos importantes a partir de 1985, com a posse de José Sarney, vice de Tancredo Neves. A morte do presidente eleito frustrou o país, mas foi um grande teste para a imprensa política que renascia das cinzas. Estudante de Jornalismo na Universidade de Brasília (UnB), assisti ao rápido amadurecimento da nossa reportagem política, que aprendeu a entender de economia para acompanhar a era dos planos econômicos. E que também especializou-se em diversos assuntos para entender os debates técnicos durante os trabalhos da Assembléia Nacional Constituinte. Em 1989, a primeira eleição direta para presidente dividiu o país, mas não as redações. Na chamada grande imprensa, sediada nas capitais, os jornalistas em peso apoiavam Lula da Silva, candidato do PT, mas os

---

[9]É muito lembrado o episódio envolvendo a TV Globo durante a campanha das Diretas Já. Compromissada com o regime militar, a maior emissora do país ignorou o movimento, até que populares começaram a cobrar, em praça pública, a divulgação das manifestações, que chegaram a reunir mais de um milhão de pessoas em um só dia. O *slogan* "O povo não é bobo, abaixo a Rede Globo", correu os comícios de norte a sul do país.

Jornalismo político

patrões penderam a gangorra para a candidatura de Fernando Collor. Em seguida, um novo teste: o primeiro presidente eleito pelo voto direto é obrigado a renunciar para tentar escapar de um processo de *impeachment*, depois que a imprensa denunciou as ligações perigosas entre ele e o empresário Paulo César Farias. Apenas sete anos depois da redemocratização, o jornalismo político brasileiro viveu seu Watergate.[10]

A posse do vice-presidente Itamar Franco no lugar de Collor levou o país a uma nova guinada política. Em 1994 o jornalismo político precisaria novamente se reciclar para acompanhar as novidades na economia, com a adoção do Plano Real, e a eleição de Fernando Henrique Cardoso, ex-ministro da Fazenda do governo Itamar Franco. Quatro anos depois os jornalistas "assistiram" à reeleição de FHC, graças a uma mudança da Constituição que pela primeira vez na história republicana permitiu a recondução de um presidente pelo voto direto.

Nosso capítulo histórico encerra-se com as eleições de 2002, com a vitória de Lula da Silva, do PT, que disputou com o ex-ministro da Saúde de FHC José Serra, do PSDB, o segundo turno das eleições. A ampla cobertura jornalística realizada em 2002 e o equilíbrio com que a imprensa tratou os candidatos fizeram desta eleição um modelo de atuação para o jornalismo político. Em quase dois séculos de história, o pleito de 2002 foi a primeira vez em que vimos uma coincidência total entre política e jornalismo. Pois, antes, se havia equilíbrio político, como em 1955, na acirrada disputa vencida por JK, havia também uma imprensa

---

[10]Pressionado por seu envolvimento no Caso Watergate, em 8 de agosto de 1974 o presidente norte-americano Richard Nixon renunciava ao cargo. O caso Watergate foi um episódio de escuta ilegal na sede do Partido Democrata por elementos ligados ao governo, e foi desvendado pelo trabalho de dois repórteres do jornal *Washington Post*, Bob Woodward e Carl Bernstein.

136

Para encerrar

No início do século XXI alguns estudiosos detectaram uma crise no jornalismo político. Estudo realizado na Inglaterra e apresentado pelo professor Nelson Traquina[11] durante congresso que reuniu jornalistas brasileiros e portugueses mostrou que os grandes jornais ingleses vêm reduzindo a cada década o espaço dedicado ao que acontece no Parlamento britânico.

As novas tecnologias, por sua vez, geraram um processo acelerado de obtenção de informações, o que em geral resultou no aumento quantitativo da oferta de noticiário, sem garantias de qualidade deste material ofertado. Uma cobertura mais extensiva, mais abrangente, mas não imune ao erro.

Em fevereiro de 2005, o Brasil surpreendeu-se com a eleição do deputado Severino Cavalcanti para a Presidência da Câmara Federal. Muitos se perguntaram na época por que a imprensa não previu essa "zebra" nas eleições do Parlamento. Nesse caso, a imprensa cometeu o erro de fazer uma cobertura burocrática da eleição na Câmara, sem atentar para as novidades daquela disputa. Abusou do "fontismo", ou seja, da confiança excessiva nas fontes oficiais, e se esqueceu de olhar para o que acontecia nos subterrâneos da política. Meses depois essa mesma imprensa ajudou a abreviar o mandato de Severino Cavalcanti, ao denunciar um esquema de propinas na Câmara.

---

[11] I Congresso Luso-Brasileiro de Jornalismo. Porto, abril de 2003. Anotações do autor.

Jornalismo político

Nelson Traquina, autor de diversos estudos importantes sobre o jornalismo contemporâneo, lembra que a teoria democrática prevê três grandes papéis para o jornalismo: 1) o jornalismo deve dar aos cidadãos as informações que são úteis, que são necessárias para que eles possam cumprir os seus papéis de pessoas interessadas na vida social e na "governação" do país; 2) o jornalismo deve ser o espaço do contraditório e da pluralidade de opiniões, ser uma espécie de mercado de idéias; e 3) o jornalismo tem o papel de ser o *watchdog* (cão de guarda) da sociedade, proteger os cidadãos contra os abusos do poder.[12]

Estas três grandes funções resumem bem os papéis do jornalismo político: informar, formar opinião e fiscalizar. Mas as perguntas que devem ser feitas hoje são as seguintes: a imprensa tem conseguido informar com credibilidade e qualidade sobre o que acontece no mundo da política? Ou será que o excesso de informações vem confundindo mais do que esclarecendo? A grande mídia tem conseguido ser imparcial e equilibrada ao disponibilizar fatos e opiniões sobre os diferentes segmentos políticos? E, por último, ao desempenhar o papel de fiscal do poder, o jornalismo político não corre o risco de cometer excessos e frustrar expectativas, justamente por não poder cumprir as duas premissas básicas anteriores? Ou seja, como fiscalizar com isenção e eficiência se não há qualidade na informação que se oferece e não se garante a pluralidade de opiniões divergentes?

Em quase duzentos anos de história, o jornalismo político brasileiro acompanhou o roteiro traçado pelos grupos dominantes que pretenderam assegurar o poder, ora aderindo a este modelo,

---

[12]Entrevista ao *Observatório da Imprensa*, nº 225, em 20 de maio de 2003 (www.observatoriodaimprensa.br).

138

ora denunciando-o. Aderiu quando apoiou o Golpe Militar de 1964. Denunciou quando mostrou as manifestações de rua pelas Diretas Já.

Hoje, a popularização de novos meios de eletrônicos de comunicação (especialmente a internet e o telefone celular) vem promovendo novas transformações no jornalismo político. Os *blogs* e *sites* de notícia nos fazem lembrar a imprensa brasileira em seus primórdios, quando uma profusão de folhas alimentava o debate político e desancava a segurança dos poderosos.

Aderir ao modelo tornou-se tarefa mais arriscada, mas nem por isso afastada. Denunciar o modelo, sim, deve ser uma tarefa permanente. Mas este papel, hoje, não cabe apenas ao jornalismo.

Referências bibliográficas

ABRAMO, Perseu. *Um trabalhador da notícia.* São Paulo: Editora Fundação Perseu Abramo, 1997.

———. *Imprensa alternativa: alcances e limites.* Versão eletrônica (fpa.org.br/fpa/perseu/imprensa—alternativa.htm). Fundação Perseu Abramo, 1988.

BAHIA, Juarez. *Jornal, história e técnica.* 4ª ed. São Paulo: Ática, 1990.

CHAGAS, Carlos. *O Brasil sem retoque (1808-1964): a História contada por jornais e jornalistas — volumes I e II.* Rio de Janeiro: Record, 2001.

CONTI, Mário Sérgio. *Notícias do Planalto: a imprensa e Fernando Collor.* São Paulo: Companhia das Letras, 1999.

CORRÊA, Villas-Bôas. *Conversa com a memória.* Rio de Janeiro: Objetiva, 2002.

FAUSTO, Boris. *História do Brasil.* São Paulo: Edusp/Fundação para o Desenvolvimento da Educação, 1999.

GASPARI, Élio. *As ilusões armadas* (2 vols.: *A ditadura envergonhada* e *A ditadura escancarada*). São Paulo: Companhia das Letras, 2001.

Jornalismo político

————. *O sacerdote e o feiticeiro* (2 vols.: *A ditadura derrotada* e *A ditadura encurralada*). São Paulo: Companhia das Letras, 2003-2004.

IGLÉSIAS, Francisco. *Trajetória política do Brasil: 1500-1964*. São Paulo: Companhia das Letras, 1993.

KOTSCHO, Ricardo. *A prática da reportagem*. São Paulo: Ática, 1995.

KUCINSKI, Bernardo. *Jornalistas e revolucionários: nos tempos da imprensa alternativa*. São Paulo: Página Aberta, 1991.

LUSTOSA, Isabel. *O nascimento da imprensa brasileira*. Rio de Janeiro: Jorge Zahar, 2003.

MARTINS, Franklin. *Jornalismo político*. São Paulo: Contexto, 2005.

MEDINA, Cremilda. *Notícia, um produto à venda: jornalismo na sociedade urbana e industrial*. 2ª ed. São Paulo: Summus, 1988.

MELO, José Marques de. *História social da imprensa*. Porto Alegre: EdPUCRS, 2003.

SODRÉ, Nelson Werneck. *História da imprensa no Brasil*. 4ª ed. Rio de Janeiro. Mauad, 1999.

WAINER, Samuel. *Minha razão de viver: memórias de um repórter*. 6ª ed. Rio de Janeiro: Record, 1988.

Prática e conhecimento

RUDOLFO LAGO

RUDOLFO LAGO tem 20 anos de profissão, dos quais 19 vividos na cobertura política dentro do Congresso Nacional. Trabalhou em diversos veículos da imprensa, como os jornais *O Globo*, *Estado de S. Paulo*, *Folha de S. Paulo* e *Jornal do Brasil* e a revista *Veja*. Correspondente em Brasília do jornal *Diário de Notícias*, de Portugal. Vencedor do Prêmio OK de Jornalismo em 1992 (com Denise Rothenburg) com uma série de reportagens sobre a Máfia do Orçamento, do Prêmio Esso em 2000 (com equipe) pela série de reportagens sobre a cassação do ex-senador Luiz Estevão, do Prêmio CNT em 2002 (com Olímpio Cruz Neto) pela série sobre a Máfia dos Precatórios do DNER. Foi repórter especial da editoria de política do *Correio Braziliense*. Atualmente é editor especial da revista *IstoÉ*.

E m primeiro lugar, uma coisa precisa ficar clara para o jornalista que queira enveredar pelos mistérios da cobertura política. Não existe, hoje, apuração de fato jornalístico na política que não implique também análise política deste mesmo fato. Provavelmente, o mesmo ocorre em outros setores de cobertura. Mas certamente, não com a mesma intensidade. Em política, apuração e análise são elementos indissociáveis. Em economia, por exemplo, a simples notícia sobre se a cotação do dólar subiu ou baixou já é notícia. Caberá a análise das circunstâncias sobre essa baixa ou elevação, mas não raro ela fica para os analistas do mercado financeiro. Tanto que, diariamente, jornais ou noticiários de rádio ou TV limitam-se apenas a informar a cotação da moeda, e mais nada. O mundo econômico é mais preciso, mais exato, e formado por números e padrões que se repetem. Em política, tudo é mais impreciso. Dito de forma velada, nas entrelinhas. Os fatos dependem mais dos seus atores, dos seus estilos, das suas convicções e das suas linhas de pensamento. *A* mais *B* nem sempre será igual a *C*. Depende de quem seja *A*. Depende de quem seja *B*.

Então, não será possível ao repórter chegar, digamos ao Congresso, ouvir os personagens envolvidos em uma determinada

Jornalismo político

votação ou disputa e voltar à redação e escrever um texto com base unicamente naquilo que apurou com essas entrevistas. Resultará em um texto ingênuo e que, provavelmente, desinformará mais do que informará ao leitor. O repórter de política precisa estar preparado para compreender o que se passa no Congresso. Ou em qualquer outra arena onde se trave a disputa política que ele está acompanhando. O Congresso Nacional é o grande coração da vida política brasileira. Mas seus padrões se repetem em qualquer Assembléia Legislativa, Câmara de Vereadores, Centro Acadêmico da faculdade, condomínio do bloco, escritório, ou até em algumas famílias. É preciso conhecer os personagens envolvidos na disputa, sua história e quem ou o que eles representam.

Tomemos dois exemplos para explicar como os personagens envolvidos na disputa política levam a resultados diferentes.

Em 1989, na primeira eleição presidencial, o PMDB envolveu-se em uma grossa luta interna para escolher seu candidato. No sábado, primeiro dia da convenção nacional, havia três candidatos na corrida interna: o deputado Ulysses Guimarães; o então governador da Bahia, Waldir Pires; e o então governador do Paraná, Álvaro Dias. Naquele dia, haveria um primeiro turno para definir os dois mais votados que disputariam o segundo turno no domingo. Em discursos, os três candidatos acusavam-se mutuamente. Suas torcidas enfrentavam-se de forma às vezes até violenta. Foi nesse clima de hostilidade que passaram para o segundo turno Ulysses Guimarães e Waldir Pires. No início da noite de sábado, alguns jornalistas apostavam, diante dos fatos ocorridos durante o dia: Ulysses e Waldir vão para o pau, o PMDB sairá dividido. Enquanto isso, outros diziam: eles vão compor. Na manhã de domingo, Ulysses e Waldir apareceram de mãos dadas para anunciar que não haveria disputa de segundo turno. De madrugada, eles fecharam um acordo e estabeleceram

Prática e conhecimento

que o candidato à Presidência seria Ulysses e seu candidato a vice seria Waldir.

Em 2000, o então presidente do Senado, Antônio Carlos Magalhães (PFL-BA), envolveu-se em uma briga renhida com o então presidente do PMDB, senador Jader Barbalho (PA). Jader queria suceder ACM, e o cacique baiano não aceitou. Os dois começaram a trocar acusações mútuas de corrupção. Por pouco, não trocavam socos em um crescendo de agressões. Alguns senadores pensaram seriamente em suspender os mandatos dos dois, coisa que ninguém teve coragem de levar adiante, uma vez que se tratava de dois dos principais líderes partidários brasileiros. Nenhum dos dois era santo. Ambos tinham histórias comprometedoras no seu passado. Por conta desse quadro, alguns jornalistas apostaram: eles vão compor. Outros disseram: eles vão "para o pau". No final da história, Jader conseguiu no primeiro momento suceder ACM. Ele descobriu que o senador violara o sigilo do painel eletrônico de votação na cassação do mandato do ex-senador Luiz Estevão e começou a conduzir seu processo de cassação. Para não ser cassado, ACM renunciou. Mas, mesmo de fora do Congresso, ACM pôde assistir aos efeitos dos estragos que fizera à reputação de Jader. Envolvido em uma série de denúncias de corrupção, o então presidente do Senado viu-se obrigado também a renunciar para não ser cassado. Nessa segunda história, ninguém compôs e os dois acabaram perdendo.

Como vimos, portanto, os padrões em política dependem de seus personagens. No caso da disputa peemedebista, a aposta mais prudente seria a composição pelas características do partido. O PMDB é uma frente política que se formou após o golpe militar de 1964 para abrigar todos aqueles que se opunham à ditadura. Com a volta do pluripartidarismo, várias correntes de esquerda deixaram o PMDB para ganhar representação própria: os parti-

145

Jornalismo político

dos comunistas, o PT, o PSB, mais tarde o PSDB, etc. Mas a característica de frente permaneceu. Assim, por abrigar sempre interesses diversos, algumas vezes antagônicos, as brigas internas no PMDB são freqüentes, e intensas. Ao mesmo tempo, une os peemedebistas a arraigada e ampla estrutura que o partido conseguiu montar no país ao longo da sua história. Interessa aos seus candidatos nos diversos estados a estrutura que se apresenta em qualquer município, o imenso número de prefeitos e vereadores. Assim, enquanto acontecem, as ferozes brigas internas parecem às vezes que vão terminar em morte. Dão a impressão de que o derrotado não terá outro caminho senão deixar o partido e fundar outra legenda. Mas a sobrevivência política fala mais alto na maioria das vezes, e os grupos se compõem. Pelo menos, até a próxima disputa. No caso da chapa Ulysses/Waldir, vale dizer que eles continuaram se digladiando durante toda a campanha eleitoral.

Na briga entre ACM e Jader, o bom senso talvez devesse apontar também para a composição, até por uma questão de sobrevivência política. Afinal, ao levarem a coisa até as últimas conseqüências, o senador baiano e seu oponente paraense acabaram ambos forçados a abrir mão dos seus mandatos. Aqui, é preciso entender que aquele embate não foi mera disputa de vaidades entre dois adversários políticos. Por trás da opinião pessoal que ACM tenha de Jader e vice-versa, havia a disputa de projetos de poder, do PFL e do PMDB, partidos que os dois caciques ali representavam. No governo Fernando Henrique Cardoso, PFL e PMDB brigavam intensamente pelo papel de segunda força política. No início, formalmente inserido na chapa de Fernando Henrique, o PFL saiu na frente. E construiu solidamente a imagem do ex-deputado Luís Eduardo Magalhães, filho de ACM, como sucessor natural de Fernando Henrique. Em abril de 1998, a tragédia abateu-se sobre os planos tucanos e pefelistas. Primeiro, morreu o

146

Prática e conhecimento

grande artífice daquele projeto de poder: Sérgio Motta. Dois dias depois, morreu Luís Eduardo. As duas mortes desarrumaram o projeto e abriram espaço para o PMDB. A sucessão de ACM era a chance para a ultrapassagem.

Nesse contexto, não havia acordo possível. Quem cedesse, perderia de forma irremediável. Deixaria o espaço para que o outro o ocupasse. Sem alternativa, as duas forças passaram a apostar na possibilidade de derrotar uma à outra. Como eram igualmente poderosas, destruíram-se mutuamente. Destruíram-se? Os mais apressados poderiam, daí, apostar que ACM e Jader nunca mais se recuperariam do baque de suas renúncias. No caso, se esqueceriam do peso que os caciques regionais têm em seus estados. Uma coisa é o conceito nacional que eles possam ter. Outra, bem mais diversa, é o que pensam suas bases em seus estados.

Conhecer a história

As duas histórias narradas servem para que se avalie a quantidade de nuances e informações subliminares que estão contidas nas notícias políticas. Demonstram os elementos vitais necessários ao jornalista para compreender o que se passa nessa sua área de cobertura e para que possa transmitir toda a dimensão dos fatos aos seus leitores.

Para se compreender como se deu o processo que resultou na composição entre Ulysses e Waldir, é preciso entender o PMDB. Sua história. Como se formou. Para entender o PMDB, é preciso entender a história recente do Brasil. Como se deu a divisão das forças políticas durante a ditadura militar. De que forma se processou o bipartidarismo de então. Como as forças de oposição organizaram-se no MDB. O que ocorreu após a abertura demo-

147

Jornalismo político

crática e a volta do pluripartidarismo. Como essas mesmas forças que se opunham à ditadura espalharam-se por diversos partidos. Quem ficou então no PMDB. Que pensamentos e interesses políticos representava.

No caso da briga Jader/ACM, era preciso conhecer as biografias dos dois políticos. Que interesses eles ali representavam. Que jogo jogavam então seus partidos. Que poder eles mesmos tinham dentro de suas agremiações. Quem eram seus aliados. Quem eram seus inimigos.

Alguns dos elementos necessários para compreender e avaliar esses fatores, o repórter político talvez só consiga alcançar mesmo com o tempo — com a experiência. Mas há outros que podem ser adquiridos a partir da preparação que for feita para o exercício da profissão.

Diante dos dois casos descritos aqui como exemplo, fica clara a necessidade de conhecimento da história recente do Brasil. Livros como a série de Élio Gaspari sobre o regime militar (*A ditadura envergonhada, A ditadura escancarada, A ditadura encurralada, A ditadura derrotada*), de Eumano Silva e Taís Morais sobre a guerrilha do Araguaia (*Operação Araguaia*), de Mario Sérgio Conti sobre o papel da imprensa no *impeachment* do ex-presidente Fernando Collor (*Notícias do Planalto*), de Paulo Markun sobre a trajetória de nossos dois últimos presidentes, Fernando Henrique Cardoso e Luiz Inácio Lula da Silva (*O sapo e o príncipe*), ou de Lúcio Vaz sobre o lado mais escuso do Congresso Nacional (*A ética da malandragem*), são fundamentais para entender o jogo político de hoje, suas regras, seus atores e seus papéis. Há outros livros que tratam do tema, basta procurá-los.

Mas não vale imaginar que é necessário apenas conhecer essa história recente. O que somos é resultado do que fomos. Nossa sociedade dividida, o imenso abismo que existe entre as classes

Prática e conhecimento

mais baixas e as mais altas, nosso patrimonialismo, o fisiologismo e o clientelismo das nossas elites políticas são frutos da formação da nossa sociedade. É fundamental compreender isso para entender, por exemplo, como o PT deixou-se agora enredar nessa teia de corrupção e ilegalidade. Ou por que o partido do presidente Lula não foi capaz de conferir, como prometera, um novo padrão ético para as relações políticas.

Primeiro ponto importante: o PT iludiu-se (ou iludiu seus eleitores) diante da falsa idéia de que governar o país de outra forma dependia unicamente de vontade política. De que as coisas não aconteciam por incapacidade dos governantes que os antecederam. De cara, esbarraram em uma realidade bem mais complexa. Há um fato que demonstra isso de forma cabal. Tão logo houve o anúncio final das eleições, Lula reuniu alguns de seus companheiros para comemorar em um hotel de São Paulo. Embaixo, a Avenida Paulista estava abarrotada de eleitores. Ali, no hotel, Lula fez seu primeiro pronunciamento como presidente. E foi quando anunciou que o programa Fome Zero seria a prioridade do seu governo. Sentado na primeira fila, aquele que seria o responsável pelo programa, José Graziano, "gelou". A idéia que ele apresentara a Lula era para a implantação de um programa de segurança alimentar experimental no primeiro momento. Uma experiência-piloto que iria se ampliando ao longo do tempo. O presidente acabara de resolver pular essa etapa experimental inicial e passar diretamente para a sua implementação ampla, sem que houvesse a necessária preparação estrutural para isso. Resultado: hoje, ninguém mais fala no Fome Zero. O programa foi readaptado e inserido em um pacote com várias outras ações sociais, algumas herdadas do governo Fernando Henrique. Ou seja: por achar que bastava querer fazer, o presidente matou no nascedouro o programa que elegera como prioridade política.

Jornalismo político

Ele também ignorou-se a força das elites políticas brasileiras. A forma como constituíram seus maus hábitos. Como alguns grupos relacionam-se com o poder político como se fosse propriedade sua. Como agem única e exclusivamente para si. Talvez por não ter se debruçado com cuidado sobre essa realidade, não soube o PT encontrar as brechas para dobrá-la. Não encontrou parceiros para estabelecer outra relação política. Não apresentou um plano claro de idéias e propostas para o país. Ansiosos pela perspectiva de se perpetuarem no poder, sucumbiram sem nem sequer tentar uma forma diferente de relação.

Na formação política brasileira, as elites saíram na frente. E nada foi feito para que as massas pudessem acelerar seu passo para alcançá-las. No início, o direito ao voto estava diretamente relacionado à renda. Mais tarde, essa barreira caiu, mas ainda deixando minorias à margem desse processo. O analfabeto só veio a ter direito de voto após a Constituição de 1988. Diante desse quadro, a chegada de um operário ao poder foi até mais rápida do que se poderia supor. O que esse operário e seu partido talvez não tenham conseguido compreender com clareza é o quanto havia de permissão das elites nesse processo.

Coronelismo moderno

Mal ou bem, por conta das distorções do nosso sistema político, o embate entre os interesses das elites e das massas brasileiras estará diariamente presente no Congresso Nacional. Com essa histórica prevalência dos primeiros sobre os segundos. É importante entender como os dois grupos se fazem representar no espectro político brasileiro. Aquela obrigação original da nossa formação política — o direito de voto dado apenas a quem tinha

Prática e conhecimento

renda — fez com que as elites conquistassem o domínio das principais forças partidárias. Os fantasmas dos coronéis do Império e da Velha República ainda estão presentes na maioria das legendas atuais.

A lógica da Velha República foi a da divisão de poder entre diversas forças regionais. Em cada estado, havia um Partido Republicano (Partido Republicano Paulista, Partido Republicano Mineiro, etc.). Ali, os líderes em cada estado exerciam com força o poder em um momento em que a economia brasileira ainda era essencialmente agrária. Os coronéis, os grandes proprietários de terra, exerciam seu poder de mando na hora da votação, o chamado voto de cabresto. Essa lógica foi rompida com a Revolução de 1930, porque, no jogo da Velha República, o poder nacional sempre pendia ou para paulistas ou para mineiros (a República do Café com Leite).

Quando os partidos se reorganizaram, após os quinze anos de ditadura de Getúlio Vargas, assumiram um caráter mais nacional. Mas a lógica anterior permaneceu viva. Os velhos coronéis organizaram-se especialmente no PSD. A industrialização do país levou ao surgimento de uma nova elite de empresários e profissionais liberais, que se abrigou também no PSD, mas especialmente na UDN. E, com a direção do próprio Getúlio, os trabalhadores organizados, realidade que surgiu também da industrialização, foram para o PTB. Eram, então, os três principais partidos da República a partir de 1945.

O golpe militar em 1964 provocou nova ruptura. Os políticos tiveram de se organizar em apenas dois partidos — o governista, Arena, e o oposicionista, MDB. Curioso é que, na volta do pluripartidarismo, a nova reorganização manteve resquícios da velha lógica. Os antigos coronéis viraram os caciques regionais. Hoje, o que restou do PMDB é uma confederação de caciques.

151

Jornalismo político

São fortes líderes regionais que conseguem manter um grande partido — ainda o maior do país em número de vereadores e prefeitos — apesar da absoluta falta de unidade ideológica ou programática. No PFL, há caciques regionais também — o mais forte deles é o senador Antônio Carlos Magalhães, da Bahia. Mas concorre contra o caciquismo a tentativa de torná-lo o grande representante da direita conservadora mais urbana, identificada com o pensamento neoliberal. E as idéias do velho PTB dividem-se entre o novo PTB (menos) e o PDT ainda impregnado com as teses de Leonel Brizola, o herdeiro do getulismo.

PT e PSDB

No novo espectro partidário, duas novidades surgiram após 1964. E foi nelas que os eleitores apostaram nas últimas eleições. O PSDB virou ancoradouro de pensadores de esquerda que iniciavam naqueles anos 1960 a sua vida política. Acadêmicos, que começavam a lançar as suas teses sobre o Brasil. Outros desses pensadores ancoraram no PT. Mas, aí, dentro de uma experiência nova, na qual o partido nasceu da própria experiência das classes trabalhadoras, e não da vanguarda intelectual que poderia liderá-la. Na verdade, os intelectuais petistas aderiram aos sindicalistas do ABC e à ala progressista da Igreja Católica para iniciar uma nova experiência.

Nossa tragédia é que nem PSDB nem PT conseguiram, porém, governar sem se livrar dos herdeiros das nossas estruturas polícias originais. Os velhos coronéis deram um jeito de estar presentes nos dois governos. E conseguiram forçar a manutenção do seu estilo, da sua prática de relação política, baseada no clientelismo, no paternalismo e no fisiologismo.

152

Prática e conhecimento

Para quem vai cobrir como jornalista a vida política brasileira, compreender essa lógica é importante. É por conta dela que se troca uma burocracia estatal sólida e estável por milhares de cargos comissionados de indicação política. É por conta dela que se deixa de lado a discussão de uma política orçamentária mais nacional, mais baseada no atendimento das grandes prioridades para reservar dinheiro para o atendimento de pequenas e inúteis emendas individuais. É por conta dela que os parlamentares agem como se fossem os donos da verba orçamentária que é destinada aos seus municípios. É por conta dela que o governo age como se fosse legítimo o parlamentar trocar apoio político pela aprovação das suas emendas. É por conta dela, enfim, que as nossas diferenças sociais não são resolvidas. Para que a elite política possa continuar exercendo seu poder junto às massas menos favorecidas. E para que essas massas menos favorecidas fiquem sempre dependentes e agradecidas a ela.

Parte 3 TÉCNICAS

Decifra-me ou te devoro: a entrevista política

HELENA CHAGAS

HELENA CHAGAS é formada pela Universidade de Brasília. Repórter desde 1984, participou da cobertura de fatos políticos da história recente como a redemocratização do país, a Assembléia Nacional Constituinte, a primeira eleição direta de um presidente da República depois do regime militar, o *impeachment*, as diversas CPIs que investigaram a corrupção nos três poderes, o Plano Real, as eleições de Fernando Henrique e Lula. Já trabalhou no *Jornal de Brasília*, *Diário da Manhã*, TV Senado, *O Estado de S. Paulo* e *O Globo*. É colunista política e diretora da Sucursal de Brasília do jornal *O Globo*.

Entrevistar é decifrar. Um fato, uma situação, uma pessoa. É descobrir, descortinar, trazer à luz o desconhecido, o inesperado, às vezes o intuído mas nunca revelado. No dia-a-dia da cobertura política, tentamos ir sempre além do chamado declaratório, buscar os fatos cotejando verdades diversas para enfim chegar à informação de interesse público. A entrevista é ferramenta essencial nessa busca. Pode trazer uma denúncia capaz de derrubar presidentes. Pode representar, por si só, o fato histórico, como aquela de José Américo de Almeida a Carlos Lacerda que colocou um ponto final à censura do Estado Novo, abrindo caminho para a mudança política. Ou a entrevista pode, simplesmente, provocar a sociedade a refletir melhor sobre si mesma. Em qualquer caso, a boa entrevista política terá colaborado de alguma forma para que o cidadão, mais informado, sinta-se habilitado a exercer seus direitos e fazer suas escolhas.

Não que seja fácil. O maior problema é que nem todo mundo quer ser decifrado. Menos ainda em política, atividade em que discurso e palavra servem de instrumento para a construção de imagens no jogo ilusório das aparências. No jornalismo político, o papel do entrevistador é tornar claro, expor, abrir ao público idéias, informações, fatos e intenções que, muitas vezes, um agen-

Jornalismo político

te político prefere omitir. E ele deve fazer isso sem se deixar devorar por essas ilusões e aparências.

A primeira regra básica do ofício de entrevistador, portanto, deve nascer da compreensão de que, por maiores que sejam as convergências, lealdades ou simpatias pessoais, jornalista e entrevistado estão de lados diferentes do balcão. Têm, em essência, objetivos divergentes. Um, obter informação de interesse da sociedade — e, unindo o útil ao agradável, matéria-prima para uma bela reportagem. Outro, vender o seu peixe — que, certas vezes, pode realmente ser muito bom, mas em outras estar deteriorado. Quem entrevista tem que cheirar e decidir se vai para a panela ou para o lixo. Mesmo na mais pacífica e cordial das entrevistas, naquela em que não se percebe nem sombra de conflito entre entrevistado-entrevistador e há entrosamento perfeito, isso deve ficar subjacente: nós aqui, eles lá.

Esclarecido esse ponto, sobretudo na cabeça de quem vai fazer a entrevista, temos que saber se falamos da mesma coisa. Em jornalismo, entrevista pode designar genericamente qualquer contato entre jornalista e fonte com o objetivo de se apurar uma informação para elaborar uma matéria. A rigor, você está entrevistando qualquer pessoa — do presidente da República ao menino de rua — se esta lhe conta algo que será transformado em notícia. Mas o conceito pode ser mais específico — há entrevistas e entrevistas.

Entrevista, que entrevista?

Pode ser entrevista coletiva, se a pessoa fala a um grupo de jornalistas. Exclusiva, se fala só para você, geralmente em uma ocasião marcada e organizada previamente. Existe também aquele

Decifra-me ou te devoro: a entrevista política

tipo de entrevista que poderíamos chamar de acidental, muito comum, aliás, na cobertura do Congresso e de outros territórios políticos. É aquela situação em que você não marcou nada antes e às vezes não está nem esperando, mas esbarra na fonte e sai notícia. Nesses casos, normalmente o sujeito já conhece o repórter (político nenhum faz revelações a quem nunca viu mais gordo), está com a informação fresquinha e resolve desová-la. Sorte sua se for para você. Esse tipo de conversa ocorre em um canto do plenário, no cafezinho, pegando uma carona para o aeroporto, no avião... Tecnicamente, não deixa de ser entrevista, já que você pergunta e ele responde.

No jargão jornalístico, porém, usamos mais o termo entrevista para nos referirmos à exclusiva, aquela que é planejada, pautada antes com a edição, preparada pelo profissional com alguma antecedência, quase sempre gravada e, normalmente, publicada na forma de pergunta e resposta, o chamado pingue-pongue. Mas pode também virar texto corrido, com o uso de frases do entrevistado entre aspas. Ou pode ser editada por tópicos, um formato prático, no qual podemos destacar os trechos mais importantes da conversa, geralmente por assunto. De qualquer forma, uma entrevista exclusiva costuma ser mais extensa do que matérias mais rotineiras, e tem sempre um destaque especial, seja pelo caráter de exclusividade, seja pela novidade do conteúdo. Na televisão e no rádio, é aquela entrevista mais produzida e demorada, às vezes anunciada com antecedência. Na TV, muitas vezes é feita com microfone de lapela ou em estúdio, longe do burburinho e das cenas de calçadas e portas de palácios e ministérios em que se mete o microfone no queixo do sujeito e seja o que Deus quiser.

Pede-se e marca-se previamente uma entrevista com o objetivo básico de se obter uma informação relevante e de interesse

Jornalismo político

público, um ponto de vista interessante ou polêmico, uma reflexão que dê sentido a um fato ou uma situação. Mas a entrevista exclusiva implica também dar um espaço a uma fonte para que ela dê o seu recado. O ponto de partida para isso é a avaliação, do jornalista ou do veículo de comunicação, de que o entrevistado irá agregar alguma coisa ao debate sobre determinado tema. Em tempos de crise do papel e devido ao alto custo dos minutos na mídia eletrônica, é preciso ter algo a dizer para se dar uma entrevista exclusiva — pelo menos em tese.

Nem todas as boas entrevistas exclusivas, porém, são iniciativas do jornalista ou do editor. Ocasionalmente, as fontes e suas assessorias também pautam. Às vezes, um político ou personalidade quer passar um recado ou divulgar uma informação que considera importante. Escolhe um jornalista que conheça, ou um veículo de grande audiência, prestígio ou circulação para que tenha o maior impacto possível. Um político paulista, por exemplo, quase sempre escolhe um grande jornal de São Paulo. Quando a intenção é passar um recado ao meio político ou às elites econômicas, por outro lado, costumam recorrer a um veículo impresso, jornal ou revista. Já quando se trata de chegar ao povão, a opção é a TV, de preferência no "Jornal Nacional", o noticiário de maior audiência no país.

Mas não cabe a nós, jornalistas, escolher quem, quando, onde e por que entrevistaremos? Sem dúvida. Essa mão-dupla, na qual o candidato a entrevistado manda dizer que está "disponível" para entrevistas porque tem uma informação importante a dar, deve, evidentemente, ser operada com muito critério e cuidado. A questão toda está sempre, em primeiro lugar, em avaliar se a informação é de fato relevante e se tem interesse. Segundo, qual é o objetivo ou intenção de quem a está oferecendo. Esse sujeito sempre terá interesses políticos, ocultos ou nem tanto, por trás da

162

Decifra-me ou te devoro: a entrevista política

entrevista. Se a informação for importante e verdadeira, deve ser dada. E o interesse de quem a passou deve ficar claro para você e para o leitor. Se, por outro lado, o jornalista achar que está sendo instrumento de manipulação alheia e não identificar, no conteúdo da entrevista, nada de interesse público, ou mesmo desconfiar da veracidade do que está sendo dito, deve pensar duas vezes e não publicar — nem levar ao ar.

(Agora já sei que vocês vão perguntar: dentro desse critério, é correto dar entrevistas de criminosos confessos ou de pessoas que desconfiamos estarem mentindo? Por exemplo: a *Folha de S. Paulo*, quando publicou as entrevistas em que Roberto Jefferson, acusado de corrupção nos Correios, denunciou a existência do mensalão, do caixa dois na base governista e de tráfico de influência em estatais e órgãos do governo. Ou as entrevistas de Delúbio Soares e Marcos Valério se defendendo do mesmo escândalo no "Jornal Nacional". Em minha opinião, os dois veículos agiram como deveriam, sobretudo porque não assumiram como verdade incontestável nada do que foi dito por esses personagens. Deixou-se tudo na boca deles, como se diz no nosso jargão. Jefferson juntou verdades e mentiras, mas boa parte do que disse acabou comprovado. Delúbio e Valério mentiram e foram devidamente desmoralizados poucos dias depois. Há ocasiões em que é preciso apresentar a informação — com nome, endereço e procedência — e deixar o leitor/telespectador avaliar.)

Essa situação em que uma entrevista importante nos é oferecida em um momento especial e nos rende um furo nada tem a ver com aquelas dezenas de "sugestões" de entrevistas que políticos e assessores rotineiramente mandam para jornais e outros veículos de comunicação por e-mail, fax, telefone. Às vezes, podem ter até algo a dizer, e por isso vale sempre ouvir o que propõem. Mas em 99,9% dos casos não vale a pena. Até porque quem

Jornalismo político

sai atirando para tudo que é lado é porque não tem nada assim tão importante.

Não há nenhuma Lei de Murphy aplicável diretamente ao jornalismo político, mas o fato é que, se é fácil demais, desconfie. Raramente a boa entrevista é a que cai do céu sobre sua cabeça. Exige esforço.

A receita é não ter receita, mas...

Entrevista é conversa, contato pessoal olho no olho entre entrevistado e entrevistador. Edgar Morin classifica a entrevista como "uma comunicação pessoal, realizada com um objetivo de informação". Como em qualquer comunicação ou relação pessoal, não existem receitas prontas para que funcione bem. Entrevistado e entrevistador muitas vezes estão se vendo pela primeira vez, em outras já se conhecem há anos. Em todos os casos, porém, o ato de entrevistar e dar entrevista passa pelo convencimento e por certa dose de confiança. Exige também sensibilidade, na medida em que não se consegue captar o pensamento do outro sem tentar entendê-lo como um todo. Acho mesmo que o ato da entrevista envolve uma espécie de sedução. Sempre no melhor dos sentidos. Ora é o jornalista que está no papel de quem seduz, convencendo o outro a falar e ir mais longe do que pretendia nas revelações. Ora é o entrevistado, que tem como objetivo último de sua entrevista seduzir aqueles a que a ela tiverem acesso, convencendo-os de suas idéias, do brilhantismo de suas reflexões e da veracidade de suas informações — enfim, vendendo aquele peixe. Só o que não vale, para o entrevistador seduzido pelo entrevistado, é ficar a tal ponto impressionado e boquiaberto com quem está falando que não consiga fazer as perguntas que deve.

Decifra-me ou te devoro. a entrevista política

Mas, se não há receita pronta nem técnicas infalíveis para se garantir uma boa entrevista, existem procedimentos básicos que podem ajudar muito. Por exemplo:

> Regra 1: Autenticidade e fidelidade — É a premissa na qual deve se basear qualquer entrevista. O entrevistado tem que ter certeza de que aquilo que está dizendo será fielmente reproduzido, sem erros ou distorções de sentido. E o leitor tem que saber que aquela entrevista que está lendo é autêntica, isto é, que o sujeito foi entrevistado e disse realmente aquilo.

Aí vem sempre aquela dúvida no pessoal da imprensa escrita: é bom gravar, ou o gravador inibe o entrevistado? Até certo ponto, acho que inibe, sim. Então, quando não se trata de entrevista pingue-pongue, raramente levo o gravador. A fonte fica mais à vontade para conversar, ainda que depois você vá reproduzir algumas de suas afirmações entre aspas. Quando a idéia é fazer uma entrevista grande, no formato pergunta e resposta, gravar é fundamental. Caso também de quando não se tem tanta confiança assim de que o entrevistado não negará tudo no dia seguinte, sobretudo em matérias de denúncia. Pessoalmente, revelo à fonte todas as vezes em que estou gravando uma conversa. Apesar das parafernálias modernas, como equipamentos para gravação ao telefone, gravadores-caneta, etc., não considero ético gravar uma pessoa sem que ela saiba disso, ainda que, legalmente, seja legítimo gravar todas as conversas das quais você participa. Acho que são raríssimos os casos em que nós, jornalistas, temos realmente necessidade de gravar alguém escondido. Só se justifica em uma apuração policial das mais sérias.

Jornalismo político

> Regra 2: Clareza e objetividade — Em qualquer entrevista, sobre qualquer assunto, com qualquer pessoa, o jornalista deve fazer perguntas claras, curtas e isentas. Na entrevista política, não pode passar a impressão nem de que está levantando a bola para o entrevistado, permitindo que ele fale apenas do que quer ou se desvie do assunto em questão, e nem de que está tentando induzi-lo a dizer qualquer coisa que não queira. A pergunta também não pode dar a oportunidade para que o entrevistado saia pela tangente e não responda nada.

Um exemplo: lá nos idos do governo Geisel, um grupo de jornalistas tentava falar com o general João Figueiredo após ele ter sido escolhido candidato de Ernesto Geisel para sucedê-lo na presidência da República. Ao chegar ao escritório de trabalho no Rio de Janeiro, ele foi abordado ao sair do automóvel: "General, por favor, duas palavrinhas para a imprensa." Sem hesitar, Figueiredo disse apenas: "Bom dia." Ao sair, virou-se para os jornalistas que ainda continuavam de plantão: "Mais duas palavrinhas para vocês: até logo." Se a pergunta tivesse sido mais objetiva, a resposta poderia ter rendido um bom *lead*.

Ainda sobre a difícil tarefa de perguntar bem, tomo emprestada observação de Luiz Garcia, no *Manual de redação e estilo do Globo*: "O repórter tem o dever de ser cortês, mas isso não proíbe que seja insistente até que toda a sua legítima curiosidade esteja satisfeita. As perguntas devem ter tom absolutamente isento: nada desmoraliza mais uma entrevista do que a impressão de que se está tentando levar o entrevistado a dizer isso ou aquilo."

> Regra 3: Preparação — É preciso estudar o assunto ou assuntos que serão abordados e conhecer o perfil do entrevistado. Disso depende o sucesso da entrevista. Ao mesmo tempo, é preciso incluir no roteiro aquelas perguntas que atendam à curiosidade do

leitor/ouvinte/telespectador. Você tem obrigação de conhecer o tema. Ele não.

Mas perguntar não ofende. Se por acaso algum assunto lhe escapou, ou o entrevistado está falando alguma coisa sobre a qual você não tem a menor noção, pergunte. E pergunte de novo. Sem nenhuma vergonha. Pecado maior do que parecer ignorante é levar a informação errada, ou incompleta, para o seu leitor.

> Regra 4: Quem é quem — Entrevista não é debate de idéias de igual para igual entre entrevistador e entrevistado. Lembre-se: quem está ali para falar é ele. Ainda que você discorde do que está sendo dito e tenha concepções diferentes a respeito do tema, abstenha-se de verbalizar suas opiniões. Utilize o que você sabe para questionar o entrevistado. E é bom lembrar que ele é o dono da entrevista até a publicação, ou edição para ir ao ar.

Mais uma vez, a história do balcão. Entrevistador pergunta e entrevistado responde. O jornalista deve perguntar tudo o que supostamente o leitor/ouvinte/telespectador desejaria saber, dentro do senso comum, da maneira mais inteligível e clara possível. Pode não ser, necessariamente, aquilo que pessoalmente ele gostaria de conversar com o entrevistado. Mas seu objetivo, ali, não é mostrar erudição, é obter informação. Nem todos os veículos adotam essa norma, mas é justo que, até a publicação ou a edição para ir ao ar, a entrevista exclusiva ainda pertença ao entrevistado. Ou seja, ele pode procurar novamente o jornalista para acrescentar alguma coisa, retificar outras.

> Regra 5: Sem inibições — É possível perguntar tudo, mas tudo mesmo, a um entrevistado. Até mesmo se ele roubou ou come-

Jornalismo político

teu qualquer outro delito. Mas com dois cuidados: o primeiro, educação; o segundo, que a pergunta seja pertinente, coerente com os objetivos da entrevista.

O marginal entrevistado na cadeia merece ser tratado pelo repórter com tanta civilidade quanto o banqueiro sentado no escritório da Avenida Paulista. No momento em que dão a entrevista, estão na mesma posição: entrevistado. Quanto à pertinência das questões: ainda que tudo possa ser perguntado, não adianta, por exemplo, tratar da vida sexual do entrevistado em uma matéria sobre reforma tributária para a editoria de Economia.

> Regra 6: Contexto — As condições em que foi feita a entrevista devem estar sempre claras para o leitor/ouvinte/telespectador. O local, o clima, as circunstâncias em que foi concedida a entrevista são informações que ajudam a compreender melhor quem é o entrevistado, quais são suas razões, como e por que se chegou a ele. É uma espécie de *making of* que ajuda o leitor/ouvinte/telespectador a compor melhor o quadro.

Vale citar o texto de abertura da entrevista do jornalista Paulo Patarra com Luiz Carlos Prestes, publicada em dezembro de 1968, na revista *Realidade*. O jornalista foi levado a um esconderijo do secretário-geral do PCB, que estava na clandestinidade e tinha inclusive se submetido a uma cirurgia plástica para mudar suas feições:

> O carro subiu uma ladeira e foi parando. O homem magro, de chapéu e cachecol, tinha ficado em silêncio as últimas duas ou três horas. Ele fumava muito, o que me permitiu observá-lo um pouco, enquanto acendia seus cigarros, que sempre me oferecia. Impossível ver-lhe o rosto — estávamos na parte de trás do

veículo, talvez uma perua Ford, inteiramente fechada, que tinha uma abertura, entre a cabine e o interior, coberta por uma cortina escura que deixava passar o ar, mas quase nenhuma claridade. Com o carro parado, o homem me disse apenas para fechar os olhos, ao mesmo tempo que — sem que eu esperasse — jogou a luz de uma lanterna no meu rosto. Obedeci, a luz era muito forte, enquanto ouvia abrirem a porta. "Via" tudo avermelhado, através das pálpebras fechadas e iluminadas pela lanterna. Meus cálculos estavam atrapalhados — poderia jurar que era dia, mas sentia que já anoitecera, ou — pelo menos — tínhamos entrado em uma garagem. Levantei-me do colchão e saí do carro amparado por alguém, andei uns vinte passos, subi três degraus, dei mais uns passos, uma porta se fechou atrás de mim. Aí, uma voz desconhecida avisou que eu podia abrir os olhos. A sala — uma sala de jantar comum, com mesa, quatro cadeiras e cristaleira — ligava-se a uma saleta, com um sofá e duas poltronas, mais uma estante de livros. O lugar era escuro, com duas janelas, protegidas por grossas cortinas. A única iluminação vinha da porta aberta da cozinha, que estava com a luz acesa. No sofá, bem no meio do sofá, havia alguém sentado. Quando olhei para lá, o homem do sofá ficou de pé — cerca de 1,65m, magro, rosto fino de traços pouco visíveis a uns quatro metros de distância. Ao meu lado, alguém que eu ainda não vira, corpulento e baixo, me disse com um leve sotaque nordestino, falando baixo e pausado: "Este é o camarada Prestes."

Regra 7: Muito cuidado com entrevistas em *off* — É preciso separar sempre, em qualquer ocasião, informação de opinião. Quando uma fonte dá informações *off the records*, não está dando entrevista. A informação pode ser checada e usada para se elaborar uma matéria, respeitando-se o anonimato da fonte. Opiniões e análises, porém, só em *on*, com assinatura embaixo, em entrevista.

Jornalismo político

A exceção à regra é a entrevista em que a identidade do entrevistado é mantida em sigilo por razões de segurança, mas o que ele tem a dizer é tão forte ou importante que se justifica o formato pergunta e resposta. Na TV, isso é muito comum. Em jornais e revistas às vezes ocorre também, quase sempre em reportagens relacionadas a crimes ou denúncias de corrupção. Nesse caso, a edição deixa claras as razões pelas quais o entrevistado não está sendo identificado — no jornal, usa-se nome fictício ou apenas as iniciais; na TV, protege-se a imagem e a voz de quem fala com recursos de vídeo e de som.

Fora esses casos, entrevista em *off* não se justifica. Uma armadilha muito comum para o repórter político é sair de uma conversa com um ministro ou autoridade qualquer com o bloquinho cheio de opiniões, mas tudo em *off*, ou seja, com a ressalva de que a fonte não pode ser identificada. Ainda assim, para não perder a viagem, muita gente escreve. Quem nunca viu, no meio do noticiário político, frases entre aspas, ou precedidas de travessão, opinando sobre algo ou alguém, atribuídas a "um líder governista", "um ministro", ou um "interlocutor do presidente"? Todo mundo já caiu nessa. Mas é preciso cuidado: se for informação, e da boa, não há por que não utilizá-la para construir uma matéria, sem necessidade de frases aspeadas, pois não se trata de entrevista. Já opinião, juízo de valor ou acusações contra terceiros têm que ser assumidos pelo autor. Se não for assim, explique à sua fonte que lamenta muito, mas não vai publicar nada.

Regra 8: Entrevista ao vivo precisa ter técnica, ritmo, objetividade — É preciso deixar o entrevistado relaxar antes de encaixar as perguntas mais difíceis. Evitar perguntas do tipo "o senhor acha isso ou aquilo", que dão alternativas para o entrevistado.

Decifra-me ou te devoro: a entrevista política

As perguntas devem ser secas, curtas e diretas. Ele que se vire para responder.

A entrevista ao vivo na televisão ou no rádio pode representar o grande momento de uma cobertura política. Ou então o grande fiasco. Tudo vai depender da habilidade do entrevistador. Uma das técnicas é não ir encostando o sujeito na parede com perguntas complicadas logo de início. Há um ritmo que deve ser obedecido, com começo, meio e fim. Não se deve também fazer perguntas longas, apresentando teses ou alternativas que levantem a bola para o entrevistado ou que o levem a responder simplesmente "concordo" ou "discordo".

Regra 9: Coletiva não é bagunça — Deve ser organizada, de preferência em um local em que todos possam sentar-se e fazer as perguntas em ordem. Nas entrevistas formais de chefes de Estado e de Governo e outras autoridades, o ideal é que a ordem das perguntas seja definida por sorteio. Mas não é obrigatório. Na Casa Branca, por exemplo, o presidente ou quem estiver dando o *briefing* costuma escolher quem vai fazer pergunta entre os jornalistas que levantam o braço.

O importante, em uma coletiva — momento em que fica nítida a competição entre profissionais e veículos —, é que todos tenham espaço para perguntar. Por isso, é importante estabelecer critérios, nem que sejam frutos de acordo entre os próprios profissionais presentes. Por exemplo: quem chegou primeiro, pergunta primeiro. Ou então faz-se um acordo entre profissionais de jornal, TV e rádio para que uns perguntem primeiro, outros gravem depois, ou vice-versa, para que ninguém seja prejudicado. Infelizmente, nem sempre jornalistas e fontes conseguem

171

Jornalismo político

chegar a tal grau de civilidade. Há coletivas em portas de palácios e ministérios, nos salões do Congresso e em outros locais em que a marca é o atropelo. Todo mundo de pé, cotoveladas para cá, câmeras para lá, gravadores e tripés voando. Certa vez, o então presidente da República, José Sarney, foi abalroado no queixo por um microfone. E não há um só jornalista na cobertura política de Brasília que nunca tenha levado pancada nessas ocasiões. Pior para todos.

A coletiva costuma ser desvalorizada pelos profissionais que correm em busca da notícia exclusiva, do furo. Trata-se de um engano. O bom profissional, bem informado, que vem acompanhando o assunto e se preparou para a entrevista, muitas vezes consegue captar ali a notícia ou a dica que os outros não perceberam. Sai, corre atrás, publica. É o chamado "furo de coletiva". O mais humilhante de todos.

Quando a entrevista é o fato político

O sonho de todo repórter político é fazer uma entrevista que tenha o impacto daquela de Carlos Lacerda com José Américo de Almeida, um marco na história do jornalismo político no país. Publicada no *Correio da Manhã* de 22 de fevereiro de 1945, e em *O Globo* do dia seguinte, a entrevista rompeu a censura à imprensa instaurada pelo DIP (Departamento de Imprensa e Propaganda) e teve repercussão tal que acelerou a derrubada da ditadura do Estado Novo, já abalada ao final da 2ª Guerra Mundial. Ex-ministro de Getúlio, com quem rompeu após a decretação do Estado Novo em 1937, o político e romancista José Américo usou sua autoridade moral para denunciar uma tentativa de Getúlio de perpetuar-se mais tempo no poder. Com toda a sua credibilidade,

Decifra-me ou te devoro: a entrevista política

soltou o verbo: "É preciso que alguém fale, e fale alto, e diga tudo, custe o que custar."

Não teve formato pingue-pongue e nem aquele distanciamento imposto pela escola da objetividade do jornalismo moderno essa que foi uma das entrevistas mais célebres de nossa história. O texto brilhante de Lacerda era opinativo, e entremeava afirmações de José Américo com observações próprias. Vale lembrar um trecho do repórter: "O senhor José Américo é uma força telúrica. Parece, realmente, um homem profundamente enraizado na terra. A sua emoção, hoje fortalecida pelo ostracismo e pela dignidade com que soube esperar, ressurge agora como força concentrada da longa meditação sobre os homens e os fatos do país. Não existe amargura, antes alegria, ainda que discreta, nas suas palavras. E ele se prepara, com indisfarçável orgulho, para enfrentar as conseqüências de suas atitudes, considerando necessário falar agora, nunca depois deste momento."

De lá para cá, a imprensa e os políticos mudaram muito. As leis da objetividade fariam um editor ou redator depenar o texto de Lacerda, excluindo adjetivos e impressões pessoais. Talvez tivessem também tentado enquadrar o próprio José Américo. Hoje, de fato, dificilmente escreveríamos a entrevista dessa forma para um dos atuais jornais. Vivemos outro momento histórico, cultural, social e político. Mas temos que convir que boa parte da força da entrevista de José Américo resulta também do engajamento de Lacerda, um ferrenho antigetulista. E assim ocorre com outros depoimentos que fizeram história.

Coincidência ou não, foi outra entrevista memorável o ponto de partida do retorno de Getúlio Vargas ao poder. Recolhido em São Borja, Vargas, que era senador, mas havia optado pelo silêncio da Fazenda dos Santos Reis, foi procurado pelo repórter

Jornalismo político

Samuel Wainer em março de 1949. Conversa vai, conversa vem, acabou anunciando ali a sua volta, "não como líder político, mas como líder de massas". Publicada em *O Jornal*, que teve sua vendagem multiplicada dos 9 mil exemplares diários para 180 mil, a entrevista turbinou, na prática, a candidatura de Getúlio à presidência contra o brigadeiro Eduardo Gomes. Ganhou a eleição e governou até 1954, quando suicidou-se.

O curioso dessa história é que Getúlio, que mais tarde tornar-se-ia amigo de Wainer a ponto de ajudá-lo a fundar a *Última Hora*, mal conhecia o repórter na ocasião. Vale destacar a graça do relato de Wainer sobre sua chegada à fazenda e o encontro com Getúlio:

> A sua primeira mensagem aos visitantes foi um bom copo de água gelada e o aviso de que não tardaria. Desejava apenas saber quem o procurava. Mandei-lhe um cartão e segundos depois o ex-ditador surgia à porta, bombachas e blusão gaúcho, forte e tostado do sol, muito mais saudável e ágil do que a última e, aliás, primeira vez que o vi no Senado, no Rio, em 1942. "Então, como vai o petróleo? Espero que não tenha vindo para me entrevistar", disse. "Não, senador, vim conceder-lhe uma entrevista. O que deseja saber?"

Os anos se passaram, mudaram os governos, os políticos, os jornais e o formato das entrevistas. A televisão entrou em cena, o marketing político também. Mas a entrevista certa no momento certo — que sempre é errado para alguns — continua a ser matéria-prima do fato político. Na história recente, basta lembrar a de Pedro Collor em maio de 1992 à *Veja* (Luís Costa Pinto, Mário Sérgio Conti, Tales Alvarenga e Paulo Moreira Leite) denunciando o esquema de corrupção montado por PC Farias no governo de seu irmão Fernando — que acabou apeado do poder por um *impeachment* no final daquele mesmo ano.

Quando Pedro Collor falou à *Veja*, denúncias de corrupção no governo já tinham aparecido na imprensa. O próprio presidente sabia, de antemão, que o irmão, com quem se desentendera por conta de negócios familiares, iria falar e tentou desqualificar o depoimento. Tratou de espalhar que Pedro andava psicologicamente perturbado. Daí a primeira e inusitada pergunta da entrevista: "O senhor se considera louco?", ao que, obviamente, o entrevistado respondeu que não. O depoimento subseqüente foi de tal modo forte que, a partir daí, o governo Collor acabou moralmente. E os fatos que se seguiram mostraram que Pedro não estava louco.

Na história recentíssima, outro exemplo de entrevista-bomba que deu origem a um grande escândalo foi a do deputado Roberto Jefferson a Renata Lo Prete, publicada na *Folha de S. Paulo* em junho de 2005. Acuado por denúncias de corrupção e desconfiado de que seria jogado ao mar pelo Palácio do Planalto, o presidente do PTB, partido da base governista, escolheu o momento de tornar público o rompimento e desviar as atenções com acusações mais pesadas ainda. Misturou verdades e mentiras, inventou o neologismo "mensalão". Mas o fato é que boa parte do que disse sobre um esquema de pagamento do PT a partidos aliados acabou comprovada mais tarde.

Quando a entrevista ajuda a entender a história

A entrevista política também é importante do ponto de vista histórico mesmo quando não faz revelações bombásticas. É um tipo de entrevista mais analítica, normalmente extensa, rica em

Jornalismo político

bastidores e revelações sobre determinados episódios ou períodos que nos permite melhor entendê-los. Acaba tornando-se documento de uma época quando personagens históricos como ex-presidentes e outros protagonistas de fatos decisivos resolvem falar e apresentar suas versões dos fatos, preencher lacunas, repor verdades — ou, pelo menos, as suas verdades. Nesses casos, quanto maior costuma ser o distanciamento temporal do personagem dos fatos narrados, mais fácil se obter franqueza e isenção. Ainda assim, é interessantíssimo, anos depois, ler relatos e impressões dados no calor dos acontecimentos.

É o caso de uma das primeiras entrevistas publicadas na imprensa brasileira. É de um magoado José Bonifácio de Andrada e Silva, o Patriarca da Independência, falando a *O Tamoyo*, em setembro de 1823, pouco antes de ser preso e mandado para o exílio, explicando sua recente demissão depois de desentendimentos com D. Pedro I. Um trecho:

> Vossa mercê bem sabe que eu tive a desgraça de ser o primeiro brasileiro a ser ministro de Estado: isto não podia passar pela goela dos europeus, e o que é pior, nem pela de muitos brasileiros. Ajunte a isso que fui também o primeiro que trovejei nas alturas da Paulicéia contra a perfídia das cortes portuguesas; o primeiro que preguei a Independência e a liberdade do Brasil (mas uma liberdade justa e sensata debaixo das formas tutelares da Monarquia Constitucional); e nisto estou firme ainda agora, exceto se a salvação e Independência do Brasil exigir imperiosamente o contrário, o que Deus não permita...

Uma distância de uns 180 anos separa José Bonifácio de Fernando Henrique Cardoso, mas o ex-presidente sociólogo não se furtou, a quinze dias do fim de seu segundo mandato, a dar extensa entrevista ao *Globo* contando bastidores de oito anos de poder. Como as brigas entre ministros, por exemplo: "No primeiro ano do primeiro mandato, chamei vários deles (ministros), todos meus amigos, e disse: 'Assim não dá!' Eles estavam todos se comendo!" Explicitou ainda o que considerava seus principais erros e acertos: "Abrir a economia é inexorável e eu abri pouco, quase nada. Qualquer iniciativa nesse sentido, o pessoal é contra." Tudo com pitadas de análise sociológica: "Se Lênin fosse vivo, ia pedir um canal de TV, em vez de fundar um partido político. Como regular uma sociedade que depende dos meios de comunicação?"

Quando o político vira gente

Entrevista política é assunto sério, mas não precisa ser chata, e nem limitada à pauta do Congresso ou à agenda do governo. Político não tem que falar só de política. Tem que falar de tudo, até para que seja melhor conhecido por aqueles que vão (ou não) votar nele. O lado humano do sujeito, bem como suas opiniões sobre assuntos diversos do dia-a-dia, costuma ser, aliás, assunto de grande interesse para o público. Por que não mostrar isso também?

As entrevistas da revista *Playboy* são um bom exemplo de que é possível misturar ingredientes diversos como sexo, política, religião, maconha, etc., e sair com um belo texto, de leitura gostosa e, melhor de tudo, fornecendo ao leitor uma enorme quantidade de informações sobre o entrevistado. Em tese, os políticos — que tentam sempre cultivar uma imagem mais certinha e distante da realidade — deveriam fugir desse tipo de desnudamento. Mas não é bem assim. A *Playboy* brasileira publi-

Jornalismo político

cou entrevistas interessantíssimas com boa parte dos personagens que hoje estão aí nos primeiros escalões. Sua principal característica: deixar o entrevistado à vontade em longas horas (às vezes até dias) de gravação, perguntar sobre tudo, tudo mesmo, e não desligar nunca o gravador.

São entrevistas em que há sempre um tom de descontração. Em 1979, por exemplo, a entrevista do sindicalista Luiz Inácio Lula da Silva, recém-saído de uma greve vitoriosa no ABC paulista, a Josué Machado mostrava até as brincadeiras do entrevistado com sua mulher, Marisa, em casa: em um dado momento, por exemplo, Lula disse a Marisa que iria posar nu para as fotos da *Playboy*. Em outro, declarou: "Fico satisfeito quando um empresário me chama de filho da puta. Ficaria chateado se dissesse que sou um cara maravilhoso..." Mais adiante, disse: "Não gosto de Caetano Veloso e de Gilberto Gil. Não é o tipo de música que me agrada. Eu não perco tempo ouvindo", enquanto confessava: "Quando solteiro, gostava de dançar, jogar pebolim, tomar minhas cachaças. Agora mudou. Nem isso dá para fazer. E quando tenho uma folga, quero dormir, a Marisa briga." O notável é que esses momentos de espontaneidade não destoaram do tom geral da entrevista, que não deixou de ser séria e politicamente importante, com comentários sobre a situação política, as greves e o desejo do sindicalista de criar um novo partido.

Referências bibliográficas

ALTMAN, Fábio (org.). *A arte da entrevista*. 2ª ed. São Paulo: Boitempo, 2004.
FOLHA DE S. PAULO. *Manual de redação*. 8ª ed. São Paulo: Publifolha, 2001.
FOLHA DE S. PAULO. *Entrevista de Roberto Jefferson*, 6/6/2005.

O GLOBO. *Manual de redação e estilo.* 29ª ed. São Paulo: Globo, 2005.

O GLOBO. *Caderno Especial sobre Governo Fernando Henrique Cardoso*, 15/12/2002.

PLAYBOY. *As 30 melhores entrevistas de Playboy [agosto 1975 — agosto 2005].* Luiz Rivoiro (org.). São Paulo: Abril, 2005.

REBOLATO, Mário L. *Técnicas de codificação em jornalismo: Redação, captação e edição no jornal diário.* 5ª ed. São Paulo: Ática, 2004.

O jornalismo e a "fonte" — Muito trabalho, bastante credibilidade e uma pitada de bom senso

Eliane Cantanhêde

Eliane Cantanhêde, carioca, formada em Jornalismo pela UnB em 1974, é colunista da *Folha de S. Paulo* e autora da coluna "Pensata" da *Folha Online*, nas quartas-feiras, além de comentarista de Política do telejornal "SBT Brasil", do SBT.

A jornalista norte-americana Judith Miller, do *The New York Times*, foi presa no dia 6 de julho de 2005 e ficou 85 dias no Centro de Detenção de Alexandria, próximo a Washington. Motivo: ela se recusou terminantemente a entregar a fonte que lhe confidenciara, *off the records*, que Valerie Plame, mulher do ex-diplomata Joseph Wilson, era agente da CIA (a agência de inteligência dos Estados Unidos).

Não cabe aqui reproduzir toda a história. O que importa, no contexto, é o fato de a repórter ter se submetido a quase três meses de prisão para não quebrar o compromisso de *off* com sua fonte. Esta é uma questão e um debate que interessa a todos os jornalistas do planeta.

Miller foi até o fim. Só saiu da prisão — que não é, certamente, um paraíso — depois que a própria fonte rompeu o *off* e admitiu publicamente ter sido autor da informação. Trata-se, nada mais, nada menos, de Lewis "Scooter" Libby, chefe de gabinete do vice-presidente Dick Cheney. Ele falou, a jornalista confirmou e se libertou.

Até esse ponto, Judith Miller foi uma espécie de heroína de jornalistas mundo afora, porque o *off* é um importante instrumento de trabalho, é o meio que anima autoridades, assessores,

Jornalismo político

secretárias e informantes em geral a passarem dicas e notícias que, do contrário, não passariam — por medo de represálias.

A história de Judith Miller, porém, não era tão simples. A identidade da agente da CIA só tinha sido vazada a jornalistas porque seu marido diplomata discordara radicalmente das avaliações da Casa Branca sobre o Iraque. O governo retaliou usando jornalistas para expor publicamente a mulher dele.

Desenvolvendo o roteiro de frente para trás, ficou claro que a ligação de Judith Miller com as suas fontes não era apenas de jornalista-autoridade, mas sim de cumplicidade em uma pretensa defesa de algo alardeado como "defesa da pátria".

Foi assim que Judith Miller ganhou o Prêmio Pulitzer em 2001: denunciando a existência de um pretenso arsenal de armas de destruição em massa no Iraque de Saddam Hussein. Ou seja, divulgando ao mundo um argumento decisivo para que o presidente George W. Bush invadisse o país alheio, sem prévia autorização do Conselho de Segurança das Nações Unidas. Mas, como se viu, e a História registra, era um argumento falso. Tão falso como as reportagens da premiada Miller. O regime iraquiano mal tinha armas. Quanto mais as sofisticadas armas de destruição em massa.

Endeusada por se recusar a abrir o *off*, Miller acabou sendo desmascarada por usar as fontes, e ser usada por elas, em prol de seu curioso patriotismo. Ao sair da cadeia, ela declarou que esperava voltar à redação para fazer o que sempre fizera: "Continuar cobrindo o que sempre cobri — as ameaças ao nosso país." Valia tudo nesse jogo, inclusive mentir — o que é o crime maior de um jornalista. A vontade dela, porém, não se cumpriu.

Aos 57 anos de idade, 28 deles no NYT, Miller acabou deixando o jornal em novembro de 2005, pouco depois de liberada da cadeia. Perplexos, os diretores do mais prestigiado diário do mundo saíram da posição de defesa incondicional de sua repórter para a de aceitar (ou induzir?) sua demissão. Foi o segundo caso de repercussão internacional contra o *Times* em pouco tempo. O outro foi o de Jayson Blair, o repórter que inventava reportagens, personagens, diálogos e situações. O mais escandaloso blefe conhecido de toda a história recente da imprensa.

Perto e longe da fonte

Nos EUA, na Europa, na Ásia, na África, na Oceania e, evidentemente, no Brasil, os jornalistas devem estar próximos o suficiente das fontes para ter informação e longe também o suficiente para não haver promiscuidade. Nem em nome do "patriotismo", nem em nome de coisa nenhuma. Pelo simples motivo de que os interesses são muito diferentes e, em geral, conflitantes. Fontes de governos, parlamentos, tribunais — ou seja, do poder — só querem divulgar o que lhes interessa, escondendo o que não interessa. Para os jornalistas, costuma ser justamente o contrário.

Esse conflito tem, digamos, regras. Regras nem sempre escritas, mas muito difundidas na prática e variáveis ao longo dos tempos, do amadurecimento das sociedades e da consolidação de processos democráticos. Uma das regras mais imutáveis, mesmo diante de todos esses processos, é a do *off* — prática tão fundamental ao bom jornalismo quando perigosíssima; instrumento, não raro, do pior jornalismo.

O *off* é como a própria democracia e o casamento: cheio de defeitos e de riscos, mas ainda não inventaram nada melhor! É por meio do *off* que nós, os jornalistas daqui e de alhures, descobrimos nossos melhores "furos", nossas melhores dicas, nossos melhores documentos. E, assim, informamos nossas sociedades.

Jornalismo político

Informação, como todos sabemos, é essencial nas democracias, ou para a conquista da democracia.

Mas alguns cuidados são indispensáveis para que o *off* seja a favor e não contra a boa informação. E eles repetem o bê-a-bá do jornalismo: quem (é a fonte), como (conta a história ou passa o documento), onde (no Executivo contra o Legislativo, por exemplo?) e por quê (com que interesse?). E o mais importante cuidado de todos: checar, checar e checar a informação em *off*. Com a fonte sabendo que mentir é imperdoável. Fonte que mente não merece perdão, e merece menos ainda respeito a um *off*. Já a fonte que passa uma informação verdadeira em *off* merece e precisa ser protegida.

As grandes "armadilhas" do *off* são:

1) quando a fonte se aproxima do jornalista, se insinua como portadora de grandes informações e notícias e acaba "chutando" — ou seja, falando mentiras — apenas para se mostrar importante e ser ouvida;

2) o político ou assessor tenta usar a proximidade com um ou mais jornalistas para divulgar versões prejudiciais ao seu adversário direto ou aos seus chefiados, sejam eles do governo ou da oposição. Foi o caso, por exemplo, do assessor do vice Dick Cheney, para prejudicar o ex-diplomata Joseph Wilson;

3) o "vazamento" combinado, que ocorre quando um governo, por exemplo, acerta internamente vender uma versão errada para a imprensa. Como se sabe, quando uma mentira é repetida uma, duas, dez, vinte vezes, acaba se tornando verdade. E o canal para isso, geralmente, são os jornalistas. Todo o cuidado é pouco, mesmo quando você tem anos de janela.

O jornalismo e a "fonte" — Muito trabalho, bastante credibilidade...

Para fugir das "armadilhas", é fundamental conhecer o passado da(s) fonte(s) e o jogo dela(s) na informação que está passando. E, evidentemente, fazer o que Judith Miller não fazia — manter distância não só das fontes, mas do jogo de poder.

Um político do PT passar uma informação em *off* contra um do PSDB, e vice-versa, é sinal amarelo na certa. E só não é sinal vermelho porque, na prática, eles podem efetivamente ter os dados corretos, a base real da informação. Então, voltamos ao dever-de-casa imprescindível: checar, checar e checar. De preferência, em território neutro. No caso de denúncias de desvios e de corrupção, por exemplo, o Ministério Público e as polícias. E investir tudo em documentos. *Offs* podem conter mentiras. Mas documentos não mentem — ou, vá lá, raramente mentem.

Outra fórmula, bem mais subjetiva, mas quase infalível para os jornalistas mais experientes: o passado condena. Fonte que mente uma vez vai mentir sempre. E todo mundo sabe. Em Brasília, o político que botou um repórter em uma fria uma vez cai "na boca do povo" — cai em desgraça no meio, vira "fonte-non-grata" de todas as redações. E o inverso também é verdadeiro. Fonte que já me deu boas dicas ou informações tem uma boa largada, tem credibilidade — ou mais credibilidade do que outras.

Em 1989, na primeira eleição direta para presidente depois de mais de duas décadas, o jornal *O Globo*, virava e mexia, dava manchete de domingo com os planos de governo do ex-presidente Jânio Quadros, que havia renunciado à Presidência em 1961 e tinha a pretensão de voltar. E eis que, em uma conversa sobre outras tantas coisas, descobri que Jânio, o candidato, tinha tido um derrame (tecnicamente, era um *minor stroke*) durante uma viagem à Turquia e estava se recuperando em Londres. O *Estado de S. Paulo*, onde eu trabalhava à época, deu uma chamada na capa, mas uma matéria envergonhada na editoria de Política.

187

Jornalismo político

E o que ocorreu? No dia seguinte, *Globo*, o *Jornal do Brasil* e, pasmem, o próprio *Estadão* desmentiram a informação na primeira página. E quem assinava o desmentido no *Estadão*? O editor de Política, José Nêumane Pinto. No dia seguinte, nova carga, desta vez do diretor da Redação, Augusto Nunes. Peguei minhas coisas e fui embora para casa. Lá, recebi um telefonema do Augusto, cheio de dedos, dizendo que era um desmentido, mas não era... e pedindo para eu voltar. Voltei e esperei o momento certo de cobrar.

Foi quando o Jânio morreu, alguns anos depois. Encontrei o Nêumane no Congresso e avisei a ele que o livro que ele escrevera sobre a sucessão de 1989, contando inclusive o episódio, precisaria ser urgentemente corrigido: "Ih, Nêumane, você vai ter de fazer uma errata! Porque tanto a informação era correta que o Jânio teve o segundo derrame, o terceiro derrame e morreu de derrame!"

Sabem por que eu estive todo o tempo tão certa da informação? Porque a fonte, mesmo em *off*, era segura: o senador José Agripino Maia (PFL-RN). Ele tem sido minha boa fonte, séria, bem-informada, confiável, desde as "Diretas Já", em 1984, quando uma dissidência do PDS votou contra o regime militar e a favor das diretas e se tornou o embrião do PFL, criado no ano seguinte. Além disso, havia a circunstância: o irmão do senador, embaixador Otto Maia, servia em Londres na época e não só soubera do primeiro derrame como ajudara o ex-presidente até a caminhar. Ele estava trôpego e com certa dificuldade de falar. O senador Agripino não me botara em uma fria. Aliás, em todos esses anos, jamais fez isso. Eu confio no *off* dele.

Como conquistar a confiança da boa fonte? "Eis a questão." Porque, desde que me conheço como jornalista, lá se vão umas três décadas, estamos todos sempre discutindo o que é válido e o que não é, o que é ético e o que não é, até onde você pode ou

O jornalismo e a "fonte" — Muito trabalho, bastante credibilidade...

deve ir para ter e manter uma boa fonte. Vale um troca-troca, desses "eu-te-conto-isso-e-você-me-trata-bem-na-sua-coluna"? Ou vamos ficar amiguinhos, freqüentar as casas uns dos outros, fazer uma viagenzinha àquela praia maravilhosa, quem sabe aceitar uma assessoriazinha por fora? "Ninguém precisa saber mesmo..." Bem, nem preciso dar as respostas. São evidentes. Criar uma boa relação com fonte não é fazer uma "aliança" ou um "acordo" com ela, com um governo, com um partido. Isso não é jornalismo, é política — como fazia Judith Miller, passando-se por jornalista.

Cada órgão de imprensa tem seus limites, uns mais elásticos, outros mais rígidos. Assim como os próprios jornalistas. Pessoalmente, não me considero nem melhor nem mais ética do que ninguém, mas que sou bem chatinha, não tenha dúvida. Aliás, ninguém tem muita dúvida. E sigo sempre um princípio: não faço palestras, não viajo, não marco encontros que possam ser questionados de alguma maneira, sem que meu jornal saiba. Em geral, previamente. Mais de uma vez, aliás, fui elegantemente "desaconselhada" pela direção de, por exemplo, participar de uma reunião ou fazer uma palestra. Na dúvida, melhor ficar a distância. Em outras vezes, nem cheguei a consultar. Achei óbvio que não convinha.

Como bom parâmetro, é bom sempre ter em mente que nós, jornalistas, não somos aliados, parceiros, compadres, adversários ou inimigos das fontes. Não estamos em campanha. Nem a favor, nem contra. Observamos, ouvimos, entendemos, transmitimos, tentando ouvir os lados envolvidos, dando todas as versões, evitando o envolvimento pessoal com grupos, partidos, pessoas, movimentos.

Na ditadura, era muito, muito, muito mais difícil. Como dizer que não havia torcida? Claro que havia torcida e lado. Como

189

Jornalismo político

não dizer que eram tempos de preto e branco, sim e não, bem e mal? Mas eram tempos excepcionais. Passaram. Hoje, a normalidade institucional exige a normalidade jornalística. E é possível, sim, exercê-la com maturidade, seriedade e dignidade. E, como tudo na vida, exige algo elementar: bom senso.

As fontes têm de respeitar os bons jornalistas porque são sérios e têm credibilidade, e os jornalistas têm de respeitar as boas fontes porque são sérias e têm credibilidade. Elas, as boas fontes, estão em toda a parte, e precisamos ir buscá-las. Em Brasília, estão no Palácio do Planalto, nos ministérios, nas estatais, no Congresso, no Supremo Tribunal Federal e nos demais tribunais superiores, nas embaixadas. E também nas instâncias do Distrito Federal, nos movimentos sociais, nas universidades, nas escolas, nas ruas.

O poder, que envolve do Planalto aos partidos, por exemplo, está sempre, de manhã, de tarde, de noite, cercado e perseguido por uma verdadeira multidão de repórteres, fotógrafos, cinegrafistas. Para eles, interessa o que a fonte diz. Para o repórter mais experiente, mais analítico, interessa também por que ele diz. E, para o repórter que é colunista de jornal ou revista ou comentarista de televisão e rádio, interessa sobretudo entender por que e para quem ele diz. Ou seja: o que está por trás da declaração, da notícia, do óbvio, do imediato.

É por isso, e para fugir ao cerco dos microfones e câmeras, que o jornalista de política está também nos jantares, almoços, reuniões e tenta marcar um café-da-manhã ou mesmo um cafezinho particular à tarde com as chamadas "fontes quentes". É aí, em uma conversa mais direta, com princípio, meio e fim, que o jornalista entende, ou tenta entender, processos, movimentos, alianças, rompimentos. Ou seja: para onde as coisas estão indo. Política não é ciência exata, é dialética.

O jornalismo e a "fonte" — Muito trabalho, bastante credibilidade...

Certa vez, lá por 1998 ou 1999, não vem ao caso, eu soube que o principal líder do MST (Movimento dos Trabalhadores Rurais Sem Terra), João Pedro Stédile, iria almoçar com a direção da *Folha de S. Paulo*, na sede do jornal, na capital paulista. Liguei para o *publisher* da *Folha*, Octávio Frias de Oliveira, que nós chamamos de Sr. Frias, e pedi para ir, porque o MST estava assumindo uma liderança entre os movimentos sociais e o Stédile era um personagem político em ascensão. Ele aceitou imediatamente, e fui.

Quando cheguei, alguns colegas já estavam conversando com o Stédile, que me recebeu assim, com uma agressividade jocosa:

— Ah! Então, você é a Eliane Cantanhêde, daquelas jornalistas famosas de Brasília que ficam jantando todos os dias com os políticos, com o poder?!

Minha resposta:

— Essa mesmo. Sou dessas que deixam de jantar com o marido, de ver as filhas, de ler um bom livro ou de ver um bom filme, para agüentar aqueles políticos chatos e escrever colunas bem informadas. Pra você ler no dia seguinte e poder traçar sua estratégia e suas táticas.

Ele parou, pensou e balançou afirmativamente a cabeça:

— É, é verdade. Você tem razão.

Rimos, nos cumprimentamos e até hoje temos uma relação respeitosa, até gentil, entre fonte e jornalista. De vez em quando, trocamos e-mails, telefonamos um para o outro, porque um tem informação para dar, e outro, para receber e transmitir. Simples.

É assim, conversando com governos, com a oposição, com a direita, com a esquerda, com o centro — até onde essas divisões ideológicas ainda persistem —, que nós, os jornalistas de política, tentamos saber o que aconteceu, o que está acontecendo e o que pode acontecer. Acertando, errando, mas sempre tentando acertar e fugir da tentação de deixar o coração puxar mais para

Jornalismo político

um lado. Coração e razão são dos seres humanos, não embrulhamos e lacramos em um cofre forte a ser aberto depois da aposentadoria. Mas é possível, sim, conviver com o *off* sem fazer o jogo sujo de quem quer que seja. Como é possível escrever sobre adversários e universos tão distintos como o MST e a UDR (União Democrática Ruralista) sem "aderir" a um ou a outro. Apenas entendendo o que cada um quer, faz e para onde vai.

Depende de caráter, boa-fé, maturidade pessoal e experiência profissional. Mas, além de tudo isso, os jornais têm cada vez mais filtros de qualidade e as próprias fontes estão sempre alertas para ler, identificar vieses e denunciar erros. E, mais do que tudo isso, existem os leitores, pautados pelo velho e bom lema: "O preço da democracia é a eterna vigilância."

Acima das fontes, da ideologia e das armadilhas ideológicas do coração de um repórter, ou de uma repórter, há um eterno senhor no jornalismo, que atravessa a história, emerge dos regimes mais fechados, sobrevive às mais surpreendentes modernidades tecnológicas e será sempre a mola do jornalismo — Sua Excelência, o fato.

É para esse senhor que trabalhamos tanto, procuramos tanto as fontes, sondamos tanto a curiosidade do leitor, telespectador ou ouvinte. E é ele, o fato, que move a análise, a crítica, o aplauso — a opinião, enfim. O que permeia a relação fonte-jornalista é a informação. Quanto mais for entendida, digerida, explicada e divulgada sem preconceitos e sem conivência ou segundas intenções, melhor para todos. Principalmente para o nosso país. E para o próprio mundo.

Precisão e correção no jornalismo político

VIVALDO DE SOUSA

VIVALDO DE SOUSA é jornalista e professor universitário. Trabalha atualmente como coordenador de economia da sucursal da *Folha de S. Paulo* em Brasília. Foi repórter da revista *IstoÉ* (São Paulo), do jornal *Folha de S. Paulo* (São Paulo e Brasília) e da revista *Veja* (Brasília). É mestre em Ciência Política pela Universidade de Brasília, com dissertação sobre coligações eleitorais no Brasil, e professor do Centro Universitário de Brasília (UniCEUB).

Após a divulgação, pelo empresário Sebastião Buani, em setembro de 2005, de que uma secretária do presidente da Câmara dos Deputados, Severino Cavalcanti (PP-PE), havia recebido um cheque de R$ 7.500, os jornais trouxeram várias versões sobre os próximos passos do deputado. O cheque seria a prova das denúncias feitas por Buani de que o parlamentar, quando ocupara o cargo de 1º secretário da Câmara, havia exigido o pagamento de propina para renovar a licença para o funcionamento do restaurante do empresário. Três versões eram as mais comuns nos veículos de comunicação sobre o que faria o deputado: 1) Severino pede licença médica e a presidência seria ocupada pelo vice-presidente, deputado José Thomaz Nono (PFL-BA); 2) Severino renuncia ao cargo de presidente da Câmara e ao de deputado federal para escapar da cassação dos seus direitos políticos, mantendo o direito de ser candidato nas eleições gerais de 2006 [decisão que acabou tomando em 21 de setembro de 2005]; 3) Severino fica no cargo e enfrenta a batalha no Conselho de Ética, onde os principais partidos de oposição entraram com uma representação contra ele.

As três versões foram apresentadas pelos jornais, revistas e demais meios de comunicação, algumas delas publicadas ao mes-

Jornalismo político

mo tempo. Se a precisão é um dos princípios básicos do jornalismo, por que essa disparidade de informações sobre o que faria Severino Cavalcanti? Resposta: cada possibilidade tinha relação com a fonte da informação. Esse exemplo é importante para mostrar que a precisão e a correção no texto de jornalismo político, assim como nas demais áreas, exige que os jornalistas não sejam meros reprodutores de frases. Haverá situações em que não será possível prever exatamente o que irá acontecer no cenário político. As ações e reações dos atores envolvidos nem sempre são previsíveis. Nesses casos, não há por que vender a certeza de uma informação que o repórter não tem. Apesar disso, é possível ser preciso e correto no relato jornalístico ao mostrar aos leitores que alternativas tem o político, quais as suas conseqüências, quais os interesses envolvidos, quem irá se beneficiar ou quem irá perder em cada uma das situações e como cada possível saída está sendo negociada.

Esse tipo de informação irá exigir conversa com o maior número possível de atores envolvidos e como cada um deles se posiciona em relação ao que está acontecendo. E aqui já podemos falar de uma regra básica para um texto mais preciso e mais correto: quanto maior o número de fontes ouvidas na apuração, maiores as possibilidades de uma informação de melhor qualidade. Mas não basta ouvir um grande número de pessoas, é fundamental que sejam políticos envolvidos nas negociações. As várias versões que apurar permitirá ao jornalista um texto mais próximo da verdade. Verdade que poderá, ao final, ser totalmente diferente daquelas discutidas inicialmente. No livro *Jornalismo político*, Franklin Martins lembra que: "Frases, afirmações e discursos não são o mais importante da cobertura jornalística. E não podem jamais substituir a apuração dos fatos. Mais vale um bom bastidor do que aconteceu em uma reunião fechada do que

196

uma declaração formal do porta-voz fora dela." Isso não significa, porém, que podemos deixar de usar as declarações corretas, as críticas políticas e as frases de efeito. Significa que devemos ir além disso.

A arena política

Ir além vai exigir do repórter conhecimento não só sobre a história política do Brasil, mas também noções de funcionamento do Congresso Nacional, local por excelência dos principais fatos políticos do país, e da estrutura de funcionamento dos demais poderes. A cobertura política não deve, porém, ficar restrita ao Legislativo. Os fatos políticos se dão na interação com os demais poderes, o Executivo e o Judiciário. Afinal, mais de 50% dos projetos aprovados a cada legislatura, nos últimos anos, foram a partir de uma iniciativa da Presidência da República, seja por meio de proposta de emenda constitucional, projeto de lei ou medida provisória. Ir além vai exigir um conhecimento da personalidade dos políticos, conversas com fontes que possam mostrar novos ângulos dos fatos políticos e também do conhecimento acumulado ao longo dos anos.

Conhecer as regras básicas de funcionamento do Legislativo, Executivo e Judiciário é importante para entender o jogo político e, dessa maneira, ter condições de explicá-lo para os leitores. Saber que a aprovação de uma emenda constitucional exige votação em dois turnos na Câmara e, depois, no Senado, além de um quórum maior (3/5 dos votos em votação nominal), pode ajudar a avaliar se o governo terá facilidade em aprovar sua proposta de alterar a Constituição. Tendo o objetivo de explicar os fatos políticos, o jornalista não pode e não deve se contentar

Jornalismo político

apenas com a primeira versão, nem mesmo quando ela é a oficial. Todos os fatos têm várias versões e todas contêm um fragmento da verdade. Cada político, ao repassar informações para os jornalistas, com certeza já terá feito uma avaliação preliminar de suas conseqüências. Não existe informação que venha de graça. Desconfie quando isso acontece.

O bom trabalho de cobertura política também exige uma leitura criteriosa dos jornais. Leitura não apenas dos fatos políticos, mas também do que acontece na área econômica, no mundo, na sociedade. Um bom desempenho na área econômica em ano eleitoral poderá, por exemplo, garantir o apoio de um número maior de partidos políticos a um presidente da República que queira tentar a reeleição. Saber como anda a liberação de verbas previstas no Orçamento Geral da União pode ajudar a compreender dificuldades momentâneas do governo com os deputados da base aliada. E acompanhar a liberação de verbas por meio do Siafi (sistema informatizado que registra as despesas do governo em tempo quase real) é hoje uma das atividades dos jornalistas que cobrem política em Brasília. O mundo político permeia tudo o que acontece na sociedade. Mesmo assuntos que parecem distantes, como a ampliação de recursos para educação, exigem uma autorização do Congresso Nacional. É o caso, por exemplo, do repasse feito pelo governo federal aos estados por meio do Fundef para o ensino fundamental.

Em muitos casos a cobertura política passa pelo acompanhamento dos trabalhos de CPIs (Comissões Parlamentares de Inquérito), as quais podem envolver acusações e suspeitas contra políticos. Nesses casos, a regra básica é a busca da prova. Prova que pode surgir dos documentos obtidos a partir da quebra de sigilo bancário, telefônico ou fiscal. Ou mesmo a partir de investigação feita pelos próprios jornalistas com base nas dicas e

Precisão e correção no jornalismo político

informações surgidas nos trabalhos das CPIs. Nesse sentido, algumas instituições podem ajudar, seja por meio de informação em *off* (sem identificação da fonte), ou de dados repassados às comissões após a quebra de sigilo. Entre essas instituições estão a Secretaria da Receita Federal, responsável pelos dados de Imposto de Renda; o Coaf (Conselho de Controle de Atividades Financeiras), que combate lavagem de dinheiro no país; e o Ministério Público.

A busca desses dados, por sua vez, tem como objetivo oferecer aos leitores informações que lhes permitam ser livres e independentes nas suas decisões (KOVACH e ROSENSTIEL, 2003). Nesse sentido, o jornalista tem como uma de suas primeiras tarefas checar se a informação que obteve é confiável para que possa repassá-la adiante de maneira clara e didática. A divulgação de informação errada ou falsa pode retirar dos veículos de comunicação um princípio fundamental: sua credibilidade. Mais do que confirmar a veracidade, é importante as suas conseqüências para o cenário político e mostrar como isso afeta a vida cotidiana das pessoas.

Não erre o nome da fonte

A precisão começa em coisas simples como não errar o nome do deputado ou senador com o qual conversamos, assim como identificar de maneira correta o seu partido e o estado por onde foi eleito. Ou mesmo saber que o STF (Supremo Tribunal Federal), composto por 11 ministros indicados pelo presidente da República e aprovados pelo Senado Federal, é o responsável por analisar atos que supostamente ferem a Constituição. Esse tipo de detalhe pode parecer bobagem, mas que garantia o leitor terá

Jornalismo político

nas informações transmitidas se o autor da reportagem não consegue acertar nem mesmo o nome da fonte ou confunde as funções do STF com as do STJ (Superior Tribunal de Justiça)? Desconfiança que, é importante ressaltar, não é somente do leitor, mas também das fontes. Como regra geral, nenhuma fonte gosta de ver o seu nome grafado de maneira errada ou que seja confundida com outra fonte. Também é fundamental que as declarações reproduzidas entre aspas sejam fiéis ao que falaram os entrevistados.

A simples reprodução correta das frases, porém, nem sempre ajuda o leitor a entender o que o político quis dizer. Severino Cavalcanti disse várias vezes que não iria renunciar. Em 2005, vários deputados federais beneficiados com recursos do suposto caixa dois do PT negaram envolvimento com o esquema articulado oficialmente por Delúbio Soares, ex-tesoureiro do partido, e o empresário Marcos Valério de Souza. Mas a verdade não demorou a aparecer. Para não depender do declaratório, procure contextualizar a informação, mostrar que interesses estão envolvidos no assunto em destaque e se a declaração foi feita de improviso ou já estava em um discurso preparado antecipadamente. Se o discurso foi preparado antecipadamente, seria interessante saber se foi redigido de próprio punho pelo político ou se foi feito por um assessor. Essa contextualização, por sua vez, poderá exigir do jornalista o conhecimento de fatos passados da história política do país. Conhecer a história do país, portanto, pode fazer a diferença entre apenas reproduzir o que foi dito e interpretar a fala do político.

"O repórter político não pode limitar a cobertura aos fatos que acontecem entre as quatro paredes do Congresso. Deve estar permanentemente atento às flutuações do estado de espírito da sociedade e às mudanças nos humores da opinião pública", diz Franklin

Martins (2005, página 53). Isso significa conversar, sempre que possível, com várias fontes, o que inclui outros deputados e senadores, além de governadores, prefeitos, cientistas políticos, sindicalistas, empresários e outras pessoas que possam ter informação. Isso permitirá ao jornalista antecipar, quando for o caso, o movimento dos políticos no sentido de atender algumas pressões da sociedade. Todos esses atores pressionam o Executivo, o Legislativo e o Judiciário a favor de suas demandas. Em outras palavras, fazem a defesa do seu *lobby*. E contar quais os interesses envolvidos em cada projeto, em cada medida provisória certamente irá contribuir para uma informação de maior qualidade.

Algumas das informações necessárias para mostrar esse jogo de interesses estão disponíveis para quem tiver disposição de pesquisá-las. A prestação de contas da maioria dos senadores e deputados eleitos, por exemplo, está disponível no TSE (Tribunal Superior Eleitoral). De posse dessas informações, os jornalistas podem verificar se propostas apresentadas pelos parlamentares beneficiam seus financiadores de campanha. As informações sobre os projetos apresentados, bem como demais dados sobre a atuação parlamentar dos senadores e deputados, podem ser encontradas na internet nos sites da Câmara dos Deputados, ou do Senado ou diretamente nas respectivas comissões. Nesses casos, é importante ainda falar com as pessoas envolvidas. Dar à parte acusada ou suspeita de algum ato irregular o direito de apresentar a sua defesa é um princípio básico do jornalismo. Pense ainda que a busca do "outro lado" pode render um material melhor que a simples versão de alguém que está sendo acusado de alguma irregularidade. Também estão disponíveis na Justiça Eleitoral as prestações de contas dos partidos com recursos do fundo partidário, dinheiro público distribuído aos partidos políticos de acordo com a sua representação no Congresso Nacional.

Jornalismo político

Outras informações que ajudam a entender os bastidores das negociações políticas também estão disponíveis no Diário Oficial da União. É o caso de nomeações para cargos de confiança em órgãos públicos, da demissão de indicados por aliados que não votaram com o governo ou da liberação de verbas para atender pleitos dos políticos aliados. Documentar a apuração dará mais credibilidade ao trabalho. Contar aos leitores como foi a apuração pode ajudar nesse processo. Essa transparência permite ao leitor avaliar o trabalho do jornalista. Vale aqui um exemplo: ao publicar, em 1997, uma série de reportagens sobre a compra de votos para garantir a aprovação da emenda da reeleição, no governo Fernando Henrique Cardoso, o jornalista Fernando Rodrigues, da *Folha de S. Paulo*, teve o cuidado de informar como foram feitas as gravações — mantendo sempre o cuidado de não identificar sua fonte, que foi chamada de Senhor X. Transparência nunca é demais.

Bastidores e *off*

Como já foi citado antes, a cobertura política não pode ser baseada apenas nas declarações. O problema é que são poucas as reuniões que podem ser presenciadas diretamente pelos jornalistas. Normalmente, o jornalista reconta as negociações a partir do relato de terceiros, participantes ou não dessas reuniões, e, muitas vezes, com o uso do *off* — instrumento essencial para obter as informações de bastidores. Informações necessárias para um relato mais próximo da verdade. Pode ser o relato de uma negociação envolvendo uma ajuda financeira para o apoio a determinada proposta ou candidato. Pode ser o relato sobre a liberação de verbas para atender o interesse de deputados e senadores da base aliada.

202

Pode ser o relato de como o presidente da República participou diretamente das negociações. Reproduzo a seguir cinco recomendações sobre o uso do *off* citadas por Franklin Martins (2005):

1. Não banalizá-lo. Significa que só pode ser usado em situações excepcionais. O ideal é que o jornalista identifique sempre as fontes de informação.
2. *Off* tem de ser expressamente pedido. Ou seja, deve ser claramente acertado com o entrevistado.
3. *Off* é para ser verificado. Ao cruzar a informação com outras fontes, o jornalista pode conseguir alguém que queira assumi-la.
4. *Off* só se aplica à informação. Não cabe ao repórter bancar a opinião de pessoas que querem se manter no anonimato.
5. Não existe anonimato para quem quer lançar acusações contra a honra de terceiro.

A apuração é, portanto, uma etapa fundamental para o bom texto político, assim como para esportes, educação, cultura e economia. Para que o repórter consiga chegar a uma boa apuração é importante trabalhar com algumas hipóteses no momento em que vai a campo em busca de informação. Se o Congresso Nacional é o principal foco da notícia, não basta o repórter simplesmente circular por lá. Caso o principal tema do dia sejam as negociações para a escolha do próximo presidente da Câmara dos Deputados, é fundamental ter algumas perguntas que possam ser respondidas ao final da apuração. Por exemplo: 1) O governo está participando das negociações?; 2) O que está sendo oferecido em troca do apoio do candidato C ao candidato A?; 3) As candidaturas lançadas serão levadas adiante ou têm apenas o objetivo de

Jornalismo político

aumentar o seu poder de barganha?; 4) Quem ganha e quem perde com os prováveis resultados?; 5) Qual a alternativa do governo ou da oposição no caso de derrota do seu candidato? São perguntas com objetivo de orientar o trabalho de cada repórter e que podem ser alteradas ou refeitas com base nas informações obtidas ao longo do dia. Com base nessas questões, o repórter terá mais facilidade em definir que fontes procurar. Elas permitem, ao mesmo tempo, que você não fique a reboque da agenda oficial. Não significa, porém, que devemos deixar de lado o inesperado, de conversar com uma fonte não prevista. É preciso acompanhar, portanto, o oficial, os discursos e as brigas que acontecem em plenário, além das reuniões feitas em segredo.

Nas conversas com as fontes da área política, o jornalista deve estar atento não só ao que as pessoas falam, mas também de que maneira a informação está sendo repassada. O tom da fala e as palavras escolhidas são informações importantes que podem ajudar o leitor a avaliar o que foi dito. Pense que as fontes, principalmente as políticas, costumam escolher com cuidado as palavras que serão utilizadas. Jornalista que acompanha política em Brasília (e em outras cidades) também não pode deixar de ler jornais e acompanhar, na medida do possível, o noticiário em tempo real. Imagine que o governo está prestes a definir que propostas pretende apoiar na área de reforma política e que, durante um almoço com uma fonte, você tenha a oportunidade de conversar com o coordenador político do governo. Se não souber o que está em discussão no governo, poderá ter perdido uma ótima oportunidade para conseguir uma informação. Pense em uma outra situação: você estava voltando de viagem a outro estado e, no vôo de volta a Brasília (ou de Brasília para outro local), acabou sentando ao lado do líder da oposição ou do governo. Sempre haverá uma oportunidade de apurar. Além de nos man-

Precisão e correção no jornalismo político

ter informados, uma boa leitura dos jornais pode identificar questões mal esclarecidas, novos personagens que podem ser procurados e também como o material produzido no dia anterior foi editado (se ganhou o alto da página, se o título está correto).

As dicas anteriores valem principalmente para as situações em que a fonte estiver disposta a falar. Mas o que fazer quando não há ninguém interessado em dar informações? E isso acontece com muita freqüência, principalmente quando a reportagem envolver denúncias de irregularidade ou uma situação que possa prejudicar a imagem do político. Algumas estratégias podem ser adotadas. Comece por procurar políticos que fazem oposição à fonte que está "fugindo" dos jornalistas. Mesmo que ela não tenha informação de imediato, poderá indicar alguém disposto a ajudar, indicar onde obter provas. Além disso, o jornalista pode tentar obter informações com amigos, parentes, empregados, ex-empregados ou pessoas que conviveram com o político envolvido na denúncia. Em último caso, sempre resta a opção de tentar novamente um contato direto. A conversa pessoal sempre é mais proveitosa que o contato por telefone ou por e-mail. Ver a expressão do entrevistado permite ao jornalista avaliar a qualidade da informação.

Eleições e sistema eleitoral

Como ocorrem eleições a cada dois anos no Brasil, os jornalistas que cobrem política, seja em Brasília ou nos estados, também precisam ter noções sobre o sistema eleitoral brasileiro e as regras eleitorais, que costumam ser alteradas um ano antes de cada pleito. Entender, por exemplo, que a distribuição de cadeiras conquistadas em uma eleição pela coligação nas eleições proporcio-

Jornalismo político

nais (deputado federal, deputado estadual e vereador) não tem nada a ver com os votos conquistados pelo partido para a coligação permite avaliar e entender as estratégias dos partidos. Como mostram diversos estudos, pequenos partidos optam pela coligação com partidos maiores para garantir uma boa votação para um ou dois nomes e, com isso, se beneficiar dos votos dados à coligação parar eleger seu candidato. Ou seja, não há necessariamente uma convergência ideológica e ou de programas de governo orientando as coligações eleitorais.

Além disso, outro instrumento muito útil em uma cobertura eleitoral são as pesquisas de opinião e de intenção de voto. As pesquisas podem ajudar a antecipar tendências e dar informações mais precisas e corretas sobre as chances de cada candidato. Há eleições a cada dois anos no país, seja para a escolha do presidente da República, governadores de estado, Congresso Nacional e Assembléias Estaduais, prefeitos e Câmaras dos Vereadores. E as pesquisas eleitorais podem tornar o trabalho do jornalista político mais objetivo, desde que não sejam tendenciosas. É importante, ao usar esse tipo de informação, saber a margem de erro da pesquisa, o número de entrevistas e a data do levantamento. A margem de erro pode indicar, ao analisar uma série maior de pesquisa, se os candidatos estão realmente trocando de posição ou variando dentro de um intervalo. Em uma pesquisa com margem de erro de três pontos percentuais em que o candidato João da Silva obteve 38% das intenções de votos e a candidata Maria de Sousa ficou com 35%, é possível afirmar que há um empate técnico. Isto é, João da Silva tem entre 35% e 41% das intenções de votos contra 32% a 38% de Maria de Sousa.

Quando há uma série de pesquisas ao longo do tempo, a comparação dos resultados poderá ajudar na elaboração do material a ser publicado, já que é possível mostrar a evolução dos candi-

Precisão e correção no jornalismo político

datos e, se houver, qual a tendência do eleitorado desde a primeira pesquisa. Das informações metodológicas, as mais importantes estão incluídas nos seguintes grupos: amostra, questionário e trabalho de campo. A amostra pode ser definida como uma micro-representação do universo a ser pesquisado. No caso das pesquisas eleitorais, a amostra tem como base o eleitorado brasileiro. Pode ser definida ainda como uma parte da população selecionada para extrair as informações que se deseja obter. Deve ser uma réplica em pequena escala de toda a população.

Quantas entrevistas foram realizadas durante a pesquisa e em quantos municípios foram feitas entrevistas. Tais informações permitem obter o tamanho da amostra, informação que deve depois constar no texto do jornalista, e dá uma idéia da distribuição dos entrevistados no país, no caso de uma pesquisa eleitoral. Uma pesquisa realizada sobre intenção de votos para a Presidência da República realizada nos estados das regiões Norte e Centro-Oeste não tem como indicar uma tendência para o eleitorado nacional, já que os maiores distritos eleitorais ficam nos estados da região Sudeste.

Como foi a formulação do questionário usado na pesquisa? Isso permitirá saber se a pergunta induz a algum tipo de resposta ou não. Perguntas fechadas ou abertas podem levar a um resultado diferente sobre o mesmo tema. Na pergunta "Qual o maior problema de um município, de um estado ou do Brasil?", o entrevistado poderá escolher entre algumas sugestões apresentadas (pesquisa fechada), com respostas estimuladas, ou apenas expressar sua posição (pesquisa aberta), com respostas espontâneas. Cada tipo de questionário levará a um resultado. Portanto, é importante saber que opções de respostas são mencionadas para o entrevistado, qual o grau de complexidade do enunciado das perguntas e qual a ordem das perguntas. Questões sobre preferência de candi-

Jornalismo político

dato precedidas de avaliação do governo podem induzir a uma resposta favorável ou desfavorável ao candidato identificado com o governo. A ordem das perguntas no questionário é, portanto, uma informação fundamental para entender os resultados de pesquisas usadas como fonte de material jornalístico. Outra informação útil é saber, no caso de resposta estimulada, se foi apresentado ao entrevistado algum tipo de cartão, disco ou modelo de cédula eleitoral com as opções de resposta.

Outra informação importante é sobre a data em que a pesquisa foi realizada. Isso permite avaliar seus resultados, sobretudo quando as perguntas dizem respeito a temas conjunturais, como eleições. Ao divulgar os resultados nos jornais ou na televisão, o jornalista deve registrar o dia de realização da pesquisa e não o de sua publicação. Caso considere importante, pode ainda ressaltar os fatos políticos que ocorreram após a coleta de dados e informar aos leitores que aquela pesquisa não captou seus efeitos. Saber, por exemplo, se uma pesquisa eleitoral foi feita antes ou depois do início do horário eleitoral gratuito pode ajudar o leitor a avaliar os resultados. Precisão e correção inclui ainda informar quem contratou e quem fez a pesquisa. Alguns partidos políticos encomendam pesquisas para orientar sua estratégia de campanha. Já as instituições financeiras contratam pesquisas com o objetivo de antecipar eventuais efeitos que a liderança do candidato A, B ou C pode ter sobre o mercado e, portanto, sobre o lucro das aplicações dos seus clientes. A legislação eleitoral determina que as pesquisas para divulgação devem ser registradas na Justiça Eleitoral nos anos em que ocorrem eleições. Essa regra visa garantir a credibilidade das pesquisas. A identificação do instituto responsável pela realização da pesquisa deve ser informada nos textos jornalísticos, já que é um dado adicional para o leitor.

Embora os dados de pesquisas eleitorais possam ajudar a indicar tendência de resultados, o jornalista tem de ter claro que os números são apenas mais um mecanismo auxiliar. Não devem substituir, portanto, o trabalho de apuração fora da redação.

Referências bibliográficas

ALMEIDA, Alberto Carlos. *Como são feitas as pesquisas eleitorais e de opinião.* Rio de Janeiro: Editora FGV, 2002.

KOVACH, Bill e ROSENSTIEL, Tom (orgs.). *Os elementos do jornalismo.* São Paulo: Geração Editorial, 2003.

KRAUSE, Silvana e SCHMITT, Rogério (orgs.). *Partidos e coligações eleitorais no Brasil.* São Paulo/Rio de Janeiro: Unesp/Fundação Konrad-Adenauer, 2005.

LOBATO, Elvira. *Instinto de repórter.* São Paulo: Publifolha, 2005.

MARTINS, Franklin. *Jornalismo político.* São Paulo: Contexto Editorial, 2005.

NOÇÕES DE DIREITO PARA JORNALISTAS — Tribunal Regional Federal, 3ª Região. São Paulo, SP, 2003.

SANTORO, Daniel. *Técnicas de investigación.* Colômbia: Fondo de Cultura Económica/Fundación por un Nuevo Periodismo, 2004.

VAZ, Lúcio. *A ética da malandragem.* São Paulo: Geração Editorial, 2005.

Colunismo: análise, opinião e ética

TEREZA CRUVINEL

TEREZA CRUVINEL, nascida em Minas Gerais, graduou-se em Jornalismo pela Universidade de Brasília, onde cursou também o Mestrado em Comunicação Social. Trabalhou no Instituto de Estudos Econômicos e Sociais — IPEA, no departamento de marketing da Gillette do Brasil e na agência de publicidade Publicitá. Como jornalista, foi repórter de política na TV Brasília, *Jornal de Brasília*, *Correio Braziliense*, *O Globo* e *Jornal do Brasil*. Há 20 anos escreve a coluna diária "Panorama Político" no jornal *O Globo*. É também comentarista de política da Globonews.

Flores democráticas

O jornalismo político brasileiro passou por importantes transformações nos últimos anos, notadamente a partir do fim da censura e da redemocratização. A plenitude da liberdade de imprensa, o fortalecimento do poder civil, a complexidade do sistema político e o surgimento de uma cidadania mais ativa passaram a exigir um novo padrão de cobertura política, com aumento da oferta e melhora da qualidade da informação política. A maior fiscalização do poder público, pela imprensa, pelo Ministério Público e pelo próprio Congresso fortaleceram seu gênero investigativo, atribuindo-lhe papel relevante no esforço coletivo para vigiar a destinação dos recursos públicos, combater a corrupção e toda forma de ilícitos políticos.

A nova sociedade civil, mais ciosa de seus direitos políticos, inclusive do direito à informação, criou demandas novas em relação à cobertura política. Passou a exigir não apenas mais e melhor informação mas também a informação complementar qualificada para a formação de sua própria opinião, sob a forma de análise, interpretação ou opinião política autorizada. Estes três últimos

Jornalismo político

produtos tomaram, com mais freqüência, a forma de colunas políticas, de conteúdos e formatos variados.

Este colunismo que se expande e se consolida como gênero a partir da década de 1990 é, assim, um resultado da inovação mas também da nova experiência democrática que vivemos. Ao tempo da ditadura, a existência e a proliferação das colunas foram contidas pelo controle do regime, pela razão óbvia de que poderiam oferecer informação mais crítica, análises questionadoras ou opiniões divergentes do pensamento autoritário.

Não se pode falar do colunismo político nesse período sem uma referência ao trabalho heróico e exemplar de Carlos Castello Branco, inicialmente no *Correio da Manhã* e depois no *Jornal do Brasil*, perfazendo um total de 30 anos de coluna diária. Castellinho, como era chamado, fez da arte de evitar ou driblar a censura seu próprio estilo, explorando com sutileza as entrelinhas e as figuras de linguagem para transmitir sua mensagem, em um trabalho denso e persistente que foi muito mais analítico/informativo do que opinativo.

A redemocratização recolocou a atividade política no centro das decisões nacionais, fortaleceu o Congresso, propiciou o surgimento de um amplo quadro partidário (que hoje consideramos amplo demais) e tornou mais complexa a tarefa de governar o país dentro das regras democráticas e de um sistema político eivado de irracionalidades. O próprio processo de transição já criara novas demandas para a cobertura política, que vão se acentuar com a Constituinte, o surgimento de novas instituições e o restabelecimento de um calendário eleitoral regular. A nova cidadania gerou um leitor e/ou consumidor geral de informação mais exigente, que já não se contenta apenas com a reportagem política convencional. O novo paradigma institucional e a nova cidadania criam as demandas que levam à oferta, pelos veículos,

214

Colunismo: análise, opinião e ética

deste novo jornalismo político que busca ser pluralista na oferta de informação, mas trata de enriquecê-la com análises, interpretações e opiniões sintonizadas com os fatos da agenda. A televisão e o rádio acabaram também seguindo os passos da imprensa escrita e contratando comentaristas e analistas para seus jornais eletrônicos, com o mesmo objetivo de oferecer um *plus* informativo a seus telespectadores e ouvintes. Tais comentaristas têm sido quase sempre originários da imprensa escrita, onde construíram reputação e credibilidade.

Embora tais produtos possam, como já dissemos, ocupar qualquer espaço físico dentro dos jornais impressos, eles farão das colunas seu espaço de excelência. Elas ocupam lugar e páginas fixos, facilitando a localização pelo leitor, e serão assinadas por nomes conhecidos e experientes. Algumas vão se diferenciar pela exclusividade das informações, quase sempre sob a forma de notas. Pode-se dizer que as desta família têm como referencial o velho "Informe JB", do *Jornal do Brasil*. As colunas sociais também irão evoluir da cobertura mundana para a abordagem de fatos diversos, que abarcarão também, mas não exclusivamente, o mundo político e seus personagens. As colunas eminentemente políticas também se multiplicam e irão se diferenciar entre as que as que oferecem informação e/ou interpretação analítica e as de natureza eminentemente opinativa. Todas, entretanto, são destinadas a oferecer elementos para a formação de opinião, o que mais tarde renderá a seus titulares o adjetivo um tanto superlativo de "formadores de opinião".

Diferenciar estas duas últimas práticas jornalísticas — análise/interpretação e opinião em política — e relacioná-las com as exigências éticas profissionais é o objetivo deste texto. Mas antes disso faremos algumas considerações de ordem geral sobre liberdade de imprensa e ética jornalística, para dentro delas situar os

Jornalismo político

dois gêneros, suas peculiaridades e as responsabilidades de quem os pratica.

Liberdade e responsabilidade de imprensa

A liberdade de imprensa, mais do que um privilégio ou uma garantia de classe aos jornalistas, deve ser compreendida como um direito coletivo e uma prerrogativa da cidadania. A emenda de Thomas Jefferson à Constituição norte-americana assegurando a livre manifestação de pensamento e a liberdade de imprensa foi concebida para funcionar como contrapeso à inviolabilidade dos mandatos dos congressistas. Se eles devem ser invioláveis por suas palavras e opiniões, aos que lhes conferem o mandato através do voto deve ser assegurado um direito compensatório, que lhes garanta o acesso à informação, o direito à crítica e à divergência. Do contrário, concebia Jefferson, o sistema democrático representativo estaria sujeito a um desequilíbrio de poder, a uma distorção concentradora em favor dos representantes e governantes e em detrimento dos representados e governados. A seu tempo, entretanto, a chamada imprensa livre era composta por um conjunto de panfletos, pasquins e jornais de produção rudimentar, que mesmo dentro destas limitações cumpriram o papel que lhes fora reservado, de exercer a contradição e funcionar como espaço de manifestação da cidadania.

O conjunto de transformações tecnológicas, econômicas e sociais ocorrido desde então alterou profundamente o panorama das comunicações no mundo e cá estamos, no limiar de um século baseado na difusão da informação e no grande poder da mídia, da qual a imprensa é um elemento importante. A imprensa é que pauta a mídia, determina suas tendências, estabelece con-

Colunismo: análise, opinião e ética

ceitos e valores. A tantas vezes anunciada morte dos jornais não aconteceu. Eles se adaptaram aos tempos e hoje são produzidos por grandes empresas atentas ao jogo de um mercado altamente seletivo. Muitos jornais morreram nas últimas décadas. Sobreviveram os que souberam enfrentar as mudanças econômicas e também as novas exigências da sociedade.

Houve de fato a concentração da informação em grandes empresas difusoras, surgiram as revistas semanais, as agências de notícias e hoje os portais de informação que operam em tempo real através da internet. Mas os jornais sobreviveram, preservaram seu papel e continuam sendo produzidos essencialmente por jornalistas, portadores do direito coletivo à plena liberdade de imprensa. Cabe-lhes porém exercê-la não como prerrogativa pessoal ou corporativa, mas como delegados da sociedade democrática que têm nela um de seus atributos. As prerrogativas da liberdade de imprensa incluem não apenas a liberdade de expressão, a ausência de qualquer forma de censura ou cerceamento, bem como o sigilo da fonte, o acesso às instituições e seus representantes em busca de informação, o direito de cobrá-la para ser coletivizada e mesmo alguma tolerância com eventuais excessos, como por exemplo em relação à violação de privacidade, desde que ocorra buscando informação de interesse público.

São estes pressupostos, diretamente relacionados com os direitos políticos, que asseguram ao jornalista seu lugar complexo e diferenciado na sociedade. Um lugar privilegiado, sem dúvida, mas sua ocupação acarreta severas obrigações e grande responsabilidade. Há uma singularidade no fato de que o jornalista é simultaneamente remunerado por um empregador privado mas está destinado a prestar um serviço público. Não tem a legitimidade derivada do sufrágio mas tem a responsabilidade de atuar como agente da sociedade, com a qual possui uma espécie de

Jornalismo político

contrato não formal, da qual recebe uma delegação tácita para que lhe garanta o acesso à informação enquanto direito inscrito na maior parte das constituições democráticas do mundo. Na Constituição brasileira, está claramente expresso no parágrafo XIV do artigo quinto: "É assegurado a todos o acesso à informação, e resguardado o sigilo da fonte quando necessário ao exercício da profissão."

Cabe em grande parte aos jornalistas e aos agentes da mídia em geral zelar por este direito coletivo que a lei maior assegura, seguindo um padrão de correção moral e profissional. Muitas vezes o jornalista se defrontará com interesses e pressões superiores ao seu poder decisório. Colidirá em outras com suas próprias tentações e inclinações. Nestas horas entra em cena o imperativo ético. Ética é um atributo de caráter exigível em qualquer circunstância da vida, em todas as relações e atividades humanas. As diferentes profissões adotam regras de conduta que atendem às suas especificidades, apontando sempre para a preponderância do direito do outro e do interesse público. Para os jornalistas não faltam códigos de ética, alguns adotados por empresas, outros aprovados pela própria categoria por meio de sindicatos ou organizações de classe. O mais importante, entretanto, é o que está inscrito no caráter e na consciência. Os códigos acabarão sendo apenas um elenco de normas se o próprio jornalista não tiver a compreensão clara de seu papel social e de suas responsabilidades; se não compreender sua atividade como prestação de serviço público mesmo trabalhando para uma empresa privada; se a sua consciência individual não lhe ditar os limites entre o dever profissional de servir à sociedade e seus interesses individuais, ainda que legítimos, como a busca de reconhecimento e de melhor remuneração.

Colunismo: análise, opinião e ética

Da competência, mas também do padrão ético, deriva a credibilidade de um profissional, o reconhecimento de suas qualidades por leitores, ouvintes ou telespectadores, o reconhecimento deste legitimador de seu contrato não formal com a sociedade. Perdida a credibilidade, não haverá bom texto, boa performance televisiva ou radiofônica que garanta a sobrevivência profissional de um jornalista. O mercado acabará por rejeitá-lo na medida em que ele não mais atenda às exigências do contrato social. As empresas jornalísticas têm seus interesses e buscam o lucro mas sabem que seu produto deixará de ser competitivo se o cliente, o cidadão que consome informação, perder a confiança em seu conteúdo. Perdida a credibilidade virá a perda de leitores ou de audiência e com isso a decadência, inclusive financeira, do veículo, com a redução de sua principal fonte de financiamento, que é a publicidade. Pressuposto fundamental de toda a atividade jornalística, a credibilidade é um atributo imprescindível aos colunistas e ao exercício da análise, da interpretação ou da emissão de opinião política.

Não que a informação política seja em si mais relevante que qualquer outra. O dever de bem informar vale tanto para o tempo e a temperatura como para a programação de cinema, a taxa de inflação ou a conduta de um partido ou parlamentar em uma votação no Parlamento. Mas existem circunstâncias que colocam o jornalismo político, e sobretudo aquele que envolve julgamentos subjetivos, sujeito a maior rigor ético e exigência de credibilidade.

Na democracia representativa, é a imprensa livre que encurta a distância entre os cidadãos e o poder, entre os representados e os representantes. É a imprensa livre que produz, enfim, a mediação entre o poder político e os cidadãos, fornecendo a estes últimos a informação, acompanhada de análise ou de opinião autorizada, que lhes dará elementos para a formação de sua própria opinião, e no conjunto, para a formação da chamada opi-

219

Jornalismo político

nião pública. A partir delas, representantes e governantes serão avaliados e julgados dentro do sistema democrático. Lidar com variáveis de tão grande impacto coletivo exige responsabilidade.

Na sociedade midiática a informação e a propaganda política são concorrentes, cabendo garantir ao cidadão, na medida do possível, a possibilidade de diferenciar entre uma coisa e outra. Zelando, sobretudo, para que as duas não se confundam nunca. Não por acaso, programas partidários e eleitorais buscam "imitar" a linguagem e o padrão jornalístico tentando exatamente produzir a confusão entre a propaganda e o doutrinarismo e a informação política propriamente dita. Para isso valem-se de entrevistas, supostos telejornais e reportagens para conferir maior poder de convencimento a suas mensagens. Nesta cacofonia de mensagens, o jornalismo político, e em particular aquele dedicado a analisar e interpretar o fato político, terá que se valer essencialmente da credibilidade de quem o pratica para assegurar o quanto possível aos leitores/cidadãos a confiança na informação que recebe, a certeza de que não existem nela interesses ocultos e tentativas de manipular sua vontade.

Mais recentemente, com a multiplicação dos meios de comunicação, partidos, governos e instituições políticas passaram também a dispor de veículos próprios, tais como jornais ou revistas, rádios ou emissoras de televisão. Tais veículos, mesmo tendo caráter informativo, são portadores de interesses políticos ou institucionais específicos, criando para a imprensa livre a necessidade de se distinguir deles pela independência.

Por outro lado, há circunstâncias da prática do jornalismo, e em particular daquele voltado para a análise e a opinião, que exigem atenção dos jornalistas e vigilância dos cidadãos cada vez mais zelosos pela qualidade da informação que recebem. Uma delas é representada pelos interesses políticos das empresas de co-

Colunismo: análise, opinião e ética

municação, objeto de debates sobre o crescente papel da mídia como agente político capaz de influenciar a opinião pública e com isso afetar o resultado de eleições, derrubar ou fortalecer governos, erigir ou desconstruir mitos políticos. A outra é representada pela subjetividade política do jornalista. Como sujeito social, ele também tem inclinações, ideologias ou crenças políticas e deverá zelar para que, em respeito ao outro, elas tenham a menor influência possível sobre o resultado de seu trabalho.

Outro aspecto muito discutido é a proximidade dos jornalistas políticos com o poder, o que sempre leva a questionamentos sobre a influência eventualmente danosa desta proximidade sobre a isenção e a independência. Os jornalistas de Brasília são particularmente cobrados sobre esta proximidade, que deve ser vista como uma necessidade profissional, ainda que carregada de riscos, não como uma escolha ou decorrente das vaidades ou do deslumbramento com o poder. Com alguma freqüência ouvimos, mesmo de colegas de outras praças, afirmações do tipo "vocês, que convivem tão bem com eles". Eles, os que ocupam o poder, os congressistas, os governos que se sucedem....

É preciso cuidado com esta abordagem. O jornalista não deve estar "junto" das fontes do poder, deve é ter acesso a elas. Para obter informações, sejam elas destinadas a sustentar uma reportagem da cobertura regular ou à produção de análises e interpretações, o jornalista precisa ter acesso a seus detentores, os que têm poder e influência política, estando no Governo ou na oposição. O acesso será sempre um atributo do jornalista em qualquer setor. Assim como um repórter policial precisa ter acesso ao delegado, jornalistas políticos precisam se relacionar com os poderosos. Acesso não é desvio, embora possa resultar nisso. Almoços, jantares e cafés-da-manhã com fontes são convencionais em Brasília, e decorrem da necessidade de se encontrar na agenda

221

Jornalismo político

das autoridades um espaço em que possam nos atender. Quando isso acontece, é dever do jornalista que solicita o encontro pagar a conta e encaminhá-la a seu empregador. Trata-se de buscar acesso à informação, não intimidade.

Tal acesso não deve nunca é ser mediado por preferências, do jornalista ou das fontes, mas da sujeição de ambos ao dever de informar. Tal obrigação deve ser exercida de forma impessoal, mas é natural que pesem neste relacionamento a credibilidade do jornalista e do veículo que representa e a relação de confiança estabelecida. O *off*, a informação com reserva da fonte, existe para garantir a difusão da informação para a sociedade mesmo quando a fonte não quer ou não pode se expor. Tal garantia constitucional existe "para" a sociedade, e não para proteger a fonte. Mas não havendo a relação de confiança, a convicção de que o anonimato será preservado e de que a informação será reproduzida com fidelidade, não haverá *off*, e o maior prejudicado pode ser o interesse público. Mas cabe ao jornalista observar se a fonte não está se escondendo atrás de um *off* para veicular informação falsa ou orientada por interesses secundários. Nestas horas, o que se deve perguntar é: a informação é de interesse público?

Este é o interesse fundamental que deve reger o relacionamento e estabelecer as fronteiras da proximidade, em detrimento de amizades, preferências ou identidades. Mas jornalistas são humanos, logo são falíveis. Estarão, porém, menos sujeitos a interferências de sua subjetividade na medida em que compreendam com clareza seu papel. Estudantes de Comunicação precisam compreendê-lo muito antes de uma opção definitiva pelo jornalismo. A sociedade também contribuirá para tal aprimoramento na medida em que compreenda a imprensa livre como um instrumento seu e passe a exercer sua vigilância também sobre a

Colunismo: análise, opinião e ética

imprensa. Pode ser desagradável, ocorrerão incompreensões e patrulhamentos, mas é saudável.

Vigilância da imprensa

A compreensão crescente do acesso à informação como direito coletivo e do papel da mídia como agente político tem produzido uma sociedade cada vez mais exigente em relação à qualidade da imprensa. A internet propiciou aos cidadãos instrumentos antes inexistentes ou limitados para exercer sua vigilância e emitir seu julgamento. Com a internet, as cartas de leitores ganharam velocidade e a seção se tornou um espaço importante nos jornais para a aferição da opinião dos leitores. Colunistas e articulistas são acessíveis, sujeitam-se à interação com os leitores, inclusive às suas críticas e questionamentos. Os *blogs* são outro fenômeno propiciador de uma inédita interação entre os jornalistas e seu público, embora devam merecer comentários negativos mais adiante pelo fato de estarem se desvirtuando como espaços de difusão da opinião privada sob a forma de jornalismo político. Mesmo as emissoras de rádio e de televisão mantêm sites e páginas que garantem algum tipo de acesso aos que compõem a audiência. Todos estes instrumentos vêm sendo crescentemente utilizados e aqui no Brasil foram muito usados ao longo da crise política de 2005.

Quanto mais ativa a cidadania de um país, maior será a exigência em relação à imprensa em geral e ao jornalismo em particular. Os leitores norte-americanos questionaram severamente o comportamento da imprensa no advento da Guerra do Iraque por ter ela praticamente endossado as justificativas do governo Bush para a invasão. Quando a falsidade da justificativa foi reve-

Jornalismo político

lada, viu-se que faltara à imprensa norte-americana, apesar de sua boa tradição de independência, um esforço de apuração e questionamento maior sobre a existência das tais armas de destruição em massa. Como atenuante, há quem aponte o traumatismo coletivo produzido pelo ataque terrorista de 11 de setembro, que teria levado também os meios de comunicação a uma exacerbação defensiva contra o terrorismo. Mas a origem de tudo está no fato de que, na fase de preparação da invasão, os grandes veículos cederam a pressões do Pentágono admitindo a censura prévia do material jornalístico. Instituíram o que ficou conhecido como *"script approval"*. Daí para a omissão de informações sobre baixas norte-americanas foi um passo. A imprensa controlada propiciou o ambiente em que aconteceram torturas e barbaridades como as da prisão de Abu Ghraib, finalmente mostradas pelo âncora Dan Rather no telejornal "60 Minutes", da CBS. A partir deste episódio a imprensa norte-americana mudaria radicalmente sua abordagem da guerra, recuperando sua boa tradição (já maculada pela repetição de casos de fraudes em jornais importantes), e a sociedade se tornaria extremamente crítica e vigilante. Os *blogs* independentes proliferaram como flores nesta época buscando oferecer alternativas de discussão e informação sobre a guerra. Ganhariam ainda novo impulso durante a campanha que levou à reeleição de Bush.

No Brasil, a crise política produzida pela descoberta, em 2005, da existência de um esquema de financiamento político montado por dirigentes do PT levantou muitas indagações sobre o fato de a imprensa não ter antes apontado qualquer indício do que acontecia. É de fato impressionante, para quem olha de fora, que durante mais de dois anos tais práticas tenham acontecido sem que a imprensa, sobretudo a que acompanha as atividades do Congresso, tenha se dado conta. Cabe uma autocrítica sim, ape-

Colunismo: análise, opinião e ética

sar do argumento corrente de que esquemas de corrupção só são descobertos quando denunciados por um participante contrariado, como foi o caso. Mas houve indícios de que algo estranho acontecia. Algumas bancadas cresceram como se tivessem recebido fermento. Políticos e partidos sem qualquer identidade programática ou ideológica com o Partido dos Trabalhadores tornaram-se aliados e defensores da agenda do Governo. Tais ocorrências, entretanto, ainda que registradas antes de o escândalo ser detonado, foram tomadas por nós, jornalistas, como sinais da continuada deterioração do sistema político e das relações institucionais, já tão marcadas pela incoerência partidária, o fisiologismo e o oportunismo.

Mas no momento seguinte a imprensa teve papel relevante no esforço para desvendar a rede de relações promíscuas e as práticas ilícitas que produziram a crise. O jornalismo investigativo deu novas demonstrações de vigor e a sociedade mostrou-se extremamente ciosa de seu direito à informação, utilizando intensamente todos os canais disponíveis para pressionar o Congresso e a própria imprensa. São sinais saudáveis de aprofundamento da experiência democrática e de defesa do direito à informação.

Política: informação, análise e opinião

O jornalismo político no Brasil já deixou para trás, felizmente, o tempo do proselitismo, a era em que os próprios jornais eram altamente partidarizados e pouca diferença havia entre notícia, análise e opinião, fosse ela do jornalista ou do veículo, esta última hoje claramente identificada nos editoriais. Tudo se mesclava e o objetivo não era essencialmente informar, mas convencer. Na década de 1950 os jornais eram muitos e todos tinham seu

Jornalismo político

viés partidário e político claramente identificado. Alguns sucumbiram às transformações econômicas, outros ao autoritarismo trazido pelo regime de 1964 e muitos outros à mudança de mentalidades. A maior urbanização da sociedade brasileira, o surgimento de uma classe média mais forte e a multiplicação do universo de leitores passou a exigir a produção de jornais pluralistas, não dirigidos, como seus ancestrais, a um público específico já identificado com suas posições e sua linha editorial. Até antes de 1964, tínhamos jornais que se identificavam como "trabalhistas", "udenistas" e outros "istas" derivados da identidade partidária.

Na sociedade pluralista e sobretudo mais democrática, os veículos foram obrigados, inclusive para alcançar universos maiores de leitores/consumidores, a oferecer conteúdo mais informativo e menos sectário. Passaram a depender cada vez mais da receita publicitária, o que também trouxe mais exigência de pluralismo para se valorizarem como mídia de grande alcance. A informação, e sua clara separação da opinião, passou assim a determinar inclusive a capacidade de sobrevivência de um veículo em um mercado altamente competitivo, que exigiu novos investimentos em tecnologia e gestão. Chegamos à era da credibilidade como atributo essencial.

A objetividade da informação e a cobertura factual qualificam o noticiário político, mas ele passa a exigir complementação. Em primeiro lugar porque a política é em si uma atividade complexa, dificilmente compreensível apenas pelo relato de suas ocorrências cotidianas. Nosso sistema político é particularmente complexo e cheio de irracionalidades. Temos um quadro partidário difuso, um processo legislativo sinuoso, um sistema eleitoral em que convivem o moderno e o arcaico. Um sistema dotado de urnas eletrônicas que lhe propiciam segurança e agilidade admiráveis, e regido

Colunismo: análise, opinião e ética

por regras ineficientes, quando não pela ausência delas, destacando-se a frouxidão das normas para o financiamento privado de campanhas, porta que freqüentemente se abre para a corrupção. Somos uma federação, mas a política regional perdeu qualquer autonomia em função da hipertrofia da União, sobretudo no aspecto fiscal. Interminável seria a lista das irracionalidades que dificultam a compreensão da vida política nacional e aumentam a demanda pela informação política qualificada.

O aprofundamento da experiência democrática também vem produzindo, como já dissemos, um leitor/consumidor de informação cada vez mais exigente, cada vez mais zeloso pelo seu direito de conhecer, formar sua opinião e decidir. Tal exigência cresce em relação a todos os aspectos da vida social, alcançando mesmo a informação de ordem econômica, apesar de seus meandros técnicos. O "economês", a linguagem dos técnicos incorporada pelos jornalistas econômicos, está em extinção nos veículos de comunicação. Crescem também de forma admirável as exigências em relação ao noticiário político, por mais reduzido que seja ainda o número dos que têm acesso a jornais e revistas, à internet e à TV a cabo, com sua programação mais elaborada.

O atendimento às demandas deste novo público impôs aos veículos, em um primeiro momento, a necessidade da despartidarização, por assim dizer, da valorização da informação e de sua separação da linha editorial. Em um segundo momento, surgiu a demanda por complementaridade da informação. Os leitores interessados em política passaram a não se contentar, por exemplo, apenas com a matéria sobre o resultado de uma votação no Parlamento. Passaram a se interessar também pelas causas, pelo comportamento dos principais agentes políticos e pelas conseqüências da conduta de seus representantes. Passaram a exigir, em resumo, mais análise e interpretação da notícia.

227

Jornalismo político

Embora estas respostas possam ser dadas no corpo do noticiário, sob a forma de "boxes" explicativos, matérias analíticas e mesmo de infográficos, passaram a ser oferecidas sobretudo por colunas políticas voltadas especificamente para a interpretação e a análise. Estas são quase sempre diárias e procuram a fina sintonia com o noticiário do dia. Aos fatos, acrescentam informações exclusivas sobre o que aconteceu nos bastidores, buscam identificar as razões e os interesses que mobilizaram os agentes políticos, apontam eventuais conflitos e possíveis falhas de articulação, sugerem os cenários mais prováveis para o desenvolvimento de uma determinada situação política, levando sempre em conta que do outro lado há um leitor já informado, mas interessado em compreender melhor o fato em questão para formar sua própria opinião. Análise e interpretação são, portanto, uma das faces do ato de informar, sujeitas inclusive a maior rigor ético porque envolvem a subjetividade do jornalista em sua avaliação e na seleção dos aspectos a destacar.

Uma boa análise política deve ser antes de tudo compreensível. Além disso, deve buscar a verdade dos fatos como base da avaliação e identificar o mais objetivamente possível as variáveis envolvidas. Fora destes parâmetros de honestidade profissional, qualquer fato político pode se prestar às mais diversas interpretações. Poderá resvalar do jornalismo para o doutrinarismo.

O trabalho do analista não é fácil. Quem lida com conflitos políticos jamais contentará a todos. O mais importante talvez seja exatamente a sua capacidade de contrariar a todos. Freqüentemente despertará reações de atores ou grupos políticos quando a avaliação produzida não lhes for favorável. Enfrentará suspeitas de estar se alinhando ora com A, ora com B. Deve ir em frente, disposto a demonstrar, com seu continuado trabalho, sua capacidade de dissecar o fato político como um anatomista. Como

228

Colunismo: análise, opinião e ética

cidadão, terá certamente suas convicções e crenças políticas; não está proibido de possuí-las. O que não pode é levá-las para o exercício de seu trabalho, sujeitá-lo à defesa delas, traindo seu compromisso maior, com o direito dos outros à boa informação analítica. Não deve, da mesma forma, sucumbir a pressões externas, inclusive as da própria opinião pública, que muitas vezes tentará sujeitá-lo a suas determinações. Isso pode lhe render uma popularidade momentânea mas não os frutos da credibilidade, que são de longa maturação.

Jornalismo de opinião é outra coisa. Seu lugar principal é o editorial dos veículos, onde seus controladores tomam posição em relação aos mais diferentes temas, sem que isso (idealmente) influencie o noticiário. Democrático é o veículo capaz de estampar na mesma edição notícias que contrariam a essência de seu editorial.

Mas há outro lugar para o jornalismo de opinião, que são os espaços reservados, sob a forma de colunas e artigos, a figuras da sociedade, jornalistas ou não, que por seu conhecimento, experiência ou respeitabilidade terão uma opinião autorizada sobre determinados assuntos. Se um sociólogo comenta o trabalho de um chefe gastronômico, ou vice-versa, estaremos diante de opinião privada publicada, não de jornalismo de opinião. Da mesma forma o jornalismo de opinião em política perderá autoridade se restringir-se ao proselitismo, condenatório ou louvatório. Opinião política pressupõe que seu emissor tenha conhecimento ou legitimidade que a tornem autorizada. Do contrário, estaremos diante de uma pobre combinação de voluntarismo com exibicionismo. E, infelizmente, isso acontece com freqüência mundo afora.

O desvio do jornalismo de opinião em publicação da opinião privada é um atentado ético. Significa permitir que um indiví-

229

Jornalismo político

duo, valendo-se apenas do poder de publicar sua opinião particular, tente influenciar o conjunto de seus cidadãos, afetando-lhes o direito à boa informação.

Esta opinião privada publicada visa essencialmente influenciar a opinião pública, que representa apenas uma parcela da sociedade, a sua parcela mais bem-informada, mais bem-educada e mais disposta à mobilização política. Sobre a opinião pública, vale a pena a transcrição do que diz o jornalista Franklin Martins em seu livro *Jornalismo político*: "Cuidado com a opinião pública. Trate-a com respeito mas não a reverencie como uma deusa. No fundo, ela não passa de uma velha senhora, volúvel, irrequieta e temperamental, um tanto quanto excêntrica e muito mandona. Tem bom coração e bons valores mas é um perigo com sua mania de simplificar as coisas e pronunciar verdades absolutas e definitivas sobre tudo."

Mas vem desta mesma senhora a prática louvável e recente da fiscalização da imprensa. Vale a mesma regra. É preciso respeitar a opinião pública mas não fazer jornalismo, de análise ou de opinião, buscando apenas contentá-la. Seria buscar uma parte dentro do todo, do conjunto da sociedade com a qual o jornalista tem compromisso.

Há duas "teorias" sobre a relação entre o jornalismo de opinião e a formação da opinião pública. Uma, a de que o jornalista expressaria uma soma de opiniões médias, funcionando como um espelho da sociedade, um intérprete de seus sentimentos e reações. É de difícil, se não impossível verificação, esta teoria, mesmo hoje, quando a internet propicia uma inédita e importante interação entre os jornalistas e seus leitores/ouvintes/telespectadores. Para que fosse imbuído desta prerrogativa mediúnica, que lhe permitiria interpretar e transmitir os sentimentos e opiniões difusas da sociedade, o jornalista teria que ser um cidadão espe-

230

Colunismo: análise, opinião e ética

cial, profundamente vinculado à vida coletiva, em permanente interação e sintonia com as mais diferentes camadas sociais. Sabemos que isso não ocorre. A teoria do espelho é apenas uma boa metáfora. Jornalistas não vivem em uma torre de marfim, mas nada lhes propicia esta capacidade de interpretar os sentimentos e impulsos sociais médios.

A partir da avaliação do jornalista Bob Fernandes, de que no máximo 12 jornalistas conduzem a opinião pública a respeito da política nacional no Brasil, o professor Venício Arthur Lima afirmou, em artigo no *Observatório da Imprensa*: "É verdade que alguns jornalistas acreditam nisso e confundem o inquestionável poder da mídia com o seu poder individual. Por isso, às vezes, se irritam quando constatam que suas opiniões privadas podem não coincidir com a opinião da maioria da população brasileira." Tentariam construir, a partir da teoria do espelho, a idéia de que são porta-vozes da opinião média nacional quando muitas vezes estariam produzindo apenas opinião particular publicada.

Uma outra formulação sobre a construção da opinião pública é a de que ela se de daria em um processo de cascata, a partir da mídia e dos formadores de opinião, sendo absorvida, reproduzida e mesmo modificada na medida em que se propaga pelos diferentes segmentos até alcançar a base da pirâmide social. Esta teoria, diz o professor Venício, contradiz a do jornalista como espelho da sociedade, pela qual seria apenas um refletor da média das opiniões. Seria ele, então, o irradiador. Diz ainda o professor aposentado do Departamento de Ciências Políticas da UnB:

> É interessante observar que, segundo o modelo "cascata", à medida que a opinião "desce" ela passaria por "contaminações horizontais" em cada um dos degraus, até alcançar a base da pirâmide. Dessa forma, a opinião dos jornalistas formadores de

Jornalismo político

opinião não poderia, em tese, ser idêntica à opinião percentualmente majoritária.

Há, portanto, perigoso risco de confusão entre público e privado no jornalismo político, e sobretudo nas atividades de análise e interpretação. Tais confusões, entretanto, só podem ser evitadas pelo profissionalismo, a credibilidade provada e continuada, e o rigor ético do profissional demonstrado ao longo de sua experiência.

Blogs: a opinião privada publicada

Os *blogs* que proliferam na internet, em todo o mundo, estão propiciando o perigoso fenômeno da confusão entre opinião privada divulgada e jornalismo de opinião. A pretexto de se diferenciarem dos veículos e do jornalismo convencional, põem no ar uma avalanche de opiniões construídas sobre o material apurado e publicado pelos grandes veículos, ao custo de investimento das empresas e trabalho dos jornalistas profissionais.

Os *blogs* vieram para ficar, são um espaço alternativo importante e alguns são feitos com grande profissionalismo, inclusive no Brasil. Mas quando eles apenas abrigam a estridência e o proselitismo políticos de seus patrocinadores, que nem sempre são jornalistas, trazem um desafio para o jornalismo profissional, inclusive o de opinião: o de provar que suas técnicas e seus valores éticos ainda são superiores; que há um valor intransferível na boa apuração da notícia e em sua interpretação a partir da boa técnica e da experiência. A chamada "blogosfera" se apropria de todo o material que foi checado, escrito ou editado, produzido e veiculado, pelo conjunto dos meios de comunicação (com cus-

232

Colunismo: análise, opinião e ética

tos para as empresas, inclusive). E a partir dele, produz o que não passa de opinião privada publicada, não raro distorcendo os fatos. E com a internet, esta opinião circula quase de graça. A estridência dos *blogs* ganha força sobretudo em momentos de grande dramaticidade, política ou não. Podem afagar a opinião pública quando ela está com os nervos sensíveis, mas podem vir também a representar, também, uma ameaça ao direito coletivo à boa informação. Contudo, como são uma novidade muito recente, há que se esperar a evolução do gênero para tirarmos conclusões mais definitivas.

Jornalistas e juízes: em busca do cidadão

JULIANO BASILE

JULIANO BASILE é repórter da sucursal de Brasília do jornal *Valor Econômico*. Formado em Direito pela Universidade de São Paulo, cobre desde 1997 o Poder Judiciário. Foi repórter da *Folha de S. Paulo* (em São Paulo) e da *Gazeta Mercantil* (em São Paulo e Brasília).

Há uma dificuldade dos juízes em compreender a atividade jornalística e dos jornalistas em entender o processo judicial. Esse estranhamento mútuo, mais do que atrapalhar a produção de notícias pelos jornalistas, ou a formulação de sentenças pelos juízes, prejudica, sobretudo, o cidadão. É ele o foco do trabalho dessas duas categorias de profissionais. O cidadão é o objetivo em comum para o qual trabalham.

Ambos, jornalistas e juízes, trabalham em atendimento ao público. Os juízes são servidores públicos por excelência. Aliás, constituem-se na mais bem remunerada categoria de servidores públicos.

Os jornalistas, por sua vez, trabalham, em grande parte, em empresas privadas. Mas, vale ressaltar, são empresas de fé pública. Os jornais informam o cidadão e, ao fazê-lo, prestam um serviço público.

O sentido do trabalho nas redações dos principais jornais do país é fornecer aos cidadãos as informações pelas quais eles podem tomar as decisões sobre os rumos de suas vidas. Seja essa informação uma mera prestação de serviço, uma denúncia contra o governo, uma nota sobre um buraco de rua ou uma ampla reportagem sobre desvio de dinheiro público. Em qual-

Jornalismo político

quer uma dessas hipóteses, é informação pública. E, para prestá-la, os jornalistas seguem um ritual que, de um lado, guarda muitas semelhanças com o procedimento dos juízes e, por outro, possui diferenças gritantes. E, talvez, dessas diferenças surge esse estranhamento entre essas duas categorias de profissionais que prejudica não somente o trabalho de ambos, mas o cidadão comum.

Primeiro, as semelhanças. Jornalistas e juízes devem ouvir as partes. É a obrigação número um de ambos. O jornalista tem como missão buscar, senão a verdade, a versão mais próxima da verdade. Para tanto, deve ouvir o maior número possível de pessoas envolvidas no fato que está apurando. A melhor matéria é aquela em que o jornalista ouve o maior número de fontes. São também essas as apurações que dão o sentido de dever cumprido ao jornalista. Ele conversou com tantas fontes que obteve um relato mais preciso sobre o fato. Ao fazê-lo, ele deu a oportunidade a todos os envolvidos para que se manifestassem e informou o público. Cumpriu um dever consigo mesmo, com as suas fontes e com o cidadão-leitor. Quando esse ritual é cumprido, a reportagem raramente é contestada. Mesmo que o leitor discorde da versão apresentada pelo jornalista, ele verá que todos os envolvidos puderam se manifestar. Ele compreenderá que o jornalista procurou garantir a todos o direito de se pronunciar sobre um fato que a eles envolve e interessa. E interessa, sobretudo, ao cidadão.

Já o juiz busca a verdade dos fatos para aplicá-la perante a lei. Nessa busca, o juiz deve ser cego ao mundo exterior aos autos. Ele abre prazos para que todos os envolvidos se manifestem por meio de seus advogados e nos autos do processo. A manifestação ao juiz é neste ponto muito mais formal do que aquela prestada ao jornalista. Isso gera uma incompreensão grande sobre a ativida-

Jornalistas e juízes: em busca do cidadão

de do juiz. Muitas vezes, esse excesso de formalismo provoca estranheza no público.

Todos sabem, por exemplo, que o ex-prefeito Paulo Maluf é formado em engenharia e, portanto, pode pedir cela especial se for preso. Quando Maluf foi preso, em setembro de 2005, seus advogados pediram o direito à cela especial. E o que aconteceu? A juíza negou o pedido porque os advogados enviaram uma cópia do diploma de Maluf sem autenticação. Todos sabem que Maluf é formado, menos a juíza? É claro que não. A juíza se apegou à formalidade do processo judicial. Isso ocorre diariamente e é função dos jornalistas explicar este excesso de formalismo. Agora, seria função dos juízes explicar tudo o que decidem aos jornalistas?

Há juízes e juízes. Cada cabeça é uma sentença. E há juízes que atendem aos jornalistas e juízes que só falam nos autos. No Supremo Tribunal Federal, o ministro Marco Aurélio figura no primeiro grupo. Está sempre disposto a conversar com jornalistas, a explicar as suas decisões e até a tecer comentários críticos sobre os casos em julgamento no STF. A postura do ministro Marco Aurélio — tão aberta a ponto de comentarem que se um lixeiro telefonar a sua casa, terá de pronto um pedido de entrevista atendido — facilita imensamente o trabalho dos jornalistas.

Mas, há ministros menos solícitos aos apelos da imprensa. O maior exemplo dessa corrente no STF foi o ministro Moreira Alves, que ficou por mais de 25 anos no tribunal e se gabava da "qualidade de não falar com a imprensa". Moreira Alves só falava nos autos. Não atendia a imprensa.

Não cabe aqui fazer um juízo de valor entre a postura mais ou menos aberta de um ou outro ministro do STF. Mas, uma coisa é certa: o juiz que não fala com a imprensa, ou, como os juízes

239

Jornalismo político

tradicionais preferem dizer, que só fala nos autos, está privando uma imensa parcela da população de tomar ciência de suas decisões. Está também na posição confortável de se alijar de eventuais críticas sobre os seus atos. Ele nada comentará e, com isso, dará menos vulto às suas decisões. Os jornalistas podem até criticá-lo e dizer que esse juiz está se escondendo "sob o manto da toga". Podem reclamar da perda de espaço para o debate nos seus jornais. No entanto, o mais prejudicado com essa situação é o cidadão.

O cidadão comum não lê o *Diário da Justiça*. Ele sabe das decisões judiciais por meio dos jornais, do rádio, da televisão e da internet. Quem lê o *Diário da Justiça* é o advogado do cidadão comum, se ele tiver dinheiro para pagar um. Logo, o juiz que remete as explicações de sua decisão à exclusividade dos autos está favorecendo a classe dos advogados e prejudicando não somente a classe dos jornalistas, mas os cidadãos como um todo.

E por que ainda há um grande número de juízes que só falam nos autos? Na verdade, esses juízes têm um grande incômodo com os jornalistas. De um lado, há um sujeito que, para decidir sobre a vida alheia, abre prazos, recebe documentos, faz audiências, lê pareceres, se prepara para uma sessão pública no tribunal, escuta a defesa oral de ambas as partes, ouve outros juízes, enfim, toma uma série de precauções previstas em lei. De outro, há um profissional que dá a sua sentença no "tribunal da opinião pública" ouvindo, às vezes, apenas uma fonte. Em outras, ouve apenas dois envolvidos na questão. E, em algumas dessas vezes, trabalha com fontes anônimas.

O juiz é praticamente incapaz de ouvir fontes anônimas. O jornalista conversa com anônimos todos os dias e muitas vezes fundamenta a sua notícia com base no *off*. A diferença é gritante. E, nos Estados Unidos, a incompreensão dos juízes com o *off*,

240

Jornalistas e juízes: em busca do cidadão

aliada ao abuso deste recurso por maus profissionais que simplesmente inventaram notícias, está levando a Justiça a obrigar jornalistas a "abrirem" as suas fontes.

Como pode o juiz compreender o *off*? Explico com base em um exemplo prático. Em meados de 2003, escrevi um artigo sobre uma reunião do presidente Lula com representantes da Ordem dos Advogados do Brasil, na qual ele deu toda a sua concepção sobre o Poder Judiciário. A idéia do presidente sobre a Justiça era a pior possível. Ele acreditava que o Judiciário era uma "caixa-preta", que esse Poder precisava de reformas urgentes e, no encontro, deu o perfil dos próximos ministros do STF. Escrevi uma reportagem sobre a concepção do presidente, mas não estive na reunião. Tive que usar fontes anônimas, pois nenhuma delas quis dar o seu nome para a reportagem. Na ocasião, usei três fontes diferentes que estiveram no encontro com Lula, como forma de contrapor as informações.

A reportagem era importante, pois revelava o pensamento do presidente sobre a Justiça. Mas, para muitos juízes, a matéria foi degradante à imagem da Justiça. Um juiz em particular não entendeu o fato de eu utilizar fontes anônimas e enviou um e-mail ao jornal pedindo uma série de informações adicionais sobre as condições em que eu havia produzido a reportagem. Quis saber quem havia me passado as informações sobre as falas do presidente? Quais os motivos que levavam Lula a preferir juízes mais velhos para o STF? E, por que, na época, Lula pretendia indicar uma mulher para o Supremo?

Esse juiz se indignou com a reportagem e não entendeu o procedimento jornalístico. Presos a um excesso de formalismo, que fazem questão de cumprir à risca, os juízes não entendem o uso de fontes anônimas. Também não entendem que, muitas vezes, os jornalistas não possuem a informação por completo. Há oca-

241

Jornalismo político

siões, e não são poucas, em que os jornalistas possuem a informação possível naquele momento. O jornalista sabe que Lula não quer juízes novos no STF, mas não dispõe da totalidade das razões do presidente porque não teve a possibilidade de contradizê-lo sobre isso. Simplesmente, ele não teve acesso ao presidente. E, nesse caso, vale a pena publicar, pois é uma informação pública. É importante para a população em geral — e, em específico, para os juízes — saber a concepção do presidente para indicar ministros para o STF, mesmo que ela não esteja formalizada, redigida na íntegra em um parecer ou algo parecido.

Os juízes têm para si o poder da abrangência das fontes. Podem requisitar informações antes de decidir. Eles têm a lei a seu favor neste ponto. E os jornalistas? É dever dos jornalistas usar o maior número de fontes possível. Mas, ele não tem o mesmo tempo dos juízes para tomar a sua decisão no "tribunal da opinião pública". Pelo contrário, o tempo do jornalista é absolutamente imediato. O tempo é um fator terrível de diferenciação entre jornalistas e juízes. A mídia "julga" no rito sumário. E o Judiciário julga no rito formal.

Aí, está outro foco de irritação do Judiciário com a imprensa. É o fato de, muitas vezes, o trabalho jornalístico, com sua agilidade, substituir a atividade dos juízes. A população, em muitos casos, acredita mais no poder imediatista da imprensa do que na eficácia de um lento processo judicial. Vivi essa situação, na prática, quando comecei a trabalhar como jornalista. Havia acabado de me formar em Direito e fazia um serviço de atendimento a leitores na *Folha de S. Paulo*. Recebia muitas queixas de consumidores contra empresas e, como o jornal não tinha espaço para publicar todas, eu tinha que selecionar algumas histórias para o jornal e indicar órgãos que prestavam serviço de atendimento aos consumidores junto à Justiça. Sempre que eu indicava um desses

Jornalistas e juízes: em busca do cidadão

serviços, o consumidor-leitor respondia que não queria saber de Procons ou de Juizados. Ele queria a *Folha* porque dizia que o jornal resolvia a situação de imediato, enquanto que os Procons e a Justiça demoravam muito. Confesso que fiquei bastante perplexo com a situação, pois, após anos de estudo de Direito, o que o cidadão queria não era a Justiça, mas o jornal. Era o jornal que resolveria a situação do cidadão de imediato.

A maior queixa contra a Justiça é o atraso. Uma das maiores queixas contra os jornalistas é a precipitação. O tempo da imprensa definitivamente não é o tempo da Justiça. O jornalista convive com a pressão pelo "furo de reportagem". Ele tem que noticiar os fatos antes de seus concorrentes. Os juízes não concorrem entre si pelo tempo de suas decisões, mas sim, pela qualidade das mesmas. E, na competição pela qualidade, podem ouvir as fontes, ler os pareceres, os memoriais, dar a si todo o tempo necessário para reflexão. Não que os juízes trabalhem menos, ou sob menos pressão do que os jornalistas. Com os processos na casa dos milhares por ano, os juízes vivem uma atividade intensa, rígida, dura e fatigante. Mas, isso não significa que a atuação dos jornalistas seja menos elaborada e menos importante.

Há juízes que se incomodam com o raciocínio simplista dos jornalistas. Eles não gostam da simplificação de seus atos. Reclamam ao ver suas decisões de páginas e mais páginas serem resumidas em poucas linhas no jornal do dia seguinte. O juiz deve usar um raciocínio abrangente, justificar cada ponto de sua decisão e, sobretudo, fundamentá-la. O jornalista usa muitas vezes um raciocínio simplista de modo a condensar o fato em poucas linhas.

Os jornalistas buscam o interesse do público com o seu trabalho. Eles dependem disso para sobreviver. Precisam achar os pontos mais interessantes no fato que estão cobrindo e saber

243

Jornalismo político

explicá-los para que um número maior de pessoas leia a reportagem que escreveram. Assim, atingirão um público maior, venderão mais jornal e cumprirão uma função empresarial. Serão mais lidos e cumprirão também a sua função pública de informar a população como um todo.

Os juízes não buscam atrair o público. A função deles é pública por excelência e se basta como pública por si. Não precisam atrair os cidadãos e, portanto, privilegiam o respeito à técnica, à formalidade, que se tornou intrínseca em suas decisões.

Já é famosa na internet a piada em que um professor de Direito pergunta a um de seus alunos como faria para entregar uma laranja a alguém. O aluno responde: "Simples, professor! Fulano, aqui está uma laranja para você." E o professor fica furioso: "Não! Não! Você deve pensar como profissional de Direito." E o aluno: "Ok! Me desculpe! Eu, RG, CPF, Endereço, Estado Civil, concedo a Fulano a propriedade plena e exclusiva, inclusive com benefícios futuros, títulos, obrigações e vantagens no que concerne à fruta denominada laranja, adquirida por meio deste ato, juntamente com casca, sumo, polpa e sementes para usufruto e referidas vantagens, podendo ser vendida, comercializada, ou cedida a terceiros pelo referido adquirente..." E o professor conclui: "Melhorou bastante. Mas, da próxima vez, não seja tão sucinto."

A linguagem jurídica dificulta o acesso da população ao Direito. Faz do Direito uma casta que poucas pessoas podem compreender. Por tabela, dificulta o trabalho do jornalista. Acaba por exigir maior especialização. O jornalista deve conhecer a linguagem do Direito para saber explicá-la ao grande público. Não é mais permitido ao jornalista cometer erros drásticos ao mundo do Direito como dizer que juízes dão pareceres. Juízes decidem; são os procuradores que dão pareceres. Mas, esses erros

Jornalistas e juízes: em busca do cidadão

são freqüentes na imprensa. Os juízes, por sua vez, devem estar dispostos a traduzir a sua linguagem, e a corrigir eventuais erros da imprensa para que o jornalista possa melhor cumprir com a sua função.

Chegamos aqui às diferenças entre juízes e jornalistas. O excesso de formalismo do Judiciário não está presente na imprensa. Faz parte da cultura jurídica a ação extremamente regrada, justificada em demasia. Enquanto no jornalismo, a regra é a simplificação.

Os jornalistas não têm regras para receber informações. Ela pode chegar por meio de carta, e-mail, telefonema, encontro, ou mesmo a partir de um boato. Um bom juiz jamais consideraria um boato como fonte de informação. Um bom jornalista também. Mas, por outro lado, o jornalista deve estar atento, sim, aos boatos. É possível que a partir de um boato, o jornalista construa um bom trabalho de apuração e chegue a uma informação importante para o público. Se vários deputados dizem que um ministro de Estado desvia dinheiro público, vale checar. Pode haver uma boa história por trás dessa informação ventilada.

Os jornalistas privilegiam a informalidade. Devem ser acessíveis ao máximo, e não eruditos. Mas, por outro lado, isso não exime os jornalistas de deixarem de lado a objetividade e o cumprimento de procedimentos éticos em sua atuação. Talvez, esteja aí a grande crítica dos juízes aos jornalistas. A falta de objetividade e a nebulosidade quanto aos seus procedimentos de apuração e de formação de suas conclusões. Os juízes não gostam de ver os jornalistas como julgadores sociais. Essa função é dos juízes e eles devem segui-la à risca, com o cumprimento de todos os procedimentos formais. O pré-julgamento da imprensa tem sido punido com rigor pela Justiça. O Brasil vive uma fase de proliferação de ações por danos morais. O caso da Escola-Base vem rendendo

245

Jornalismo político

sucessivas indenizações dos mais importantes órgãos da imprensa. A TV Globo, a *Folha*, o *Estadão* estão entre os condenados a indenizar os antigos donos da Escola.

Os juízes avaliam o trabalho dos jornalistas e vice-versa. Juízes questionam o imediatismo da mídia. E os jornalistas servem de eco da sociedade para exigir decisões judiciais no tempo mais ágil possível. Os juízes contestam a ausência de procedimentos formais no trabalho jornalístico. E os jornalistas criticam as idiossincrasias dos procedimentos judiciais. Jornalistas denunciam suspeitas de corrupção na Justiça. E a Justiça, age como contrapoder ao jornalismo?

Sim, e essa atuação de juízes como contrapoder à imprensa vem crescendo de forma avassaladora. Nos últimos anos, além da proliferação das condenações por dano moral (muitas vezes, justa, diga-se de passagem, como no caso Escola-Base), a Justiça iniciou uma nova tendência de atuação perante o jornalismo. Muitos juízes suspendem o trabalho de reportagem, antes mesmo da publicação. Eles acreditam que todas as fontes envolvidas em uma determinada questão não foram ouvidas e proíbem os jornalistas de escreverem sobre o assunto. Este tipo de decisão, a "censura-prévia", tem sido cada vez mais comum. Os juízes que não entendem os procedimentos adotados pelos jornalistas querem proibi-los de agir. É como se dissessem que só aceitam o trabalho dos jornalistas se for feito com o mínimo de parcimônia exigido deles mesmos na sua atividade de julgar. Há inclusive a proibição até para citar a sentença de "censura-prévia" no jornal. E mesmo a de o jornal criticar a decisão de "censura-prévia". Ou seja, o jornal não pode publicar a reportagem porque o juiz entendeu que ele não ouviu as partes como deveria e também não pode comentar o fato, nem criticar o juiz. O jornal deve ficar totalmente calado.

Jornalistas e juízes: em busca do cidadão

O conflito entre imprensa e Justiça parece que chegou, neste ponto, ao auge. No fundo, são juízes chamando jornalistas de irresponsáveis e jornalistas chamando juízes de censores. Nem um nem outro gostaria de ser conhecido por esses adjetivos.

Atualmente, juízes e jornalistas convivem com propostas de controle de suas funções. Os juízes viram, em 2005, a criação de um órgão de controle interno, o Conselho Nacional de Justiça. Os jornais afastaram a criação de um Conselho Federal de Jornalistas por entender que não é necessária a regulação de sua atividade. Pelo menos, nos moldes propostos pelo governo do presidente Lula.

Juízes e jornalistas respondem mal às críticas. Os jornalistas se arvoram no princípio da liberdade de imprensa sempre que são questionados sobre a possibilidade de maior regulamentação de seus atos ou de críticas à sua atividade de reportagem diária. Os juízes não admitem críticas, salvo em casos de extrema cordialidade. No máximo, recursos às suas decisões.

O fato é que o poder que ambos exercem é muito grande. E poderes em excesso exigem mecanismos de freios e contrapesos. O problema é como fazer este sistema de freios e contrapesos funcionar em uma sociedade que queremos o mais democrática possível?

É preciso convencer os juízes de que não há democracia sem comunicação. E que a comunicação de massa permite a uma camada ampla da população refletir sobre as decisões do Judiciário. E que essa reflexão não é uma revisão dos atos do Judiciário, não é um recurso contra o juiz. É uma discussão absolutamente democrática, pela qual os cidadãos irão compreender melhor a atividade dos juízes.

Jornalismo político

E, do lado dos jornalistas, é preciso reconhecer que a atividade absolutamente voraz de buscar notícias e mais notícias todos os dias, com a pressão pelo "furo" e a competitividade exigida por empresas privadas, deve ser exercida para atender ao público de acordo com os procedimentos éticos da profissão. O imediatismo não pode substituir a checagem. O dever de interpretar os fatos não pode servir como desculpa para o exercício indevido do pré-julgamento.

Somente dessa forma, com a compreensão de que jornalistas e juízes cumprem uma função pública, que não disputam espaço na sociedade, mas sim, concorrem para melhorá-la, é que poderemos encerrar esse longo período de desconfiança e estranhamento mútuo. E partir, enfim, para cumprir o objetivo comum de ambos: servir ao público da melhor maneira possível.

Referências bibliográficas

ABRAMO, Cláudio. *A regra do jogo*. São Paulo: Companhia das Letras, 1993.

BENETTI, Sidnei Agostinho. *Da conduta do juiz*. São Paulo: Saraiva, 1997.

BUCCI, Eugênio. *Sobre ética e imprensa*. São Paulo: Companhia das Letras, 2000.

BRETON, Philippe e PROULX, Serge. *Sociologia da comunicação*. São Paulo: Edições Loyola, 2002.

BRIGGS, Asa e BURKE, Peter. *A história social da mídia — De Gutenberg à internet*. Rio de Janeiro: Jorge Zahar, 2004.

CANCLINI, Nestor Garcia. *Consumidores e cidadãos: conflitos multiculturais na globalização*. Rio de janeiro: Editora da UFRJ, 1995.

MORAES, Dênis de (org.). *Por uma outra comunicação*. Rio de Janeiro: Record, 2003.

KARAM, Francisco. *Ética jornalística e interesse público*. São Paulo: Summus, 2004.

KOVACH, Bill e ROSENSTHIEL, Tom. *Os elementos de jornalismo*. São Paulo: Geração Editorial, 2003.

MARCONDES FILHO, Ciro. *Comunicação & sociedade: a saga dos cães perdidos*. São Paulo: Hacker, 2002.

THOMPSON, John B. *A mídia e a modernidade: uma teoria social da mídia*. Petrópolis: Vozes, 1998.

WOLTON, Dominique. *Pensar a comunicação*. Brasília: Editora UnB, 2004.

Sites consultados

Consultor Jurídico — www.conjur.com.br

Observatório da Imprensa — www.observatoriodaimprensa.com.br

Jornalismo investigativo

WLADIMIR GRAMACHO

WLADIMIR GRAMACHO nasceu em São Paulo e graduou-se em jornalismo pela Universidade de Brasília em 1994. Entre 1993 e 2002, trabalhou como jornalista na *Agência Brasil*, no *Correio Braziliense* e nas sucursais de Brasília da *Gazeta Mercantil*, do *Jornal do Brasil*, da revista *IstoÉ* e da *Folha de S. Paulo*. Em 2000, recebeu o Grande Prêmio Folha de Jornalismo e o Prêmio de Jornalismo do XVI Congresso Brasileiro de Contabilidade. Em 2002 e 2003, foi coordenador e professor de Jornalismo Econômico em cursos de extensão da Universidade de Brasília. Entre janeiro e setembro de 2003, foi assessor especial de Comunicação do Ministério da Previdência Social. Mestre em Ciência Política pela Universidade de Brasília, iniciou em outubro de 2003 doutorado em Ciência Política na Universidade de Salamanca (Espanha).

Washington-D.C., junho de 1972. Os repórteres Bob Woodward e Carl Bernstein começam a publicar no jornal *Washington Post* uma série de notícias sobre a prisão de cinco pessoas que haviam invadido o comitê eleitoral democrata no Hotel Watergate. As reportagens provocaram a renúncia do então presidente norte-americano Richard Nixon. A saga da dupla de jovens jornalistas também conquistou o Prêmio Pulitzer de 1973, virou livro em *All the president's men* e filme (de mesmo nome) interpretado por Robert Redford e Dustin Hoffman.

A série marcou a origem do jornalismo investigativo na história recente da profissão. O dia-a-dia do repórter investigativo, porém, raras vezes está cercado pelo mesmo *glamour* e êxito experimentado por Woodward e Bernstein. O objetivo deste texto é aproximar os estudantes de Jornalismo — e demais interessados no tema — à prática do jornalismo investigativo no Brasil. A primeira seção pretende discutir brevemente o conceito de jornalismo investigativo e sua utilidade no Brasil. A seção seguinte dará uma visão panorâmica da prática de reportagem nesse campo profissional. Sempre que possível, serão indicados exemplos reais do uso de um ou outro recurso. Os exemplos serão reportagens do autor — e não de outros jornalistas —, pela simples ra-

Jornalismo político

zão de que nestes casos os bastidores da apuração são conhecidos. Por fim, uma pequena reflexão sobre a ética na prática do jornalismo investigativo encerra este ensaio.

O conceito

Uma definição de jornalismo muito habitual nas redações brasileiras diz que "jornalismo é tudo o que se publica que alguém quer esconder — o resto é propaganda". Entretanto, a realidade do jornalismo diário no país mostra que páginas e páginas (ou minutos e minutos) são ocupados por declarações de autoridades e personalidades e informações sobre suas agendas de trabalho. Quem selecionar ao acaso uma página de jornal lerá essencialmente coisas que ninguém queria esconder — mas nem por isso deve-se acusar grande parte da imprensa de propagandista.

Há quem diga que jornalismo investigativo é um pleonasmo. Ou seja: jornalismo que é jornalismo tem que ser investigativo e ponto. Fosse assim, toda prática jornalística deveria, em si, ser investigativa. Uma entrevista coletiva concedida por uma autoridade pública, por um empresário ou por um artista não deveria ser publicada sem uma checagem adicional sobre os interesses do personagem em fazer suas declarações, sem entrevistas complementares com outros atores possivelmente envolvidos na questão, enfim, sem um esforço por construir um contexto para aquelas frases normalmente premeditadas e divulgadas simultaneamente para diferentes meios de comunicação.

Se a investigação deveria ser a alma do jornalismo — fosse qual fosse o seu sufixo (político, econômico, etc.) —, o fato é que com redações cada vez mais enxutas e profissionais cada vez mais

254

Jornalismo investigativo

sobrecarregados, o jornalismo diário no Brasil vem sendo gradativamente reduzido a um relato nu e cru das declarações e dos fatos que aconteceram no dia anterior. O jornalismo brasileiro praticado por jornais, rádios e televisões é essencialmente uma história do ontem.

Nesse contexto, faz sentido, sim, falar em jornalismo investigativo. Há pautas que extrapolam a jornada de trabalho de um repórter em um dia comum. Algumas precisam de dois ou mais profissionais com dedicação exclusiva a um tema durante dias, semanas ou até meses. Como se verá nas páginas seguintes, esse trabalho é significativamente diferente do jornalismo diário e justifica o uso da expressão jornalismo investigativo.

O crescente interesse e relevância desse ramo da profissão no Brasil levou um grupo de jornalistas investigativos e editores ligados à área a criar em 2003 a Associação Brasileira de Jornalismo Investigativo (www.abraji.org.br). A entidade tem o apoio do Centro Knight de Jornalismo nas Américas, da Universidade do Texas, que é dirigido pelo jornalista brasileiro Rosental Calmon Alves. Inspirada no *Investigative Reporters & Editors*, dos Estados Unidos, e no *Centro de Periodismo de Investigación*, do México, a Abraji tem como objetivo aperfeiçoar o exercício dessa especialidade profissional no Brasil.

A entidade também tem incentivado o debate sobre mudanças na legislação brasileira que possam assegurar a qualquer cidadão o acesso a informações guardadas pelo Estado, sejam elas de interesse individual ou coletivo. A inspiração novamente vem dos Estados Unidos — *Freedom of Information Act* (1966) — e do México — *Ley Federal de Transparencia y Acceso a la Información Pública Gubernamental* (2002).

Com ou sem a ajuda da lei, entretanto, quem se dedique à investigação no jornalismo deve ter clareza sobre sua tarefa. Em

Jornalismo político

essência, o jornalismo investigativo é um jornalismo de acusações, que podem variar entre faltas éticas e crimes previstos na legislação. Diante de um caso concreto, cada repórter precisa saber se tem indícios e/ou provas suficientes para assumir os riscos de uma publicação que pode obrigar tanto o jornalista como a empresa para a qual trabalha a sustentarem, no curso de um processo judicial, as informações que foram divulgadas. Antes de qualquer publicação, a assessoria de um advogado do jornal e uma reflexão rigorosa sobre o resultado da apuração são a melhor forma de evitar problemas futuros.

A prática

Em princípio, cada editoria pode ter um núcleo de repórteres investigativos: política, economia, internacional, polícia, esportes, etc. No Brasil, atualmente, o trabalho mais arriscado é realizado por jornalistas que — como Tim Lopes (assassinado em 2002) e diversos outros colegas — se dedicam a expôr as entranhas do crime organizado. No jornalismo político — objeto deste livro — felizmente são raros episódios de intimidação envolvendo profissionais da grande imprensa. Entretanto, colegas que trabalham nas regiões Norte e Nordeste, sobretudo em municípios do interior, enfrentaram nos últimos anos casos de intimidações e assassinatos. Os problemas de liberdade de informação no país, porém, não impediram que o jornalismo investigativo definisse momentos cruciais na história recente de crises políticas e dos escândalos financeiros no Brasil — política e economia costumam ser as duas pernas da corrupção aqui e em qualquer lugar do mundo. *Impeachment* do ex-presidente Fernando Collor, CPI do Orçamento, caso PC Farias, quebra dos

Jornalismo investigativo

bancos Econômico, Nacional e Bamerindus, CPI dos Bancos, CPI do Judiciário, Compra de Votos para a Emenda da Reeleição e Mensalão são alguns dos episódios marcantes do jornalismo investigativo nos últimos anos.

Como em qualquer outra especialidade nessa profissão, entretanto, o jornalismo investigativo em política (e economia) não tem fórmulas mágicas para resultar em uma boa reportagem. Há muito de criatividade e até mesmo de sorte no trabalho de cada repórter investigativo. Ainda assim, algumas regras gerais podem servir em praticamente todos os casos para dar corpo a uma apuração. Como exercício, suponhamos que nossa missão nas páginas seguintes é ampla. Chegaram à "redação" suspeitas sobre um personagem — que chamaremos de "P" — e nosso objetivo é levantar informações sobre o patrimônio pessoal e a vida profissional de "P", buscar vínculos com autoridades e empresas, enfim, recolher toda a informação possível e potencialmente noticiável sobre o personagem.

O primeiro a fazer é criar um roteiro de trabalho — ou recorrer ao estabelecido em reportagens anteriores — para começar a colecionar rapidamente informações básicas sobre "P" e identificar fontes que possam acrescentar dados e documentos à apuração. Em boa parte dos casos, você deve saber que outro(s) jornalista(s) em outro(s) meio(s) de comunicação está(ão) fazendo o mesmo trabalho e procurando terminá-lo antes que você para conseguir um "furo".

As informações que servem ao jornalismo investigativo podem ser divididas em três tipos: públicas, privadas e sigilosas. As informações públicas estão, como o próprio nome diz, acessíveis a todos — ainda que possa custar muito juntá-las para montar o quebra-cabeças de uma apuração. Na corrida por um "furo", um repórter pode colocar seu jornal à frente da concorrência se sou-

257

Jornalismo político

ber usar com agilidade essas fontes de informações públicas. Em seguida estão as informações privadas, histórias orais e documentos que pertencem a pessoas físicas e aos quais normalmente só se pode chegar com a aquiescência de seus proprietários (algo fácil quando eles próprios têm interesse na divulgação, mas muito difícil em caso contrário). Em terceiro lugar estão as informações sigilosas, normalmente documentos protegidos por sigilos bancário, fiscal e telefônico. Com sorte ou com muito trabalho é possível chegar até eles. Vejamos um possível roteiro.

Imprensa

Seja pela simplicidade do ato, seja pelo respeito ao trabalho de colegas que possivelmente já tenham publicado informações sobre "P", qualquer reportagem investigativa deve contemplar, logo no início, uma busca no arquivo do jornal. A memória noticiosa arquivada nas hemerotecas costuma superar a capacidade do repórter e de seus chefes em lembrar de fatos acontecidos uma, duas ou mais décadas atrás. Se a busca incluir imagens, muito melhor: as pessoas próximas de qualquer autoridade costumam aparecer acidentalmente nas fotografias publicadas e isso pode indicar fontes alternativas para a reportagem.

Especialmente importantes podem ser as colunas sociais. A vaidade é um dos atributos mais universais da natureza humana. Isso quer dizer que alguns comportamentos extravagantes (como a celebração de uma grande festa, a importação de um carro de luxo, a concessão de um patrocínio milionário ou a aquisição de uma mansão) acabam aparecendo nas colunas sociais, normalmente com fotos. Uma fotografia de "P" em um evento social não prova nenhuma irregularidade. Mas acompanhada de infor-

Jornalismo investigativo

mações e documentos pode dar muita coesão à reportagem. As colunas sociais são tão importantes que o núcleo de investigações da Secretaria da Receita Federal tem profissionais que acompanham diariamente essas seções em busca de indícios de sonegação fiscal.

Web

Na era da internet, uma ferramenta fácil e ágil são os buscadores virtuais, como Google e Yahoo. Se há pouca informação sobre "P", qualquer página pode ser de muita utilidade e pode dar pistas sobre caminhos a seguir. Se há muita informação na rede, conhecer algumas técnicas para refinar a busca pode economizar algumas horas de leitura de páginas sem importância. Além disso, algumas bases de dados cadastrais dos Estados Unidos e de outros países estão disponíveis na internet e devem ser consultadas sempre que possível (uma delas está no site da Divisão de Corporações do Governo da Flórida, www.sunbiz.org).

Origens

Se há tempo e dinheiro no caixa da redação, uma viagem à cidade de origem de "P" em busca de amigos e familiares pode revelar dados importantes. Conhecer de perto as origens do personagem em questão pode abrir novos caminhos de apuração e dar pistas cruciais sobre seu perfil. No dia 22 de janeiro de 2002, por exemplo, o mercado de aviação civil no Brasil amanheceu surpreso com a notícia de que a Transbrasil — cujos vôos haviam sido interrompidos semanas antes por problemas financeiros —

Jornalismo político

tinha como novo dono um desconhecido empresário goiano. Uma viagem urgente a Goiânia e algumas entrevistas com amigos e vizinhos no bairro Santa Genoveva mostraram que aquilo não podia dar certo — a "compra" foi anulada nove dias depois.

> O comprador da Transbrasil, Dílson Prado da Fonseca, é um empresário sem empresas. Conhecido em Goiânia por negócios obscuros, criados a partir de muita conversa e pouco dinheiro, ele se tornou personagem folclórico no setor de aviação.
>
> Em uma década de experiência no setor, Fonseca acumulou problemas com a Infraero, a Embraer e empresas locais de táxi aéreo. Também tentou negócios no ramo de cosméticos, loterias e locadora de automóveis. (*Folha de S. Paulo*, B4, 23 de janeiro de 2002)

Juntas Comerciais

A vida das empresas — do nascimento à morte — está contada (às vezes em detalhes) em documentos arquivados pelas Juntas Comerciais de cada estado. Os dados são de acesso ao público, ainda que custem alguns reais em taxas e várias horas ou dias em esperas por uma fotocópia. Em alguns estados é possível consultar os documentos antes de solicitar uma cópia, o que agiliza a apuração. Se queremos conhecer a vida empresarial de "P", esse é o melhor caminho a seguir. Um bom exemplo vem da intensa disputa entre os então senadores Antônio Carlos Magalhães (PFL-BA) e Jader Barbalho (PMDB-PA), em 2001 que levou repórteres de jornais e revistas a Salvador e a Belém em busca de informações sobre as acusações trocadas por ambos. Na capital paraense,

Jornalismo investigativo

documentos guardados pela Junta Comercial revelaram que Barbalho usara um assessor como "laranja" na compra de um diário local.

> Um laranja serviu ao presidente do Senado, Jader Barbalho, na aquisição do controle societário do *Diário do Pará*, em 1999, três anos após se separar de sua ex-mulher, a deputada Elcione Barbalho (PMDB). Seu nome é Antônio José Costa de Freitas Guimarães e seu trabalho é servir como secretário particular do senador, que o tem como seu homem de confiança. Numa reunião familiar, em 14 de outubro de 1999, Elcione e o pai de Jader, Laércio Barbalho, transferiram para o assessor Antônio José R$ 468 mil em cotas da empresa, dando-lhe o controle societário com 39% do capital. O documento de alteração contratual foi guardado na gaveta de Jader Barbalho, que só o registrou na Junta Comercial do Estado do Pará dois meses depois, numa operação casada. No dia 6 de dezembro de 1999, Antônio José passou a ser formalmente proprietário do *Diário do Pará*. (*Folha de S. Paulo*, A9, 1º de abril de 2001)

Cartórios de imóveis

Esse é o caminho mais curto para conhecer o patrimônio imobiliário de "P". Casas, apartamentos ou terrenos comprados ou vendidos nos últimos anos (e décadas) estão registrados nos cartórios de imóveis de cada cidade. As dificuldades nesse campo são duas: em muitas cidades, há vários cartórios de imóveis e a pesquisa pode ser cara e demorada; além disso, se os imóveis estão registrados em nomes de parentes de "P" a pesquisa pode levar a inúmeros desdobramentos.

Jornalismo político

Judiciário

A Justiça é uma excelente fonte de informações que nem sempre é bem utilizada. Muitas vezes nem é preciso sair da redação para descobrir alguns detalhes de processos e localizar em que vara ou escritório de advocacia se encontra o caso. Os sites da Justiça Federal, da Justiça do Trabalho, da Justiça Eleitoral e da Justiça Comum de alguns estados permitem saber em poucos minutos se "P" é parte em algum processo judicial e qual é a razão da contenda. Identificar e procurar adversários judiciais costuma ser uma boa alternativa.

Em novembro de 2000, o jornal *Correio Braziliense* publicou informações comprometedoras sobre Rubens Gallerani, até então um desconhecido personagem muito próximo do senador Antônio Carlos Magalhães (PFL-BA). Uma pesquisa entre os processos que tramitavam no Superior Tribunal de Justiça (STJ) revelou documentos em que ambos — Gallerani e Magalhães — apareciam como beneficiários de desvio de recursos públicos, além de alguns detalhes muito curiosos.

> Está pronto para ir a julgamento no STJ (Superior Tribunal de Justiça) um alentado processo em que o senador Antônio Carlos Magalhães (PFL-BA) e seu ex-assessor Rubens Gallerani são apontados como beneficiários de gastos irregulares efetuados por um banco estadual da Bahia. (...) O banco também pagava as contas de água, luz e telefone do escritório da fundação de ACM. (...) O Desenbanco reembolsou o sr. Rubens Gallerani por despesas efetuadas até com a aquisição de pés-de-cabra, talhadeira, ponteira, uniformes de balé, uniforme pessoal, aquisição de salgados, conserto de televisão, aquisição de talões para compra de combustível, fitas gravadas, serviços fotográficos e 360 correias de

Jornalismo investigativo

ventilador, numa clara demonstração de que sustentava o sr. Rubens Gallerani e família, na cidade de Brasília. (*Folha de S. Paulo*, A10, 26 de novembro de 2000.)

Em especial, o Tribunal Superior Eleitoral — e a Justiça Eleitoral em todo o país — pode ser peça crucial de uma apuração de informações sobre políticos. Se existe alguma suspeita de que nosso personagem "P" manteve ou mantém relações com políticos, ele (ou suas empresas) talvez tenha doado recursos para a campanha eleitoral de políticos. Além disso, os documentos arquivados no TSE permitem conhecer a evolução patrimonial de candidatos.

> Karl Marx acharia graça. A chapa presidencial que uniu o trabalho ao capital vive um paradoxo. O ex-metalúrgico Luiz Inácio Lula da Silva, candidato a presidente pelo Partido dos Trabalhadores, está aumentando seu patrimônio. Já seu candidato a vice, o empresário José Alencar, do Partido Liberal, está "empobrecendo". Nos últimos quatro anos, o patrimônio de Lula aumentou em um terço. Passou de R$ 320 mil para R$ 423 mil, segundo dados entregues ao Tribunal Superior Eleitoral (TSE). Já a fortuna de seu vice diminuiu também em quase um terço. Caiu de R$ 13,6 milhões, em 1997, para R$ 9,6 milhões, no ano passado. (*Folha de S. Paulo*, Especial-3, 25 de agosto de 2002.)

Reputação

Construir uma reputação (por modesta que seja) em jornalismo também é muito importante. Autoridades econômicas procuram jornalistas consagrados na área para falar sobre medidas

263

Jornalismo político

delicadas e com freqüência políticos recorrem a colunistas ou repórteres muito próximos para confidenciar os bastidores do Palácio do Planalto e do Congresso Nacional. Já um repórter investigativo costuma ver grande parte de suas fontes uma única vez. Além disso, publica um número muito menor de reportagens que seus colegas encarregados da cobertura diária. Uma linha consistente de trabalho em uma área, entretanto, pode ajudar a formar alguma reputação e facilitar o recebimento de informações. Depois de dois anos publicando algumas reportagens sobre irregularidades no sistema financeiro, recebi certa manhã um correio eletrônico de uma pessoa que se identificava como "Vingador Virtual". A mensagem trazia uma dica tão curta como potente: um site de cadastros comerciais disponibilizava na internet a base de dados de cheques sem fundos do Banco Central! Durante os dias seguintes, uma extensa checagem e várias entrevistas permitiram identificar autoridades com gabinete em Brasília que haviam dado cheques sem fundos e mantinham a dívida pendente em seus respectivos bancos.

> Na República, ninguém emite mais cheques sem fundos do que deputados federais. No último dia 18, a "lista negra" do Banco Central, que guarda os nomes de quem tem pendências nas agências bancárias do país, flagrava 18 deputados com 153 cheques emitidos sem o devido saldo. Entre senadores, ministros de Estado e ministros de tribunais superiores não houve nem sequer um registro de cheques sem fundos em suas contas correntes naquele dia, segundo levantamento feito pela *Folha* sobre dados bancários de 692 autoridades brasilienses. As informações foram obtidas no site Decidir.com (www.decidir.com.br), que divulga na internet dados comerciais e bancários sobre consumidores e correntistas de todo o país — o que é irregular, segundo as regras do BC. (*Folha de S. Paulo*, A6, 30 de janeiro de 2001.)

Jornalismo investigativo

Gravações

Gravar as próprias entrevistas (telefônicas ou não) é uma prática comum entre repórteres investigativos no Brasil e, em alguns casos, pode ser providencial. Quando se trata de uma conversa em *off*, a gravação pode ser exibida a outros profissionais do jornal quando houver necessidade de respaldo ou justificativa sobre uma informação publicada. Se a entrevista for em *on*, trata-se de uma valiosa garantia de que o entrevistado não vai voltar atrás em suas declarações. Em janeiro de 2002, durante uma extravagante entrevista telefônica, o advogado Nicola Curvo Leite disse que seu cliente, o ex-presidente da Transbrasil Antonio Celso Cipriani, havia se livrado de um "abacaxi" ao vender a empresa pelo valor simbólico de R$ 1, pois se fossem encontradas provas de fraudes cometidas na empresa Cipriani "teria problemas pessoais e seus bens ficariam indisponíveis". (*Folha de S. Paulo*, B6, 24 de janeiro de 2002.) Quase um mês depois, o advogado manteve a seguinte correspondência com o jornal:

> (...) o repórter findou por cometer verdadeiro excesso ao atribuir a mim a declaração "Cipriani se livra de abacaxi". Entretanto tal expressão, que veio a ser reiterada no contexto do noticiário, com certeza não é de minha autoria, mas, sim, do próprio repórter, que dela se utilizou com o propósito de persuadir o leitor de que a venda do controle da Transbrasil interessava, de fato, ao dr. Cipriani. (...)
> Resposta — "Cipriani, muito mais do que os herdeiros de Omar Fontana, vai se livrar do abacaxi." A frase está gravada. Foi dita pelo missivista como comentário sobre a transferência do controle acionário da Transbrasil para o empresário Dílson Prado da Fonseca." (*Folha de S. Paulo*, A3, 22 de fevereiro de 2002.)

Jornalismo político

Adversários

Identificar desafetos de "P" também pode ser muito útil. Nos últimos anos, uma série de casos de corrupção têm sido desvelados por ex-familiares que por diversas razões — inclusive disputas patrimoniais — acabam rompidos. Pedro Collor foi determinante no *impeachment* do irmão Fernando Collor; Nicéia Pitta denunciou atos de corrupção envolvendo o ex-marido Celso Pitta; Marco Aurélio Gil de Oliveira expôs o enriquecimento ilícito do ex-sogro Nicolau dos Santos Neto; e, mais recentemente, as revelações de Maria Cristina Mendes Caldeira obrigaram o ex-marido e deputado federal Valdemar Costa Neto (PL-SP) a renunciar ao mandato. Boas informações também podem vir de adversários judiciais (como dito), e de sindicatos, secretárias e motoristas.

Rastreando documentos sigilosos

Dados fiscais, bancários ou telefônicos são documentos muito difíceis de serem obtidos, mas podem ficar acessíveis à medida que se distanciam da autoridade responsável pela preservação dessas informações. Se sabemos que o personagem "P" passou por uma investigação rigorosa na Receita Federal, por exemplo, e que os dados foram remetidos ao Ministério Público Federal, à Justiça ou a uma Comissão Parlamentar de Inquérito, as chances de obter acesso às informações ou até mesmo a uma cópia dos relatórios originais aumentam.

> O funcionário aposentado do Banco Central Flávio de Souza Siqueira, considerado pelos colegas "guru" das liquidações de instituições financeiras, quase quadruplicou seu patrimônio pes-

Jornalismo investigativo

soal entre 1996 e 2000, de acordo com dados da Receita Federal obtidos pela *Folha*. As informações constam de investigação inédita feita pelo Ministério Público e pela CPI do Proer, com a ajuda do fisco, sobre a atuação de servidores do BC à frente de negócios milionários em bancos falidos." (*Folha de S. Paulo*, A6, 13 de novembro de 2001.)

Paciência

Finalmente, esse é um ingrediente fundamental do jornalismo investigativo. No começo de setembro de 2000, a repórter Andréa Michael e eu tivemos acesso a um conjunto de arquivos eletrônicos do programa "Excel". Vinham acompanhados da informação — em *off* — de que guardavam planilhas da contabilidade das campanhas eleitorais do presidente Fernando Henrique Cardoso em 1994 e 1998. Entretanto, qualquer pessoa que conhecesse um pouco de informática poderia ter criado aquelas planilhas. Seguiram-se dois meses de um longo trabalho de checagem de cada uma das informações e de levantamento dos dados adicionais que comprovassem a veracidade dos arquivos.

Planilhas eletrônicas sigilosas do comitê eleitoral de Fernando Henrique Cardoso revelam que sua campanha pela reeleição, em 1998, foi abastecida por um caixa-dois, expediente ilegal. Pelo menos R$ 10,120 milhões deixaram de ser declarados ao TSE (Tribunal Superior Eleitoral). Os documentos trazem à tona, pela primeira vez, detalhes do subterrâneo financeiro da campanha presidencial. Ali, descobre-se que R$ 1 em cada R$ 5 arrecadados foi parar numa contabilidade paralela, cujo destino final ainda é

Jornalismo político

desconhecido. [...] Nos últimos dois meses, a *Folha* procurou uma centena de executivos e empresários. A maioria deles não quis falar abertamente sobre o assunto. Mas, em 14 conversas, 11 delas gravadas, pessoas que estavam dos dois lados do balcão, arrecadando fundos ou doando recursos para a reeleição, comprovaram a veracidade das planilhas [...]. (*Folha de S. Paulo*, A15, 12 de novembro de 2000, em co-autoria com Andréa Michael)

Cada pauta, portanto, pode privilegiar uma ou outra estratégia de apuração segundo o tipo de informação que chegue à redação ou o *feeling* do repórter. Um roteiro básico é sempre útil, mas a criatividade e (como dito) muitas vezes a sorte de cada jornalista podem ser determinantes para a produção de uma boa reportagem. A busca por uma notícia, entretanto, não deve ofender os limites tanto legais como éticos de uma sociedade. O repórter tampouco deve ir além do que recomenda a sua consciência. Refletir sobre os limites do exercício profissional é algo fundamental para qualquer jornalista, mas pode ser obrigatório para o dia-a-dia de um repórter investigativo.

A ética

Apesar do *glamour* que costuma cercar o jornalismo investigativo no Brasil e no mundo, os bastidores das reportagens mostram que muitos interesses obscuros e mesquinhos costumam estar por trás de várias reportagens premiadas. Aos olhos dos leitores e de muitos colegas de profissão, os repórteres investigativos parecem ser profissionais muito ativos, dotados de uma enorme capacidade de observação e detentores de infinitas estratégias de apuração. A verdade, entretanto, é que muitas reportagens são

Jornalismo investigativo

simplesmente leituras jornalísticas e parciais de ataques produzidos por adversários com interesses políticos e econômicos.

Jornalistas consagrados em grandes veículos de comunicação devem uma significativa parte de seu trabalho "investigativo" ao tratamento privilegiado que dão e recebem de determinadas fontes. Entre elas estão antigos caciques políticos (como o senador Antônio Carlos Magalhães), polêmicas figuras do mercado financeiro (como o banqueiro Daniel Dantas) e ruidosos membros do Ministério Público (como o procurador da República Luiz Francisco de Souza). Usando suas posições privilegiadas na cena política brasileira, algumas fontes têm encontrado facilidade para escolher os personagens "P" que serão alvo da imprensa e, em alguns casos, determinar a cobertura dos fatos. Um perigo que não é exclusividade tupiniquim.

No dia 31 de maio de 2005, trinta e três anos depois do escândalo Watergate, o ex-diretor adjunto do Federal Bureau of Investigation (FBI) William Mark Felt reconheceu haver sido a fonte privilegiada de Woodward e Bernstein, conhecido durante décadas sob o pseudônimo de *Deep Throat* ("Garganta Profunda"). Mais: aos 91 anos de idade, admitiu que as confidências (todas verdadeiras, diga-se) foram movidas por sua desconformidade com a decisão do presidente Nixon de não nomeá-lo para o cargo mais alto da agência de inteligência. Se a célebre série do Watergate pode servir de motivação episódica para o trabalho de muitos repórteres investigativos, seus bastidores devem ser um alerta permanente sobre os limites e perigos nessa área do jornalismo.

Jornalismo político

Referências bibliográficas

CONTI, Mário Sérgio. *Notícias do Planalto: a imprensa e Fernando Collor*. São Paulo: Companhia das Letras, 1999.

FORTES, Leandro. *Jornalismo investigativo*. São Paulo: Contexto, 2005.

LOPES, Dirceu Fernandes e PROENÇA, José Luiz. *Jornalismo investigativo*. São Paulo: Publisher Brasil, 2003.

SANTORO, Daniel. *Técnicas de investigación — métodos desarrollados en diarios y revistas de América Latina*. Nuevo Periodismo/Fondo de Cultura Económica, 2004.

SEQUEIRA, Cleofe Monteiro de. *Jornalismo investigativo: o fato por trás da notícia*. São Paulo: Summus, 2005.

SOUZA, Percival de. *Narcoditadura — O caso Tim Lopes, crime organizado e jornalismo investigativo no Brasil*. São Paulo: Labortexto Editorial, 2002.

WOODWARD, Bob. *O homem secreto — A história do Garganta Profunda de Watergate*. Rio de Janeiro: Rocco, 2005.

Pequeno guia de relacionamento com a imprensa para fontes da área pública

JORGE DUARTE

JORGE DUARTE, gaúcho de Rio Grande, é jornalista e relações-públicas, com doutorado em Comunicação. Técnico em Comunicação da Embrapa, onde gerenciou a área de Jornalismo, é professor de pós-graduação em assessoria de imprensa, comunicação interna e instrumentos de comunicação pública. Autor de pesquisas tratando do relacionamento de fontes, assessores e imprensa, publicou *Pesquisa & imprensa: orientações para um bom relacionamento*, *Comunicação e tecnologia na cadeia produtiva da soja em Mato Grosso*, *A viagem das sementes* e organizou *Assessoria de Imprensa e relacionamento com a mídia* e *métodos e técnicas de pesquisa em Comunicação*. Atua na Subsecretaria de Comunicação Institucional (Secom) da Secretaria-Geral da Presidência da República.

"Causa sempre espanto quem quer atuar na vida pública, mas não quer saber de jornalista", escreveu Roberto Pompeu de Toledo, na revista *Veja*. "É como querer ser médico, mas não poder ver sangue. Ou amar futebol, mas ter horror à bola", comparou. É da natureza do ator político lidar com a imprensa como forma de prestar contas à sociedade. Mais do que isso, é necessidade de sobrevivência política e estratégia de gestão. A imprensa permite ao homem público mostrar o que faz e o que pensa, esclarecer e orientar, debater, agendar interesses, obter reconhecimento, divulgar ações e, como arena privilegiada de debate político, em grande medida, influencia a formação da opinião pública. Pela penetração e credibilidade é o meio mais eficiente de obter compreensão e visibilidade junto a um público vasto e heterogêneo. Em abril de 2005, Dom Eusébio Scheid, arcebispo do Rio de Janeiro, antes de viajar para o conclave que escolheria o novo papa, foi objetivo ao definir o perfil do indicado: "O papa que entrar tem que ser um homem da mídia. Não vai, hoje, sem mídia." Como sabemos, há séculos nenhuma outra instituição tem estrutura, capilaridade e contato direto com seu público como a Igreja e, ainda assim, o Papa precisa da imprensa para transmitir sua mensagem.

Jornalismo político

O objetivo deste texto é propor referências sobre como um agente público pode estabelecer relacionamento adequado com jornalistas que cobrem as questões de administração, decisão e poder no ambiente do Estado. Nesse sentido, a entrevista é uma forma de comunicação pública, aquela que diz respeito à troca de informações e influências entre agentes e atores sociais sobre temas de interesse coletivo, mas aqui será tratada não apenas como exigência democrática, mas oportunidade de apresentar, a um público amplo, práticas, resultados e idéias.

A tarefa é mais difícil do que parece. Há fontes que possuem perfil político, outras atuam mais no âmbito administrativo ou técnico. Jornalistas possuem diferentes experiências, características e modos de obter e divulgar informação, além de comportamentos individuais, que dependem de interesses, capacidade e ética. Além disso, a convivência com a imprensa segue, em cada local, padrões específicos. Em grandes centros urbanos, a cobertura tende a ser profissional, com papéis claramente definidos entre fontes e jornalistas. Em outras localidades, fatores como a existência de oligarquias locais, poder financeiro, interesses comerciais, compadrio, preguiça jornalística ou o engajamento político da imprensa podem facilitar ou dificultar a presença de qualquer homem público no noticiário.

Jornalistas e fontes de informação

A política é matéria-prima de alto interesse nas redações por ser tema e ambiente de disputa e conflito com forte impacto social. O jornalismo, nesse âmbito, serve como mediador das relações entre os poderes e a sociedade e também de orientação social, mostrando como funcionam os nervos do governo, o jogo de

Pequeno guia de relacionamento com a imprensa...

poder, fiscalizando e expondo publicamente as práticas dos agentes públicos. Para cumprir esse papel, não vive sem as chamadas fontes de informação. Entre elas, estão pessoas que, por atuarem no Executivo, Legislativo ou Judiciário, ou por terem envolvimento partidário, são atores políticos envolvidos em debates e ações de interesse coletivo.

Tanto o jornalista quanto o homem público têm um compromisso comum, a informação da sociedade. O jornalista trabalha com o exercício da verificação da informação, para apresentar um relato veraz dos acontecimentos de interesse público. Já o agente público está originalmente ligado à necessidade de prestar conta de seus atos, a partir dos princípios do direito administrativo e de sua responsabilidade social. Ele sabe que o direito de acesso à informação é pré-requisito para o exercício da cidadania, base para a liberdade de expressão e para o protagonismo dos atores sociais. Além disso, se fizer bem-feito e os outros não souberem, é como se não tivesse feito.

Nos processos de relacionamento e informação com a sociedade, um órgão público dispõe dos instrumentos de comunicação direta (atendimento, reuniões, por exemplo), comunicação dirigida (como publicações), publicidade (inclusive legal), geração de fatos e acontecimentos de dimensão simbólica e da imprensa. Esta última ganha notório destaque pela capacidade de oferecer informações com credibilidade a grande parcela da sociedade, sem custo relevante para o erário. Apesar disso, a necessidade e as vantagens de estabelecer vínculos amistosos e produtivos com jornalistas nem sempre são facilmente percebidas. No relacionamento entre as fontes de informação na área pública e a imprensa é possível identificar quatro padrões de convivência:

Jornalismo político

1) Cooperativa: quando se estabelecem e qualificam processos de convivência natural, mesmo que tensa, com os jornalistas, buscando-se atender suas demandas e irradiar informações de interesse público no meio social. Há mais preocupação com um bom relacionamento de longo prazo do que com dificuldades eventuais. É o modelo ideal para o setor público, onde administração e decisão sempre dizem respeito ao interesse coletivo;

2) Instrumental: a imprensa é utilizada para obter promoção, visibilidade, imagem positiva, ou ser ferramenta no jogo do poder. O atendimento é feito conforme a conveniência do momento;

3) Defensiva: posição de retração, partindo do pressuposto de que jornalistas são um tipo de problema a evitar. Pode ocorrer por desconfiança, desinteresse ou insegurança na competência comunicativa.[1] Tende a ser adotada por técnicos do setor público, por precaução, e por atores políticos que imaginam levar desvantagem na exposição;

4) Beligerante: a imprensa é considerada inimiga. Há uma enorme lista de argumentos utilizados para sustentar este comportamento, nem sempre expostos explicitamente — é ocupada por radicais, é de esquerda, conservadora, está nas mãos da oposição, governista, comprada, mal-intencionada, irresponsável. É estabelecida uma politização da relação, muitas vezes como fuga ao enfrentamento objetivo dos problemas de gestão ou comunicação.

---

[1]Competência comunicativa pode ser definida como a autonomia em lidar com problemas de comunicação. Ela exige conhecimento, habilidades e atitudes que possibilitem alto desempenho em situações de comunicação.

Os modelos são simples representação, sendo possível a migração de traços de uma atitude para outra, conforme a situação; ou mesmo a adoção de características combinadas. Fácil deduzir, também, que o primeiro é o ideal e o adotaremos como referência para elaboração deste texto.

O jogo e as regras

Muito mais do que em outras áreas, onde o noticiário é, em boa medida, constituído por informações factuais, as versões são o material de trabalho do jornalista político. Elas têm origem na frase ensaiada, no argumento discutido previamente nos bastidores, em reuniões fechadas, em restaurantes; são construídas em corredores; e oferecidas conforme os interesses dos envolvidos. Por isso, é comum o noticiário político ser correia de transmissão de falas e de interesses, ou ser dominado por acontecimentos previamente programados pelos atores interessados. Em alguns casos, matérias e notas são "plantadas", informações são vazadas, boatos são disseminados. Faz parte do jogo político. As estratégias de tentar utilizar a imprensa em benefício próprio ou prejuízo alheio são diversificadas e de sucesso variável. O jornalismo, em grande medida, está vacinado para essas práticas e atua como anteparo social, separando o joio do trigo (e, em certa perspectiva, veiculando o joio, como se sabe).

A verdade é que uma imprensa séria, pluralista, autônoma e crítica garante a sustentabilidade democrática e ajuda o cidadão a ter garantido o atendimento de suas necessidades de informação ao expor os significados e interesses em questão, verificar as versões, desmistificar o falso, relatar o que ocorre e suas implicações. Para fazer esse trabalho, como o dirigente público percebe no dia-

Jornalismo político

a-dia, os veículos de comunicação tendem a parecer hostis e a dar maior atenção a assuntos negativos. Surge, então, o nó da questão: a fonte de informação precisa do jornalista para mostrar o que faz, o que pensa, de modo a fortalecer sua atuação como personalidade pública; mas, ao mesmo tempo, coloca seu "capital-imagem" nas mãos de um ator crítico e desconfiado, sobre o qual não tem controle. Um ator que tem a capacidade de amplificar a percepção de práticas consideradas inadequadas e de erros, e de estabelecer o contraditório em idéias supostamente à prova de contestação, criando um embate de forças no âmbito da esfera pública.

A questão é que a informação é vista de diferentes perspectivas. Enquanto o jornalista tem o dever de apresentar um discurso dialético, que explore o contraditório — a síntese das diferentes afirmações e verificações —, o político atua no âmbito da retórica. Neste, o objetivo é a influência, a ocupação de espaço político e a obtenção de poder por meio do convencimento. Outro motivo de embate é que o repórter está interessado em transparência, que implica facilidade em obter acesso, informações e explicações. Já a autoridade tende a estar mais preocupada com a visibilidade, buscando sempre uma exposição positiva. O confronto de interesses e a tensão latente são atenuados pelo espírito público e pela capacidade comunicativa, que atuam como ingredientes mágicos para fortalecer a relação e ampliar as chances de sucesso para a fonte.

As fontes na área política ajudam a imprensa a decifrar os segredos, antecipar o que ocorrerá, relatar o que se passou e explicar e analisar os acontecimentos. A importância de ter informação relevante e confiável faz com que questões de cargo, inteligência, caráter, honestidade ou competência não sejam fundamentais. Os jornalistas, em geral, possuem como critérios para definir como "fonte" a pessoa que: a) possui informações novas e de interesse do público do veículo (item fundamental); b) é confiável; c) facilita o acesso; e d) apresenta bem as informações. O ator político ou agente público que consegue reunir mais atributos é notícia sempre.

O primeiro passo para ser um participante bem-sucedido do processo de construção da notícia é conhecer sua lógica. O jornalista Heródoto Barbeiro já comparou a importância de entender a imprensa ao enigma da Esfinge, que aterrorizava com o desafio "Decifra-me, ou devoro-te". O jornalista está acostumado a lidar com entrevistas, apuração, redação, seleção e hierarquização da notícia; é treinado no domínio das regras do jogo e, ao final, tem o controle da edição. Uma fonte experiente, conhecedora das regras estabelecidas no campo da mídia, age com uma naturalidade que o recém-chegado não possui. Outras, muitas vezes, possuem dificuldades no trato da informação, algumas pouco entendem sobre os critérios de noticiabilidade, a forma da atuação e os interesses da imprensa. É comum que dirigentes, sem qualquer experiência em lidar com repórteres, vejam-se na situação de lidar com um "enxame" de jornalistas ou expor idéias complexas em um ambiente hostil de embate político. Mesmo políticos de carreira — porém acostumados a uma imprensa mais cordata em suas regiões de origem e a falar sem serem contestados — podem ter dificuldades para se adaptar ao contraditório estabelecido como regra no teatro midiático dos grandes centros. A vantagem da fonte sobre o jornalista é que ela possui a informação e, se estiver bem preparada e conhecer as regras e as táticas adotadas pela imprensa, poderá aproveitar melhor e até criar oportunidades de exposição na mídia.

Muitas fontes vêem, até por experiência própria, jornalistas como profissionais que, muitas vezes, valorizam o irrelevante, são tendenciosos, sensacionalistas, exageram nas críticas, relevam o bem-feito, não admitem erros, tiram frases de contexto, publi-

Jornalismo político

cam o que não verificaram, entre outras acusações recorrentes. Vamos passar ao largo desta discussão. Nossa proposta é apresentar sugestões para ajudar políticos, autoridades, técnicos do setor público a estabelecer um relacionamento eficiente com jornalistas, dentro do princípio de que os envolvidos na produção do noticiário agem honestamente e de acordo com o interesse público — o que acontece na grande maioria das vezes. Importante ressaltar, ao contrário do que pode sugerir este texto, o homem público não tem direito à ingenuidade na relação fonte/jornalista. Ainda assim, esboçamos uma sistematização pragmática/ idealizante da relação fonte/jornalista, a partir da nossa experiência em assessoria de imprensa, na coordenação de *media trainings* e em ouvir jornalistas sobre o relacionamento entre fontes e a imprensa para pesquisas diversas. Também partimos do princípio de que a informação de interesse público é um bem social que não pertence aos governos, partidos ou autoridades, que têm obrigação de dizer o que fazem e explicar os seus motivos.

Dado o espaço disponível e os objetivos didáticos, apresentamos as recomendações em três listas. Duas delas tratam do relacionamento com jornalistas e, outra, do momento específico da entrevista. Como em todas as listas desse tipo, a busca pela simplificação pode trazer questionamentos válidos. Apesar disso, adaptadas a cada caso, imaginamos que as sugestões podem ser um bom ponto de partida para tornar a relação com a imprensa mais produtiva no objetivo de informar a sociedade. Ao final, sugerimos dez livros úteis para quem deseje se aprofundar no tema.

10 Mandamentos do Relacionamento

1) Seja acessível. A melhor maneira de manter um bom relacionamento com a imprensa é assumir o fato de que a

Pequeno guia de relacionamento com a imprensa...

notícia é um ingrediente essencial à vida na sociedade democrática e que faz parte das obrigações do homem público atender e prestar as informações que o jornalista necessita para fazer seu relato. Muitos têm boa relação com a imprensa no Legislativo ou na oposição, mas no Executivo estabelecem uma série de barreiras, ofertando apenas má vontade. Ajude o jornalista a trabalhar e você ganhará boa vontade, terá credibilidade e demonstrará transparência. Facilite ao máximo o acesso às informações que podem ser fornecidas, aos diferentes setores da organização e a você. Disponha de tempo suficiente para atendê-lo. Se a fonte se esconde, evita entrevistas, o jornalista vai imaginar que não faz um bom trabalho, e que tem algo a esconder. Se estiver sempre disposta a conversar, o jornalista saberá que sempre pode contar com ela. Valorize os veículos e agências institucionais e a imprensa de menor destaque. Do mesmo modo, evite privilegiar jornalistas e tratá-los com desigualdade, mesmo desconhecidos. Você pode ter estratégias de exposição, uma relação melhor com determinados repórteres ou colunistas, por exemplo, e em alguns momentos escolher algum veículo para passar uma informação, mas trate a todos com igualdade. Não há necessidade de atender todos os jornalistas o tempo todo, mas eles sabem reconhecer quando uma fonte faz o possível. Também não faça patrulhamento ideológico. Dê condições para que o assessor de imprensa tenha produtos, serviços e processos que ajudem a imprensa a fazer seu trabalho. Facilite o acesso e a compreensão dos dados, a liberação de documentos e informações não sigilosas. Favoreça o desenvolvimento de uma "cultura de comunicação" em toda

Jornalismo político

a instituição, estimulando a consolidação de um clima interno favorável à circulação das informações e de bom atendimento, não apenas da imprensa, mas de todos os públicos. Muitas vezes, por causa do atendimento inadequado de uma telefonista, secretária ou porteiro, perde-se a oportunidade de obter boa divulgação.

2) Estabeleça uma relação de confiança. O sucesso na relação com a imprensa é resultado da convivência permanente e saudável, que inclui cuidado, honestidade, presteza, ética e transparência. A credibilidade é o cimento da relação. Ela é que lhe garantirá longa e proveitosa interação com os jornalistas, independentemente de eventuais tropeços. Ajuda o fato de o jornalista ter interesse em obter a confiança das fontes, para poder entender, revelar e explicar o que ocorre. Por isso, ele sempre busca oferecer informações corretas, proteger as fontes, cumprir acordos. O bom relacionamento facilita o acesso à imprensa na hora em que for necessário, mas não suponha que o jornalista o ajudará, em prejuízo da veracidade da notícia. Em uma crise, por exemplo, o jornalista o ouvirá atentamente, irá considerar seu ponto de vista, apresentá-lo, mas não necessariamente adotará sua causa. Você pode ter amigos jornalistas, mas dificilmente terá jornalistas amigos. Ainda assim, em uma situação de dificuldades, conhecer jornalistas que o ouçam com atenção pode fazer toda diferença.

3) Gere notícias. Grande parte dos jornalistas foge de matérias em que autoridades e políticos são apresentados positivamente, com temor de que sejam consideradas

chapas-brancas. O principal argumento é que é da natureza da imprensa ser crítica e do homem público agir corretamente. O erro ou o surpreendente é que são notícias. "A obrigação do gestor é fazer a coisa certa. Ele fazendo a coisa certa, não é notícia. Ele fazendo a coisa muito certa, superando a expectativa, é notícia", diz o jornalista Jorge Moreno. Não há receita, mapa, manual ou reza que garantam a presença permanente de uma autoridade na mídia, se não houver discurso consistente e ações concretas de interesse da sociedade. Garimpe novidades de interesse público em sua instituição e produza fatos que gerem notícia. Se o interesse é a presença na mídia, larga mal quem não comparece às sessões, não discursa, não exerce papel de líder, não apresenta projetos consistentes, não propõe visões diferentes, não inova, não surpreende, não realiza ações de interesse público, não identifica boas pautas na instituição em que atua, não é referência em uma área de importância, não sabe cutucar o adversário político.

4) Invista em comunicação. Injeta-se tempo e energia nas ações políticas e de gestão e a comunicação, muitas vezes, é relegada ao improviso e à pressa ou limitada à imprensa. A comunicação deve ser considerada insumo estratégico em todas as ações da administração pública, e não apenas para divulgar, mas também para ouvir e compreender. A comunicação é mais que divulgação jornalística ou publicidade. Um político/autoridade se comunica pelo gestual, pelas ações, pelos eventos simbólicos, pela fala, pela ação de sua equipe, por suas mensagens-chave, pela capacidade de ouvir e entender a alma

Jornalismo político

das pessoas. Pense comunicação no momento da toma-
da de decisão e a articule com cada etapa do planejamento
e da execução. Invista na comunicação com públicos seg-
mentados, na integração de áreas e no planejamento, em
capacitação. Muitas vezes a prioridade é a divulgação na
mídia, mas há diversas outras maneiras de qualificar o
relacionamento e melhorar a informação de públicos de
interesse. É importante conhecer o potencial de utiliza-
ção e benefício de instrumentos de marketing, publicidade, comunicação interna, relações públicas, intranet,
internet, atendimento, pesquisa. Fortalecer a comunicação interna, por exemplo, é o primeiro passo para uma
comunicação eficiente com a sociedade. No caso específico da imprensa, é importante participar de *media
trainings*, ouvir a equipe antes de tomar decisões, enco-
mendar simulações para o assessor, pedir documentos do
tipo pergunta-resposta, posição, discurso, análise de
mídia,[2] formalizar diretrizes e planejamento de curto, médio e longo prazos, cobrar avaliação. Faça o possível para
saber como atua o jornalista, como funciona o processo
de produção da notícia, os critérios de noticiabilidade de
cada veículo, os fluxos e as relações internas nas redações.
Acompanhe o noticiário, buscando compreender como
as notícias são produzidas e apresentadas e procurando
conhecer os repórteres, o posicionamento dos diferentes

---

[2]Perguntas e respostas: antevêem ou sistematizam dúvidas da imprensa e organizam as
respostas. Posição: definem e explicam posicionamento oficial sobre o assunto. Discurso:
orienta sobre fala, aspectos que devem ser ressaltados, palavras que devem ser enfatizadas
ou não, frases que podem ser encaixadas em uma entrevista, exemplos que podem ser
citados, termos de melhor compreensão. Análise de mídia: apresenta avaliação da exposição de um tema pela imprensa e tipo de cobertura de cada veículo.

Pequeno guia de relacionamento com a imprensa...

veículos, dos outros atores sociais. Note as peculiaridades entre os vários noticiários e as diferentes mídias. Dê atenção aos colunistas, conheça seus interesses e pontos de vista. Prepare-se para cada entrevista. Quanto mais você souber sobre comunicação e imprensa, mais eficientes tenderão a ser suas ações políticas e administrativas.

5) Valorize a Assessoria de Imprensa. Em pesquisas que realizamos a respeito da interação fonte e assessor com as redações ficou claro que boa parte do problema da ligação com a imprensa está na relação fonte/assessor. É comum a dificuldade em compreender a responsabilidade deste profissional e dar-lhe acesso às decisões.[3] Ainda há gestores que acreditam que o papel do assessor é colocar a autoridade na mídia, criar barreiras à imprensa ou ser porta-voz, desejando muito mais ser um militante engajado em sua causa do que um profissional de comunicação. Muitos agentes públicos possuem boa equipe, mas não a ouvem, chegando a passar por cima do assessor ou não cumprindo estratégias previamente definidas. Outros não investem em comunicação, imaginando que o importante é alguém

---

[3] Tornou-se lugar-comum culpar a comunicação quando as coisas não saem como o esperado (muitas vezes por diversionismo), mas é importante destacar que a responsabilidade original da sua (in)eficiência é da autoridade principal. Todos sabem a importância de ter bons profissionais em áreas estratégicas e seguir, ou, pelo menos, ouvir e avaliar com atenção suas recomendações. Algumas autoridades prestam atenção no que diz o contador, o arquiteto, o médico, o enfermeiro, o encanador, mas contratam um assessor de imprensa (às vezes uma equipe inteira — e com dinheiro público!) e não pedem avaliação, não valorizam suas recomendações, inibem a análise crítica, estimulam a bajulação, fingem que entendem mais que ele do assunto, burocratizam a atuação, não priorizam ou deixam de fornecer os recursos necessários. Se o assessor não merece confiança, deve ser trocado. Se a autoridade não aproveita o pleno potencial de seus especialistas, deve estar preparada para assumir os riscos.

285

Jornalismo político

que apenas cumpra ordens e priorize seu projeto político. Tudo começa com bons profissionais. Consiga o melhor que puder. Identifique alguém sério, crítico, atualizado, que conheça a realidade do jornalismo, saiba trabalhar em equipe, que pense a comunicação de modo sistêmico e integrativo. Escolhido o assessor, recuse o servilismo, respeite-o, confie nele, peça e ouça as orientações. E exija que esteja mais para o Grilo Falante do que para Aprendiz de Feiticeiro. O assessor de imprensa é o gestor do relacionamento entre fontes e imprensa, e seu papel é estabelecer e manter uma relação saudável, cooperativa e permanente. Com sua atuação, ele estabelece canais de mão dupla com os repórteres e editores, monitorando o ambiente, produzindo e oferecendo informações à imprensa e abastecendo a autoridade com informações, inclusive de bastidores. Também tem papel educativo e pedagógico na capacitação e aquisição de habilidades específicas das fontes para interagirem com a imprensa. Uma das principais responsabilidades é orientar sobre as várias possibilidades da comunicação. Peça-lhe um diagnóstico da situação e um plano de ação a partir de seus objetivos, limitações e possibilidades. Facilite seu trabalho, mantendo-o informado, agilizando a liberação de textos e dando-lhe autonomia para interromper reuniões, chamá-lo na folga ou discordar de seu ponto de vista. E evite atender jornalistas sem a intermediação ou, pelo menos, conhecimento do assessor.

6) Respeite a autonomia do jornalista. O jornalista pode (e provavelmente vai) questioná-lo, ouvir seu adversário (inclusive aquele mal-intencionado, que adora distorcer), checar dados, confirmar suas afirmações. Talvez lhe faça

perguntas embaraçosas, seja inconveniente. Ele é um profissional treinado para sintetizar assuntos, produzir textos com diferentes pontos de vistas, ser crítico e agir com autonomia a partir das informações que possui. O jornalista ouve e confronta versões para entender o que acontece e apresentar o que deduz. É importante que assim seja, mesmo que nos sintamos desconfortáveis. Lembre-se de que o mesmo procedimento é adotado com seu concorrente, com a oposição, com todo o político e autoridade e com qualquer governo. Se o jornalista é honesto e rigoroso, o resultado dessa tensão é uma sociedade mais bem informada.

7) Relativize os erros. Jornalistas erram e você pode pedir correção, se julgar que houve engano factual ou de interpretação. Mas, primeiro, avalie. Boa parte dos enganos da imprensa não tem importância (muitos são apenas enfoques críticos), autocrítica não é uma palavra popular nas redações e jornalistas detestam admitir publicamente que erraram (cá entre nós, autoridades também). Cuidado, ainda, para não supervalorizar o impacto de uma matéria negativa, de uma entrevista mal dada. É sempre possível recuperar-se, se houver bom relacionamento com cada jornalista e uma rotina de atenção e cuidado no atendimento. O mais importante é sempre manter canais abertos com a imprensa e um saldo médio positivo.

8) Seja referência. Estabeleça sua faixa de atuação e busque ser referência. Saiba tudo a respeito de sua área: reúna informações, atualize dados, identifique a substância dos temas, sua consistência, os aspectos de interesse público

Jornalismo político

e prepare-se para apresentá-los com eficiência. Oriente o jornalista sobre os temas que ele está cobrindo, inclusive mostrando quando está no caminho errado. Compatibilize o seu interesse, de sua instituição e da imprensa e ajude o jornalista a compreender e explicar (com fatos, opiniões e análises) o que acontece na área de sua especialidade. No ambiente político, a opinião tem noticiabilidade maior que em outras áreas, mas isso não impede que você a qualifique com fatos concretos, dados, ações, exemplos e análises diferenciadas. Mesmo uma opinião deve ter um diferencial, um viés novo, a não ser que o cargo seja tão importante que o dispense.

9) Mantenha a iniciativa. Se você não pauta a mídia, ela o esquece ou determina sua agenda. Se não toma a iniciativa, vai estar sempre dando explicações. Se a autoridade não se preocupar em planejar e gerenciar adequadamente o relacionamento com a imprensa, ficará à mercê dos acontecimentos e, quando perceber, poderá ser tarde demais. Priorize o atendimento a jornalistas, estimule a valorização do papel da imprensa em seu órgão, mantenha a iniciativa de propor a cobertura de assuntos, esteja sempre preparado para responder com agilidade e qualidade, inclusive nos temas negativos. Seja pró-ativo na relação com jornalistas. Exija planejamento da assessoria de imprensa. Recuse os mitos paralisantes de que a imprensa somente se interessa pelo negativo, e que deturpa, manipula, privilegia. Antecipe-se e aja estrategicamente, principalmente se há perspectiva de crise ou de uma guerra de informações. Como rotina, afine o discurso, treine com o assessor mensagens prioritárias e respostas

básicas, e imagine perguntas e interesses surpreendentes. Qualifique as informações, selecionando dados interessantes do ponto de vista jornalístico, criando comparações, destacando o relevante. Estabeleça formas de prever e atender com eficiência às demandas da imprensa.[4] Se for o caso, visite editores e colunistas para explicar sua posição. Faça artigos para veículos de prestígio, valorize cada contato com a imprensa, dê atenção para veículos menores. É fundamental, ao mesmo tempo, evitar falar sobre todo e qualquer assunto.

10) Faça avaliação. Analise permanentemente sua relação com o assessor de imprensa e os jornalistas, presença na mídia, estrutura de comunicação e estratégias. Parta do princípio de que você pode estar errado, seja crítico e ouça a opinião dos outros, particularmente do assessor. A avaliação qualitativa do relacionamento com veículos e profissionais geralmente é mais apropriada do que as análises quantitativas do tipo volume de inserções. É papel do assessor qualificar sua atuação no âmbito da comunicação. Se concordar sempre com você, se mostrar engajado, desconfie. Se viver de bajulá-lo e de culpar a imprensa, mande-o embora.

---

[4]Em uma roda de jornalistas o tom geral é de desaprovação quanto à onipresença de certo deputado no noticiário de TV sobre uma CPI. A repórter que cobre o tema diz que não tem como evitar e dá a receita: a equipe do gabinete trabalha muito e é eficiente no levantamento e oferta de informações. Ele chega cedo, é o último a sair, atende à imprensa independentemente do horário e de quem pergunta. As falas, sempre fortes, objetivas e "editadas", resumem o dia do ponto de vista da oposição. Não é à toa que foi um dos parlamentares de maior presença na mídia durante o segundo semestre de 2005.

Jornalismo político

7 Pecados Capitais do Relacionamento

1) *Ser arrogante*. Independentemente de seu cargo, não se comporte como alguém mais importante que o jornalista, mesmo que sejam focas ou estagiários. Exija seriedade, seja firme e até incisivo quando for o caso, mas sempre com cordialidade e respeito. Não intimide ou pressione para publicar ou não publicar matérias, para afastar ou demitir repórteres. Você ganharia inimigos, ficaria marcado e dificilmente conseguiria seu objetivo. Não critique o assessor de imprensa (ou qualquer integrante de sua equipe) na frente de outras pessoas. Ouça sua opinião, afinal é um especialista no relacionamento com a imprensa e você o contratou por isso. Pondere com ele, mesmo que seja para seguir sua própria intuição.

2) *Politizar a relação*. Não ignore críticas, mesmo equivocadas; e não parta do princípio de que existe complô ou articulação para prejudicá-lo. A imprensa muitas vezes defende teses, tende à parcialidade, engaja-se em causas, erra, interpreta de modo equivocado a intenção de quem produz os acontecimentos, omite-se ou minimiza temas que julgamos relevantes e, frequentemente, é instrumentalizada para fins políticos. Ainda assim, tratar as dificuldades com a imprensa sob o ângulo da teoria conspiratória ou descarregar nos repórteres a irritação com editores e donos de veículos pode significar o não-enfrentamento objetivo dos problemas. O sintoma mais típico é o auto-engano, prática de interpretar a realidade conforme a conveniência do momento, jogando a culpa para os outros. Pior é entrar em confronto aberto com jornalistas, criar meca-

Pequeno guia de relacionamento com a imprensa...

nismos de retaliação ou culpar publicamente a mídia por causa de um incidente ou período de crise. O revés passa, mas o ressentimento permanece nas redações por longo tempo. É útil considerar que sempre há duas questões em jogo: a gestão e a comunicação. Uma regra básica a adotar para manter a autocrítica, a iniciativa e evitar a paranóia: notícias ruins significam que estamos cometendo erros ou comunicando mal.

3) *Desconhecer a imprensa*. Uma das maiores queixas dos jornalistas e até de assessores de imprensa é a fonte ignorar a forma de atuação da imprensa. É importante entender sua autonomia, a necessidade de cumprir horários, critérios, o que é e o que não é notícia, os processos de produção do noticiário. Conhecer o papel do jornalismo e suas necessidades torna mais fácil o relacionamento com os profissionais, identificar informações de interesse público, ocupar o noticiário e evitar desgaste desnecessário. O assessor de imprensa é fundamental na capacitação das fontes e sobre como lidar com jornalistas.

4) *Mentir*. Você deixará de ser confiável se mentir. Quando não puder informar, diga-o claramente. Do mesmo modo, nunca tire o jornalista do caminho da notícia. Você pode dizer que não sabe, que não pode informar, que tem dúvidas (inclusive ganhará credibilidade). Mas nunca diga não quando é sim ou sim quando sabe que é não. Também não diga que está passando uma informação com exclusividade, se você já o fez a outros. Lembre-se: credibilidade é ingrediente básico na sua relação. Além disso, jornalis-

291

Jornalismo político

tas participam de uma vasta rede informal de troca de informações, onde se descobre rapidamente quem é confiável, mente ou manipula.

5) *Enrolar*. Jornalistas vivem sob pressão do tempo e da competição. Rapidez é palavra-chave para quem tem várias pautas a cumprir, muitas pessoas para ouvir. Dê retorno sempre e cumpra os prazos combinados. O que é de interesse do jornalista hoje, pode não ser mais amanhã. Retornar uma ligação, dar uma entrevista ou fornecer uma informação combinada são maneiras de ganhar crédito e confiança. Não enrole. Também não o faça supor que o atenderá ou que fornecerá a informação desejada se você não tem esta intenção ou acredita que não conseguirá.

6) *Fugir*. O tempo político pode ser diferente do tempo da mídia. Ter uma estratégia de exposição e até se preservar em alguns momentos é natural, mas esconder-se sempre que a imprensa o procura pode ser um grande erro. Jornalistas tendem a interpretar que, se uma pessoa não atende a imprensa, é como que culpada de algo (quem não deve não teme, pensam; onde há fumaça há fogo, dizem), e não cumpre com o dever de explicar publicamente sua atuação. Além disso, se a fonte não fala, outros (o picareta, o oportunista, o adversário) ocuparão o espaço; os boatos, interpretações equivocadas, análises parciais terão seguimento. Em uma crise, quando o "suspeito" finalmente falar talvez seja tarde demais. Não se deve relevar o fato de que a iniciativa e o controle da ação que gera notícias são do político, da autoridade. Se errar, enfrente a situação o mais rápido possível. Admita, ponde-

Pequeno guia de relacionamento com a imprensa...

re, esclareça, fale das providências, procure colunistas, editores, formadores de opinião, explique, detalhe e não prolongue a agonia — e o noticiário sobre o assunto. Se puder, assuma o controle e divulgue o erro antes que seja descoberto.

7) *Querer ser notícia sempre.* Nem tudo que interessa à organização, ao dirigente ou à autoridade divulgar é notícia. Muitos dos principais erros no relacionamento são derivados do excesso de *releases*, telefonemas em demasia, pautas irrelevantes, pressão por tornar notícia o que não é. É melhor ter freqüência menor no noticiário, mas de qualidade. A imprensa é fundamental na formação da opinião pública, mas existem várias outras maneiras de se comunicar com seus públicos de interesse, inclusive mais eficientes. Muito do que imaginamos que poderia ser notícia deve ser tratado como publicidade ou divulgado por outro meio. Quanto mais canais azeitados e interativos você dispuser, mais eficiência haverá na comunicação e no estabelecimento de consensos pelo diálogo.

20 Dicas para uma Boa Entrevista

1) *Oportunidade x problema.* Cada vez mais, exige-se do homem público que tenha, além da aptidão política e administrativa, habilidade comunicativa. A capacidade de entender a importância da comunicação e de utilizá-la para dialogar com a sociedade faz com que perceba a entrevista como oportunidade de ajudar as pessoas a entenderem o que lhes diz respeito e como ponto de partida

Jornalismo político

para ouvi-las por outros canais. O jornalista não é inimigo, apenas quer produzir uma boa matéria. Quando um repórter faz uma pergunta é como se mil, 500 mil, talvez 40 milhões de pessoas, no caso do "Jornal Nacional", ficassem aguardando a resposta. Utilize todas as oportunidades que puder para falar, mesmo para veículos de menor destaque. No mínimo, você aumenta sua habilidade de lidar com jornalistas. A entrevista — mais do que dar explicações, justificar, atender a uma responsabilidade — é uma chance de mostrar seu trabalho. Se você tem informação ou o jornalista acha que você pode ajudá-lo, não há por que deixar de falar. Lembre-se de que se não ocupar o espaço no noticiário, outro o fará.

2) *Preparação.* Esteja pronto para cada entrevista, não apenas dominando o conteúdo, mas a forma de apresentá-lo. Evite improvisar respostas e, se houver oportunidade, faça simulações com o assessor. Se a entrevista for por telefone, você pode preparar um sumário para organizar as idéias e não esquecer de nada relevante. Dependendo do caso, você também pode ter um roteiro ou levar anotações. Na maior parte dos casos é possível deduzir o que será perguntado. Procure saber sobre o jornalista e o público do veículo, deixe seu pessoal preparado para ajudar e reúna o máximo de dados para subsidiá-lo. Sempre demonstre ao repórter interesse pela entrevista e disponha do tempo necessário para concedê-la. Faça o possível para não dar entrevista na saída de reuniões, em corredores, lugares tumultuados ou quando você for surpreendido com microfones, sem ter o mínimo de tempo para definir sua fala. Nestas horas, procure uma sala próxima ou

peça para escolher um ambiente adequado. Em entrevistas para TV e rádio descubra o formato do programa e o tempo disponível para organizar a fala. Cumpra os horários combinados e, se houver condições, converse antes com o jornalista, criando um ambiente favorável para a conversa. Dê material de apoio para ajudá-lo a entender o assunto e produzir a matéria. Exponha o assunto, tire dúvidas, destaque os aspectos que você enfatizará. Isso dará chance ao jornalista de fazer perguntas mais direcionadas. O conhecimento prévio e o planejamento diminuem o risco de erro e maximizam a qualidade da entrevista.

3) *Atualização.* Acompanhe o noticiário do dia, como cada veículo está cobrindo cada tema, atualize os dados. Na entrevista, cite exemplos atuais e forneça ingredientes novos ao debate. O jornalismo trata do tempo presente, o dia de hoje.

4) *Defina mensagens prioritárias.* Defina mensagens-chave (o mínimo possível) e prepare-se para enfatizá-las de diferentes formas durante a entrevista. Pense antecipadamente em frases fortes, sintéticas, consistentes que eventualmente possam ser utilizadas. Unifique o discurso internamente: defina os temas com sua equipe, com as outras fontes em sua organização e procure fazer com que as mensagens sejam assimiladas e adotadas por todos.

5) *Sustente o foco.* Definidas as idéias centrais, concentre-se em transmiti-las. Procure enfatizá-las de diferentes formas ao longo da entrevista, sem fugir das perguntas, mas

Jornalismo político

ajustando a resposta à ênfase que você deseja dar. Você pode utilizar frases como "é importante destacar que", "a questão central é...", "a novidade é...", "gostaria de enfatizar...", buscando chamar a atenção para suas mensagens prioritárias. Também não mude de tema ou estabeleça assuntos paralelos. Não tergiverse, não especule ou fale de questão fora de sua área de competência. Não pulverize o discurso nem fale por terceiros. Se for o caso, diga simplesmente que não pode falar sobre o tema.

6) *Mantenha o controle.* A função e o dever do jornalista é informar. Dependendo do momento, um entrevistado pode receber perguntas mais agressivas, maliciosas, inoportunas, talvez indelicadas. O mais prático é assumir que não existem más perguntas, mas respostas ruins (lembre: as perguntas malfeitas somem na edição, as respostas infelizes são veiculadas). Não se deixe influenciar pela condução — o controle da entrevista deve ser do entrevistado, já que o jornalista somente poderá lidar com as informações que a fonte lhe fornecer. Transmita convicção e tranquilidade, mantendo a cordialidade e o respeito, independentemente da pressão. Em nenhuma hipótese, interrompa a pergunta, aja com agressividade ou bruscamente — principalmente se houver uma câmera. Nunca demonstre irritação, impaciência ou desinteresse. Não aceite provocações. Recuse com naturalidade teses, falsas premissas ou pressupostos com os quais não concorda; pergunte novamente, se tiver dúvida. Quando for o caso, aponte o equívoco da pauta, mostrando como o assunto é complexo e que há outras visões possíveis. É preferível derrubar a matéria do jornalista ou deixar de

Pequeno guia de relacionamento com a imprensa...

ser fonte do que dar guarida a sensacionalismo ou ajudar a esquentar artificialmente uma matéria. Em situações de tumulto, é fundamental manter a calma e o domínio da situação. Abordado inesperadamente, você pode pedir alguns segundos para começar a entrevista (é o tempo de organizar as idéias e assumir o domínio da situação). E procure transmitir simpatia e confiança, mesmo que não goste da condução da entrevista.

7) *Seja objetivo*. Exceto nas entrevistas para mídia impressa — e mesmo assim, quando há tempo — evite introdução, estabelecer antecedentes, contextualizar. Feita a pergunta, seja objetivo e vá direto ao mais importante, fornecendo uma frase-síntese e, depois, se houver tempo, detalhe, explique. Não fale mais do que o necessário para transmitir a essência da informação que você dispõe e evite divagar, fugir do tema, ser vago ou impreciso. Deixe reflexões complexas e discussão de conceitos para artigos ou entrevistas que tenham este objetivo. Em rádio e TV, utilize frases curtas, fortes, concisas.

8) *Mantenha-se atento*. Jornalistas, em geral, percebem-se como defensores do interesse público, ficam sempre do lado do mais fraco, são críticos com pessoas que detêm poder e tendem a buscar ângulos negativos, do ponto de vista da autoridade. A principal habilidade que possuem e que leva ao destaque profissional é obter informação. Eles podem investir tempo e paciência em conquistar fontes e, em contrapartida, costumam ser leais, sem perder a independência e a capacidade crítica. No outro extremo, principalmente em situação de crise, alguns podem ser

Jornalismo político

surpreendentemente ousados, incisivos, assertivos e insolentes. Em uma entrevista, amigável ou hostil, adote como regra falar apenas o que pode ser veiculado. Aqui vale a regra: "fale o que você pode, não o que sabe". Se o jornalista deu uma informação errada, mesmo no ar, corrija. Fique atento, principalmente ao final, em conversas mais longas, quando é normal relaxar e cometer erros. Você também não é obrigado a responder a uma pergunta, se não quiser ou não tiver resposta. Apenas diga que não sabe ou não pode responder. Muitas vezes, o jornalista combina uma entrevista sobre um tema, mas quer obter informação de outro. Não imagine que o jornalista esteja distraído ou que, por estar com o gravador desligado, sua fala não seja aproveitada. Na prática, não existe momento de iniciar ou terminar a entrevista. Tudo que for dito a um jornalista pode ser utilizado, a não ser que você combine *off* antes (veja item 12). Uma entrevista a uma rádio do interior poderá ser reproduzida nacionalmente; uma frase espirituosa, sucesso junto aos assessores, pode tornar-se embaraçosa se interpretada de outra maneira junto ao público. Do mesmo modo, às vezes uma autoridade fala para um público amigo, mas se repórteres estiverem presentes, uma declaração pode transformar-se em notícia, ganhando amplitude e perdendo o contexto em que foi dita. Muitas vezes nem precisa haver jornalista — alguém se encarrega de contar para um. Também nunca fale mal da imprensa para jornalistas ou reclame de um jornalista/veículo para outro.

9) *Didática*. Tão fundamental quanto falar, é captar a atenção e obter a compreensão da audiência. O resultado do

Pequeno guia de relacionamento com a imprensa...

processo da comunicação consiste naquilo que o outro entende, não no que dizemos. Coloque-se no lugar do público — imagine, por exemplo, que você está conversando com um vizinho. Elabore comparações e exemplos criativos, frases claras e concisas que transmitam a essência do que você deseja transmitir. Utilize a linguagem do dia-a-dia. Aproveite os gestos para dar ênfase nos aspectos relevantes. Vale a pena perder um pouco do rigor em benefício da compreensão do público. Não tema ser simples e didático: boa parte das pessoas (e muitas vezes até o jornalista) não sabe como funcionam os órgãos públicos e seus programas, os processos do Parlamento ou Judiciário. Além disso, o nível de compreensão sobre os temas da atualidade pode ser muito baixo. Tente substituir o discurso retórico por informações que façam sentido para as pessoas. Evite termos técnicos, jargões, estrangeirismo, siglas. Raciocínios longos ou complexos podem ajudar a contextualizar um tema para o jornalista, mas são indesejáveis quando o microfone está ligado.

10) *Ênfase no concreto.* Sempre que tiver resultados, destaque-os. Métodos, teorias, intenções, discussões, contextos geralmente são menos importantes em uma entrevista do que as novidades. Destaque mudanças, números, impactos, conseqüências na vida das pessoas e resultados concretos. Chame a atenção — na fala e com gestos — para o que realmente é importante do ponto de vista da audiência. Se você é gestor, evite tratar de problemas sem falar em soluções, providências, ações, iniciativas, resultados. Diga o que é novo, o que está sendo feito, como

299

Jornalismo político

os resultados esperados ou obtidos. Mostre como a novidade altera a vida das pessoas.

11) *Crise.* Em uma crise, o contexto de uma entrevista é diferente daquele de uma situação normal. Os riscos são maiores e os cuidados, também. Além de maior tensão, há pressão de todos os lados e as conseqüências de um erro são potencializadas. A competição entre jornalistas durante uma crise faz com que sejam mais incisivos, ousados, acentuem a ênfase crítica, tendam ao denuncismo, maniqueísmo e sensacionalismo e exibam mais flexibilidade nos padrões de comportamento. Muitas vezes participa-se de uma guerra de informações e uma entrevista transforma-se em um campo minado. Muito do sucesso em superar uma crise depende da credibilidade, competência comunicativa e de uma estratégia correta de exposição. Independentemente da situação, ficar paralisado, fugir ou fechar os canais de interlocução costuma aumentar as dificuldades. E perder o protagonismo significa ver denúncias ou erros cristalizados na opinião pública, seguir a reboque do noticiário e da ação de outros atores.

12) *Uso do off.* Como regra geral, dê ao jornalista apenas informações que possam ser veiculadas. Caso não possa ser identificado como fonte da notícia e confie no jornalista, diga que falará em *off* ou explicite as partes em que você não pode ser citado. O chamado *off* é importante instrumento do jornalista político, que o utiliza para garantir à fonte o sigilo da origem da informação e obter a melhor compreensão possível sobre um assunto. É adequado para apresentar os bastidores, o pano de fundo de

Pequeno guia de relacionamento com a imprensa...

uma situação, fazer análises, passar informações que não podem ser assumidas publicamente. O *off* é eficiente para municiar colunas, hoje muito populares. Mas não use esse recurso como estratégia permanente, evitando assumir sua posição; muito menos, para criar intrigas, manipular interesses ou espalhar boatos.

13) *Paciência.* É uma virtude para lidar com jornalistas. Em geral, as relações são tranqüilas e produtivas. Não é incomum, entretanto, encontrar os que chegam desinformados ou simplesmente são despreparados. Outros têm pressa, são agressivos, insistentes, arrogantes ou estão com má vontade. Alguns, principalmente em momentos de crise, ficam no fim de uma cadeia de chefias que estabelecem uma sucessão de neuroses, broncas e pressão para a busca de informação que acaba afetando a entrevista. Também em crises, acontece de a fonte lidar com jornalistas que chegam com uma tese pronta e querem apenas uma fala para validá-la. Atenda — com presteza e cortesia, mas também com paciência e atenção.

14) *Aprendizagem.* Ser fonte é estar permanentemente aprendendo a lidar com jornalistas. Muitas entrevistas para veículos desconhecidos ou repórteres inexperientes são úteis como oportunidade de aprimoramento na capacidade de transmitir informações. Note o comportamento do repórter, seus interesses, estratégias, observações. Analise como a matéria foi veiculada: título, foto, legenda, abordagem, espaço ocupado, destaque. Discuta o resultado com o assessor. Uma alternativa é participar de oficinas de impren-

Jornalismo político

sa com empresas do ramo ou mesmo com a equipe de comunicação.

15) *Profissional x pessoal*. A relação com jornalistas deve ser sempre profissional. Como regra geral, não trate de sua vida particular ou dê opiniões pessoais. Um deputado pode assumir individualmente suas posições. Um dirigente, por exemplo, sempre tem sua fala entendida como representando o órgão ou governo no qual atua. Assim, dependendo de seu cargo ou função, evite comentários, inclusive informais, sobre terceiros, questões políticas, temas fora de sua área ou nível de competência — a não ser que a eventual divulgação seja intencional.

16) *Aparência*. Principalmente quando há uma câmera, utilize roupa adequada a seu cargo e ao ambiente. Evite adereços chamativos e óculos escuros (mesmo ao sol). Se a entrevista for em seu local de trabalho, prepare o ambiente com antecedência.

17) *Acompanhamento*. Sempre que possível, conceda entrevista com a presença do assessor de imprensa. Ele não deve interferir, mas ajudar a solucionar dificuldades, anotar pendências ou esclarecer questões. Em situações especiais, ele pode gravar a entrevista e ajudá-lo a evitar problemas. Uma boa prática é pedir para ele avaliar seu desempenho após cada entrevista e orientá-lo para as futuras situações de encontro com repórteres.

18) *Pós-entrevista*. Depois da conversa, agradeça a oportunidade e coloque-se à disposição do jornalista para ajudá-

Pequeno guia de relacionamento com a imprensa...

lo com esclarecimentos posteriores. Informe os telefones de contato. Isso deixará o jornalista mais tranqüilo se precisar tirar dúvidas. E não peça para ler a matéria antes de ser publicada.

19) *Verificando a veiculação.* Geralmente, as informações não são apresentadas pela imprensa do jeito que gostaríamos. Elas são selecionadas, hierarquizadas, cruzadas com outras fontes, editadas; muitas vezes aproveita-se apenas uma frase. Em algumas ocasiões, sequer são veiculadas. Quando o material for veiculado, analise a abordagem, os aspectos destacados, identifique problemas que possam ser evitados nas próximas entrevistas. É uma boa maneira de entender a imprensa. Se houver erro, uma boa estratégia é a assessoria entrar em contato com o jornalista e explicar, sem cobrar correção. Insista apenas se for factual e relevante. Nesse caso, peça ao assessor para telefonar, ser cortês e ponderado, mas firme; e escrever uma carta não-agressiva, objetiva, sem considerações outras, pedindo a correção. Queixar-se de análise ou interpretação é mais complicado. É melhor telefonar e explicar seu ponto de vista, tentar reorientar o foco das próximas notícias.

20) *Autenticidade.* Seja você mesmo, aja com naturalidade. Se você domina o assunto, não há por que temer. Se errar, apenas conserte. Não tente decorar falas, impostar a voz ou bancar o ator. Em entrevistas para a TV, não se preocupe com a câmera — como padrão, olhe para o repórter. E se não concordar com alguma sugestão (ou muitas) deste texto, faça do seu jeito. Esta talvez seja a regra básica: seja natural, espontâneo, você mesmo.

303

Jornalismo político

Referências bibliográficas (com comentários)

ALCÂNTARA, Norma S.; CHAPARRO, Manuel C.; GARCIA, Wilson. (orgs.). *Imprensa na berlinda: a fonte pergunta.* São Paulo: Celebris, 2005.

Uma coletânea de 493 perguntas feitas por fontes de todas as áreas e respondidas por alguns dos principais jornalistas brasileiros. "Jornalista está sempre em desvantagem em relação ao entrevistado, que, naturalmente, é um PhD sobre si mesmo. Conseqüentemente, o jornalista nunca estará tão bem preparado para a entrevista quanto o entrevistado." (Barbara Gancia, p. 139)

CHAIA, Vera. *Jornalismo e política: escândalos e relações de poder na Câmara Municipal de São Paulo.* São Paulo: Hacker, 2004.

As influências entre imprensa e política no estudo de caso de dois governos e um escândalo. "Se você não tiver uma postura muito clara daquilo que você quer, é muito tentador, porque você pega um jornalista de rádio com um salário que varia de 2 a 4 mil reais, chega um vereador aqui e te oferece 6 mil reais pra você trabalhar três horas, entendeu?" (Página 89)

CONTI, Mario Sergio. *Notícias do Planalto: a imprensa e Fernando Collor.* São Paulo: Companhia das Letras, 1999. Os bastidores da imprensa e a queda de um Presidente.

"Krieger sabia que a matéria era boa. Mas não se orgulhava dela. Escondera a condição de jornalista e a própria identidade para apurá-la." (Página 349)

CORRÊA, Villas-Bôas. *Conversa com a memória.* Rio de Janeiro: Objetiva, 2002.

Uma saborosa história dos bastidores da política brasileira, contada por um dos melhores jornalistas. "O tempo e a experiência ensinam a conhecer a fonte em que se pode confiar de olhos fechados. Perdão, com um dos olhos cerrado e o outro entreaberto para a necessidade de testar cada informação. Sempre que possível. Nem sempre é." (Página 100)

Pequeno guia de relacionamento com a imprensa...

DUARTE, Jorge (org.). *Assessoria de imprensa e relacionamento com a mídia.* São Paulo: Atlas, 2004.

Textos de 24 profissionais ajudam a entender e saber o que exigir de uma assessoria de imprensa. "É curioso notar como alguns clientes ainda têm dificuldade para aceitar o fato de que seu assessor é um especialista em imprensa e que, portanto, está teoricamente mais preparado para dizer-lhe quando e como agir em relação à mídia." (Luciano Milhomem, página 321)

GOMES, Wilson. *Transformações da política na era da comunicação de massa.* São Paulo: Paulus, 2004.

As relações entre comunicação e política, em texto acadêmico bastante acessível. "Os interesses se articulam sistematicamente fora de cena, para funcionar, então, como condição de possibilidade da prática política em cena e para a cena." (Página 141)

KOVACH, Bill & ROSENSTIEL, Tom. *Os elementos do jornalismo: o que os jornalistas devem saber e o público exigir.* São Paulo: Geração, 2003.

O subtítulo diz tudo. "Veracidade e compromisso com a cidadania são partes da profissão. Da mesma forma o são o papel de vigilante e a condição de plataforma para o debate público." (Página 146)

MARTINS, Franklin. *Jornalismo político.* São Paulo: Contexto, 2005.

Para compreender o dia-a-dia do jornalismo político, a atuação da imprensa e o jogo de poder no tabuleiro da mídia. "Nós, jornalistas, temos um contrato informal com a sociedade, que nos garante uma série de prerrogativas, como o acesso a informações de caráter público, o respeito ao sigilo das fontes, uma certa tolerância no caso de transgressões à privacidade de terceiros se houver interesse público relevante em jogo, o direito de fazer perguntas e cobrar respostas, o direito de divulgar o que apuramos ou pensamos — em suma, gozamos da liberdade de imprensa." (Página 33)

Jornalismo político

THOMPSON, John B. *O escândalo político: poder e visibilidade na era da mídia.* Petrópolis: Vozes, 2005.

> O acontecimento midiático, a partir do estudo do escândalo, suas causas, características e conseqüências. "Parte da razão por que o escândalo político passou a ser tão importante nos dias de hoje é que ele se transformou em um tipo de teste de credibilidade para a política da confiança." (Página 147)

VAZ, Lucio. *A ética da malandragem: no submundo do Congresso Nacional.* São Paulo: Geração Editorial, 2005.

> O melhor do jornalismo e o pior da política. "Todos os fatos narrados no livro são verídicos. Seus personagens, infelizmente, são reais." (Página 16)

Este livro foi composto na tipologia Stone Serif,
em corpo 10,5/16, e impresso em papel
off-white 80g/m², no Sistema Cameron da
Divisão Gráfica da Distribuidora Record.

Seja um Leitor Preferencial Record
e receba informações sobre nossos lançamentos.
Escreva para
RP Record
Caixa Postal 23.052
Rio de Janeiro, RJ – CEP 20922-970
dando seu nome e endereço
e tenha acesso a nossas ofertas especiais.

Válido somente no Brasil.

Ou visite a nossa *home page*:
http://www.record.com.br